유엔 PKO,
아프리카의
평화를
이룩하다

유엔 PKO,
아프리카의
평화를
이룩하다

아프리카 대륙에
PKO 단장으로 부임된
첫 번째 아시아인,

그가 코트디부아르에 전파한
평화와 민주주의의 메시지

최영진
지음

홍성사

코트디부아르(Cote d´Ivoire)는 아프리카 서부 대서양 연안에 있는 나라로,
영어권에서는 아이보리 코스트(Ivory Coast)라고 부른다.
15세기 후반 유럽 열강이 상아와 노예를 얻기 위해 이곳으로 몰려들면서
상아 거래의 중심지가 되었던 데서 붙여진 이름이다.

3

모여드는 먹구름: 2010년 11월-12월 초

4

위기의 시작: 2010년 12월

책을 열며

이 책의 내용은 다큐멘터리로 먼저 만들어졌다. KBS에서는 〈글로벌 성공시대〉라는 프로그램에서 방영하였고, 아리랑TV에서는 영어로 새로운 프로그램을 만들었다. 두 프로그램 모두 코트디부아르로 촬영팀을 보내 현지 촬영을 한 것이다. 그리고 코트디부아르인인 이드리스 디아바테(Idriss Diabate)가 프랑스어로 만든 〈코트디부아르 위기와 아시아인 최영진〉이라는 다큐멘터리도 있다.

이 책은 2010년 12월부터 2011년 4월까지 4개월간 아프리카 서쪽 끝에 있는 코트디부아르의 역사를 담고 있다. 그리고 이 역사에 몰두하였던 나의 인생을 담고 있다. 서양인들은 인생에서 행복을 추구한다고 한다. 아리스토텔레스는 인간은 행복(happiness)을 추구하기 위해서 산다고 정의했다. 지금도 행복은 서양인들의 인생의 목표다. 돈, 명예, 사랑 등을 추구하고 그것을 얻으면 그 당시 행복을 느낀다. 그러나 행복은 다분히 순간적이고 특히 개인적이다. 동양에서는 행복을 인생의 목적으로 삼지 않는다. 동양인은 인생을 보람 있게, 즉 의미(worthwhileness) 있게 살기를 원한다. 나 개인이 아니라 다른 사람과의 관계를 중시하기 때문이다. 그래서 가족, 친구, 동료들과 내가 어떤 관계를 맺고 무엇을 함께 달성하였는지가 중요하다.

지난 세월을 돌이켜 보면 이 '위기의 4개월'이 내 일생에서 가장 의미 있는 기간이었다. 유엔 주 코트디부아르 평화유지임무단(United Nations Operations in Cote d'Ivoire, UNOCI) 단장으로 있으면서 한 나라의 미래에 영향을 미칠 수 있는 일을 하였기 때문이다. 우리나라에서 외교부 차관이나 주미대사를 지낼 때도 의미 있었지만 중앙집권적인 우리 전통 때문에 책임 있게 일을 펼쳐 나가기 힘들 때가 많았다. 그러나 권한 위임의 전통 아래 수립된 유엔 체재 내에서는 책임 있게 일을 펼쳐 나가는 것이 가능했다. UNOCI 단장인 나는 임무단에 관한 일에서 유엔 본부나 주재국 대사들의 의사와 다른 주장을 당당히 펼칠 수 있다. 유엔 본부의 생각과 다르기 때문에 위험이 따르지만 확신을 가지고 생각을 시행하고 책임을 지는 일이 가능했다. 우리나라의 경우는 장관이 각료회의에서 대통령의 입장에 반대하는 의견을 강하게 펴면 장관은 곧 사임되고 만다.

내가 부임할 당시 코트디부아르는 우리나라처럼 남북 분단 상태에 있었다. 우리나라는 국제정치적인 이유로 분단되었지만 코트디부아르는 경제적인 이유로 분단이 되었다. 남쪽은 코트디부아르 원주민들이 많이 살고 대부분 가톨릭을 믿고 있다. 북쪽은 이민자들이 많고 대부분 이슬람교를 믿고 있다. 우리는 아프리카의 많은 국가들이 가뭄과 기근 때문에 고

생하는 것으로 알고 있지만 코트디부아르는 땅이 기름지고 비가 많이 오기 때문에 각종 농산물이 풍부하여 식생활에 대한 걱정이 덜한 편이다. 또한 초콜릿의 원료인 코코아와 커피의 중요 생산국이기도 하다. 그래서 이웃 사헬 지역(사하라 남부의 건조한 지역)에 있는 이슬람 국가들에서 코트디부아르로 많은 이민자들이 왔다. 그들은 대부분 북쪽 지역에 살게 되었는데 농산물 가격이 유지될 때는 남부와 협조하여 잘 살았다. 그런데 1980년대 중반 세계적으로 농산물 가격이 폭락하자 남북 갈등이 표면화되더니, 1990년대 말부터 2000년대 초에 정치화되고 무력충돌이 일어나 남북 분단으로 치닫게 되었다. 남쪽은 정부군이 다스리고, 북쪽은 10개 지역으로 나뉘어 이슬람 무장세력들이 통치하게 되었다. 남북 간의 도로에 바리케이트를 쳐 왕래도 금지되었다.

유엔은 2003년부터 코트디부아르 사태에 개입하게 되었다. 목적은 대통령 선거를 통하여 적법한 통치자를 선출하고 남북통일을 이루도록 돕자는 것이었다. 2007년까지 유엔은 평화 유지와 선거 방식에 대한 합의를 도출하기 위하여 노력하였는데, 남북 모두 선거 결과를 좌우할 선거인 명부 작성에 집중하고 있어서 합의점을 찾지 못하고 있었다. 이것이 내가 2007년 10월 부임할 때의 상황이었다. 결국 나는 '선거인 명부 작성-대통령 선거-선거 결과 승복-통일'의 일련된 임무를 띠고 코트디부아르에 부임하였다.

내가 부임한 이후 남북이 합의하는 선거인 명부 작성에 거의 3년이 걸렸다. 그리고 2010년 10월 대통령 선거가 치러졌다. 선거는 공정하게 진행되었는데 선거가 잘 치러진 이유는 무엇보다도 대통령 선거에 임한 남북 대표 모두가 자신이 승리할 것이라고 믿었기 때문이다. 문제는 개표 결과 발표에서 발생하였다.

선거관리위원장은 북쪽 대표인 와타라(Outtara)가 선거에서 이겼다고 선언하고, 하루가 지나지 않아 헌법위원회 위원장은 남쪽 대표인 바그보(Bagbo)가 이겼다고 선언하였다. 대통령 당선자가 두 명이 되었다. 그 배경에는 부족의 지지가 절대적이었다. 선거에서는 북쪽 지역은 모두 와타라가 이겼고, 남쪽 지역은 대부분 바그보가 이기는 결과가 도출되었다. 그러나 총 투표 결과는 와타라가 54퍼센트, 바그보가 46퍼센트를 차지하였다.

아프리카 모든 국가에는 부족적인 성향이 강하게 남아 있다. 유럽 국가들이 아프리카를 수백 년간 점령하여 통치하다가 1950년을 전후로 40여 개의 국가들이 독립하였다. 그러나 행정부, 의회, 사법부의 형태를 갖춘 근대국가의 형식을 갖추기는 하였는데, 통치의 중심은 부족에 있었다. 결국 인구가 많은 부족 출신이 집권하는 사태가 계속되는 것이다. 좋은 예로 케냐와 짐바브웨가 있다. 그 나라들에서 대통령 선거로 야당 대표가 승리하였지만 현직 대통령이 선거 결과에 승복하기를 거부하였다. 강한 부족의 지지를 등에 업고 내전을 불사하며 '권력분점'을 노린 것이다. 그래서 두 나라 모두 선거에서 진 현직 대통령이 대통령으로 남고, 선거에서 이긴 야당 대표는 총리가 되는 권력분점의 타협이 이루어졌다.

바그보 전 대통령도 위와 같은 권력분점을 노리고 있었다. 자신은 대통령으로 남고 와타라는 총리가 되자는 안을 제안했다. 여기서 바그보의 계산에 착오가 생겼다. 케냐나 짐바브웨와는 달리 코트디부아르에는 유엔 평화유지군이 존재하고 있었는데, 그는 유엔의 역할을 충분히 고려하지 않은 것이다. 바그보는 자신의 주장에 동의하지 않는 나를 비롯한 유엔군에 추방 명령을 내리고, 선거에서 이긴 사람이 대통령이 되어야 한다는 입장을 표명한 UNOCI 사령부를 포위하였다. 2010년 12월 초의 일이다. 나를 비롯하여 주요 UNOCI 당직자들은 이때부터 4개월간 집으로 돌아가지 못했다. 사무실에 마련한 야전 침대에서 자면서 때로는 음식이 끊겨 전투식량을 먹어 가며 임무를 수행하게 되었다. 바그보군은 종종 UNOCI 사령부에 사격을 가해 우리의 목숨을 위협하기도 했다.

2011년 4월 위기가 끝날 때까지 4개월의 기간은 위험하기도 했지만, 보람찬 시기였다. 유엔은 선거에서 이긴 와타라 후보자가 대통령 권한을 행사하게 하고, 이를 통하여 코트디부아르의 통일을 이룩하는 데 성공한 것이다. 이 과정에서 무엇보다 중요한 것은 코트디부아르 국민의 민심이었다. 전쟁이나 투쟁은 당장 전투에서 이기는 것만이 아니라 결국 민심을 얻는 쪽이 승리할 때 결과가 확실해지는 것이다.

4개월의 시기를 대체로 두 단계로 나눌 수 있다. 초기 2개월은 바그보의 세력이 강성하여 UNOCI에게는 아주 어려운 시기였다. UNOCI가 포위당하고, 유엔군이 바그보군과 그를 지지하는 소위 '애국청년단'에 의하여 명예가 훼손되고 유린당하는 사태가 일어났다. 애국청년단이 장갑차가 호송하는 유엔 보급 차량을 습격하여 보급품을 강탈하고, 이러한 과정이 그대로 TV를 통하여 국제적인 뉴스를 타게 된 것이다. 안팎으로 UNOCI에 비난과 조소가 팽배하였다. 이렇게 UNOCI와 유엔군이 명예를 잃은 데는 무엇보다도 교전규칙(rules of engagement)에 있었다. 유엔 평화유지군은 공격을 받을 때만 대응할 수 있다는 엄격한 규칙이 있다. 즉 적이 총을 쏴야 나도 총을 쏠 수 있다는 규칙을 지켜야 한다. 그래서 애국청년단이 도로에 드러누워 차량 통행을 막고 보급품을 힘으로 강탈할 때 유엔군의 장갑차나 총은 아무런 소용이 없었다. 이런 상황인데도 TV에는 장갑차와 중화기로 무장한 유엔군이 맨손의 청년단에게 보급품을 강탈당했다는 식으로 보도되었던 것이다.

여기서 나의 임무는 UNOCI의 기강을 지키며 갈 길을 제시하는 것이었다. 바그보군과 애국청년단은 우리의 실수를 노리고 있었다. 그들의 도발에 우리가 대응하여 총을 쏘거나 장갑차를 사용하여 그들을 공격하는 것을 노린 것이다. 코트디부아르 국민들이 유엔군이 그들에게 총을 쏘는 사람들이라고 인식하게 되면 대통령 선거도 통일도 도울 수 없게 된다. 그러면 우리의 임무는 거기서 끝난다. 우리는 총알이 날아오지 않는 한 절대로 그들에게 무력을 사용해서는 안 되었다. 우리는 절대로 실수하지 말아야 했다. 국민에게 우리는 그들의 편이라는 생각을 계속 심어 주어야 했다. 그 이후 우리는 애국청년단이 활동하지 않는 밤이나 새벽에 보급품을 운반하는 방법을 사용하였고, 유엔군 대신 유엔 경찰을 투입하여 그들의 공격에 대비하였다.

UNOCI와 평화유지군이 바그보의 애국청년단에 의하여 명예와 위신이 실추되는 사건을 겪으면서, 유엔 본부에서조차 왜 우리가 그런 수모를 당할 수밖에 없는지 이해하기보다는 질책이 많았다. UNOCI 직원과 유엔 평화유지군은 모두 계속되는 비난과 질책 속에서 의기소침해지고 견디기 어려운 날들을 보내게 되었다. 이런 경우 평화유지임무단 단장은 거의 홀로 서게 된다. 아무도 도와주지 않았지만 용기를 잃지 않고 궁극적인 승리를 자신하면서 UNOCI를 이끌고 나가야 했다. 결코 낙심하는 모습을 보이거나 UNOCI가 대책이 없는 처지로 빠져드는 것을 경계해야 했고, 코트디부아르 국민의 민심을 읽으면서 나아갈 길을 보고 버텨야 했다.

바그보 측 공세가 이어진 두 달을 어렵게 버티고 나면서 상황이 변하기 시작하였다. 2010년 2월이 되면서 우리에게 유리한 국면이 벌어졌다. 2009년 12월부터 2010년 1월까지의 UNOCI의 노력으로 주변 국가들이 선거에서 와타라가 이겼다는 것을 믿기 시작하였다. 특히 코트디부아르 국내에서 국민들이 서서히 와타라 편을 들면서 데모를 시작한 것이다. 2010년 2월 바그보 편이 수세로 돌아서기 시작하고, 데모를 막기에 바빠졌다. 동시에 친와타라군이 형성되어 북쪽에서 수도인 아비장으로 이동하기 시작하였다. 여기서 바그보 측의 실수가 시작되었다. 데모를 막기 위해 박격포나 기관총 같은 중화기를 사용한 것이다.

이에 안보리에서 "UNOCI가 가능한 방법을 동원하여 바그보 측의 중화기 사용을 방지하여도 좋다"는 결의안이 통과되었다. UNOCI는 유엔 평화유지군 역사상 처음으로 이 결의안에 의거해 무장 헬기를 사용하는 결정을 내렸다. 시기, 방법 등 여러 어려움이 많고 시행하기 어려운 결정이었다. 드디어 무장 헬기가 바그보 측의 중화기를 공격하는 임무에 나섰다. 2010년 3월에 시행된 두 차례 공격은 즉시 효과를 발휘하였다. 바그보 측이 지리멸렬하기 시작한 것이다. 2010년 4월 11일에 드디어 바그보가 항복하고, 와타라 후보자가 명실상부한 대통령이 되었다. 오랜 시간이 걸렸고 위험도 따랐지만 국민들이 대통령 선거 결과에 승복하면서 코트디부아르의 남북통일이 달성되었다. UNOCI의 임무도 완성된 것이다. 드디어 사무실의 야전침대와도 이별할 수 있었다.

이러한 내용을 담은 이 책은 프랑스에서 먼저 출간되었다. 코트디부아르를 식민지로 가지고 있던 프랑스에서 관심을 보여 "코트디부아르 위기: 당신이 알아야 할 것"이란 제목으로 미셸 라퐁(Michel Lafon) 사에서 2015년에 간행된 것이다. 그러나 아프리카는 정치적으로, 역사적으로 또 지역적으로 먼 곳이어서, 우리나라에서의 출판은 쉽게 되지 않았는데, 이번에 홍성사의 도움으로 출간하게 되었다.

2018년 12월

1장

"생선도 아니고 고기도 아닌"
아시아인 유엔 단장

아프리카 대륙의 평화유지군 임무단장에 부임된 아시아인은 내가 처음이다. 그래서 부임은 어렵게 이루어졌다. 당시 반기문 사무총장이 바그보 코트디부아르 대통령을 적극 설득하지 않았으면 부임이 쉽지 않았을 것이다. 바그보 대통령은 나와 가까워진 후에 나를 "생선도 아니고 고기도 아닌" 즉 아프리카인도 아니고 유럽인도 아니라고 하며 그때의 상황을 이야기하곤 했다. 그는 아프리카인을 단장으로 원했고, 유엔은 한동안 유럽인을 단장으로 보내기를 원하였던 것이다.

유엔 평화유지군 담당 사무차장보 시절의 세계 변화

1998년 유엔 평화유지군 담당 사무차장보로 근무할 때, 세계는 급변하고 있었다. 21세기는 과거와 전혀 다른 세계가 될 것이었다. 우리는 이러한 예측을 예고하는 사건과 이벤트의 홍수 속에서 살고 있었다. 과거 수천 년간 국제사회는 전쟁과 평화 문제가 최대의 관심사였다. 독립과 부국 강병이 모든 국가의 목표였고, 독립의 상실은 곧 예속을 의미했다. 국제관계는 각종 이유와 명분을 내세워 미화하는 가운데서도 본질적으로는 약육강식의 논리에 의하여 운영되어 왔다.

어느 부족이나 국가든 전쟁과 정복은 생존경쟁의 수단이고 힘을 확장하는 주된 방법이었다. 전쟁에서의 승리는 사람과 자원의 확보를 뜻했다. 그리스로마 시대부터 히틀러의 제3제국까지 이것이 일반적인 기준이었다. 정복자들은 국가에 부와 명예를 가져다주었기 때문에 영웅으로 추앙받았다.

이러한 약육강식의 습관이 극에 달했던 20세기의 전반부는 인류 역사상 가장 전쟁이 심하고 잔혹했던 시기였다. 이 시기에는 전쟁과 정복이라는 패러다임이 극명하게 국제관계를 지배했다. 그러나 돌이켜보면 제2차 세계대전은 역사의 분수령이 되었다.

인류 역사에서 20세기 후반부는 전쟁, 점령 그리고 착취라는 올드 패러다임에 기초한 국제관계가 본질적인 변화를 맞게 되는 시기였다. 역사상 처음으로 정복과 점령이 더 이상 국가에 이로운 것이 아니라 부담으로 다가오게 되었다. 냉전 기간 동안, 동서 양 진영을 막론하고 점령이나 물리적 지배는 더 이상 유지하기 어렵게 되었고, 투자에 비해 수익성이 없다는 것이 점점 분명해졌다. 거친 군사력에 의한 지배보다 세련된 방법인 경제적인 방법을 통해 이익을 찾는 것으로 국제관계 패러다임이 바뀐 것이다. 이것이 1960년대를 전후하여 서양 식민제국들이 식민지들을 대거 독립시킨 배경이다.

냉전 기간 구소련은 가공할 만한 군사력을 지니고 있었음에도 과거의 제국들이 했던 것처럼 위성 국가들을 착취할 수 없었다. 결국 위성 국가를 유지하는 것이 이득보다 부담이 크다고 판단한 구소련은 위성 국가들을 떠나보내게 되었다.

베트남의 경우도 마찬가지였다. 베트남은 인도차이나 반도로 영토를 확장하고자 하는 역사적인 염원을 달성하기 위해 1975년 통일 후에 캄보디아와 라오스로 진격했다. 하지만 프놈펜과 비엥티안을 장악하고 얼마 안 되어 점령 자체가 자국에 전혀 이득이 되지 않는다는 것이 드러나자 군대를 철수했다.

우리가 뚜렷하게 의식하지 못하는 가운데 수천 년을 이어 온 국제관계 패러다임에 전환이 일어난 것이다. 국가들이 자국의 이익을 위하여 존재하고 노력한다는, 좀더 철학적으로 말하면 '자기 보존'을 위하여 존재한다는 대명제는 바뀌지 않았다. 그러나 이익을 추구하는 방식에 대변혁이 일어난 것이다. 군사력이나 전쟁이 아닌 경제력과 무역에 의한 이윤 추구 방식으로 바뀐 것이다.

이러한 패러다임 전환이 국제관계에 가져온 중요한 변화는 국가 간의 무력에 의한 전쟁이나 점령, 착취 그리고 약육강식의 패턴이 과거의 유물이 되었다는 것이다. 그 대신 경제력을 기반으로 한 무역 경쟁이 시작되었다. 국제 평화를 위하여 군사력과 힘의 균형은 여전히 필요하지만 이는 평화를 지키고 경제력을 보호하기 위한 것이지, 과거처럼 점령과 정복을 위한 것은 아니게 되었다.

왜 이러한 패러다임 전환이 일어났는가에 대한 답이 몇 가지 있을 수 있다. 민주주의의 전파(국민에게 돌아오는 이득이 적은 반면, 위험이나 부담은 커지게 되어 왕국이나 전제국가보다 전쟁을 일으키기 힘들게 됨), 교통 통신의 혁명적 발전 (투명성으로 인해 노예나 자원 수탈이 불가능해짐), 기술의 발전(천연자원이나 인구, 영토의 중요성이 감소), 핵무기 발달(핵전쟁은 승자에게도 이득이 되지 않을 뿐 아니라, 공멸할 수도 있음) 등이 그것이다. 그러나 아마도 가장 중요한 이유는 20세기에 세계가 '열린 세계'에서 처음으로 '닫힌 세계'가 되었다는 것이다. 인류와 국가는 이제 더 이상 새로운 정복지, 탐험지가 없는 닫힌 세계에서 다른 사람, 다른 국가와 더불어 살 수밖에 없게 된 것이다.

국가 간의 점령이나 영토 확장 전쟁은 없어졌지만, 국제사회는 새로운 종류의 도전을 맞이하게 되었다. 기후 변화, 범세계적 금융 위기, 국제 테러, 대량살상무기, 전염병, 자원의 고갈, 개도국의 급격한 인구 증가, 실패한 국가의 관리 등 소위 범세계적 문제의 등장이 그것이다.

그중에서 '실패한 국가의 관리'라는 테두리에서 유엔 평화 활동이 이루어진다. 올드 패러다임 아래에서 취약한 국가들은 정복과 영토 확장의 대상이었기 때문에 강대국의 이윤 추구 방식으로 '직접 관리'되었던 측면이 있다. 그런데 지금은 아무도 '직접 관리'에 관심을 가지지 않게 되었다. 영토는 그대로 내버려 두고 무역과 경제력으로 각국이 필요한 이익만 취하는 세상이 된 것이다. 그런데 이 취약국가들이 그대로 내버려짐에 따라 '약소국'에서 소위 '실패한 국가'가 되었다. 국가들이 개별적으로 관심을 기울이지 않게 됨에 따라 국제사회가 책임을 떠맡는 상황이 도래한 것이다. 이러한 국제사회의 관리 책임이 곧 유엔의 평화 활동이라는 방식으로 표현되고 있다.

이렇게 국제 패러다임의 전환과 이에 따른 평화유지군의 창설은 서로 연계되어 있다. 내가 1998년부터 2001년까지 유엔 평화유지담당 사무차장보 역할을 하면서 깨달은 사항들이다. 코피 아난 사무총장은 유엔 평화유지활동에 특히 관심이 많았다. 그는 앞으로 살펴볼 소말리아, 르완다, 보스니아 사태 때 평화유지 담당 사무차장을 역임하면서 그러한 상황을 직접 겪었다.

즉, 무역이라는 새로운 패러다임 속에서 상호의존을 이루지 못한 국가들은 많은 문제와 맞닥뜨리게 된다. 이러한 국가들은 매우 불안정하며 내전에 시달리기 쉽다. 우리는 냉전 체제 이후 실제로 이러한 상황을 목격하고 있다. 따라서 내전은 민족, 종교, 문화적 차이에서 발생하며 국가 안보에 상당한 위협으로 작용할 수 있다.

그렇기 때문에 국제사회에서 이러한 갈등을 관리하는 것이 새로운 과업으로 등장했다. 각 국가들은 이러한 갈등을 해결하는 데 들이는 노력에 비해 돌아오는 것이 적기 때문에 단독으로 행동하기보다는 단체 행동으로 접근하려고 한다. 유엔의 평화유지활동(Peace Keeping Operation, PKO) 메커니즘은 이러한 접근 방식 중 하나다. 이 메커니즘은 보편성, 합법성, 중립성, 객관성에 기초하기 때문에 상호의존과도 잘 어우러진다. 그렇기 때문에 1948년 5월 29일 중동에서 첫 평화유지활동이 이루어진 이래로 60회가 넘는 평화유지임무단이 생긴 것이다.

지금까지 앙골라, 캄보디아, 나미비아, 엘살바도르, 모잠비크, 동슬라보니아, 중앙아프리카공화국 등 많은 성공 사례들이 있었다. 이러한 평화유지활동의 주된 내용에는 외국군 병력의 철수 감독, 무장 전투부대 해체, 피난민과 망명자들의 정착 협력, 민주정부 수립을 위한 선거 조직 등이 포함되어 있다.

하지만 소말리아, 르완다, 보스니아처럼 뼈저린 실패를 경험한 적도 있다. 게다가 이러한 실패들이 워낙 컸던 데다 대대적으로 보도됐던 탓에 평화유지활동에 심각한 차질을 빚기도 했다. 유엔 휴전 감시 요원들인 블루헬멧은 창피를 당했고, 위험에 처하기도 했으며, 살해되기도 했다. 이와 같은 실패와 좌절의 이미지 때문에 한때 유엔의 평화유지활동에 대한 대중적·정치적 지원이 심각하게 약화되었다. 그렇다면 도대체 실패의 원인은 어디에 있었을까?

소말리아(1993-1994년)

유엔소말리아활동(United Nations Operation in Somalia, UNOSOM)은 유엔안전보장이사회(이하 안보리)와 사무국을 통해 거대한 군사 평화유지임무를 벌인 최초의 활동으로, 절정기에는 30만 명이나 되는 군사 요원을 포함하고 있었다. 이것은 유엔 헌장 7조에 명시된 일반적인 평화유지활동과 대비되는 평화강제활동(Peace Enforcement)이었다. UNOSOM은 다국적군이라는 구성 때문에 생기는 지휘 및 통제권에 관한 예상치 못한 문제에 직면하게 되었다. 안보리에서 받은 UNOSOM의 임무는 매우 불분명했고 여러 가지로 해석될 수 있었으며 자주 바뀌기까지 했다. 어떤 때는 인도주의적 원조를 지원하는 것에 주력하다가 어떤 때는 정치적 조정 및 평화적인 분위기를 조성하는 일까지 하기에 이르렀다. 또 어떤 경우에는 당파 분쟁의 우두머리를 잡는 데 주력했다가 같은 인물과 협상을 하는 쪽으로 방향을 틀기도 했다. 다시 말해 UNOSOM은 성공하려야 할 수가 없었던 구조였다. UNOSOM은 유엔이 평화유지활동 임무를 완수하기 전 철수를 결정한 첫 번째 사례가 되었다. 이로 인해 유엔의 평화유지활동에 대한 의구심이 생겼고 이러한 의구심 때문에 르완다에서의 실패는 예정되어 있었다고 해도 과언이 아니었다.

르완다(1994년)

유엔르완다지원단(United Nations Assistance Mission for Rwanda, UN-AMIR)은 아루샤(Arusha) 평화협정의 이행을 위해 가벼운 무장 병력으로부터 시작됐다. 하지만 르완다의 상황이 악화됨에 따라 평화를 유지하기 위해 더욱 많은 병력과 자원이 필요하게 되었으나 자국 군대에 위해가 가해질 가능성을 본 여러 국가들이 지원 병력을 철수하기 시작했다. 대량 학살이 벌어졌을 당시 UNAMIR은 고작해야 보병 400명만 남아 있었다. 위기가 심각해지면서 평화유지활동 병력이 감소되었던 것이다. 르완다에서 평화유지활동을 시작했던 국가들은 UNAMIR이 전혀 위험 부담이 없을 것으로 예상하고 소말리아에서 경험했던 어려움을 떨쳐 버리기 위해서라도 기꺼이 도와줄 것이라고 생각했다. 하지만 결과가 전혀 예상치 못한 방향으로 진행되자 대량학살이라는 비극의 가능성을 전부 무시하고 군대를 챙겨 떠나기에 급급했다.

보스니아(1992-1995년)

구유고슬라비아유엔보호군(United Nations Protection Force in the former

Yugoslavia, UNPROFOR)은 4만 5,000명이 넘는 병력이 지원됐다. 소말리아에서 드러난 지휘 및 통제 문제를 고려한 UNPROFOR에서는 지휘 통제 체계를 보다 축소시키기 위해 노력했다. 하지만 근본적인 문제가 해결되지 않아 보스니아에서의 활동은 끊임없이 방해받았다. 나토(NATO)의 공습이 대표적인 사례라고 할 수 있다. 통제에 관련된 문제들도 전면에 등장했다. 소말리아 때와 마찬가지로 이번에도 역시 유엔이 너무 많은 책임을 갖고 있었는데 인도주의적인 조력이나 인권 보호, 군비 축소, 민간 경찰 감독, 국제 범죄 조사 및 지뢰 제거를 포함해 상호 마찰을 빚는 부분이 많았다. 문제를 더 복잡하게 만든 것은 유엔 평화유지임무단이 권한에 부합되는 자원을 부여받지 못했다는 데 있었다. 1995년 세르비아군이 수천 명의 이슬람교도를 학살한 스레브레니차(Srebrenica) 학살 사건이 벌어졌다. 보스니아 내전 당시 이슬람교도들은 당시 유엔이 보장하는 안전 지역에 거주하고 있었는데, 이 지역이 세르비아군에게 포위되자 피해를 막기 위해 네덜란드 평화유지군 단장은 세르비아군과 교섭에 들어갔다. 세르비아군은 이슬람교도들을 안전하게 다른 곳으로 추방하는 조건으로 교섭에 응해 수천 명이 이동을 시작했다. 그런데 이슬람교도들이 스레브레니차 지역에 이르렀을 때 세르비아군이 공격해 몰살당한 사건이다. 그때 유엔 평화유지군은 수적으로도 불리했고 장비도 열악해 최악의 상황에서 속수무책으로 당하고만 있었다. 그 결과 보스니아는 유엔 평화유지활동에 깊은 상처를 남기게 되었다.

나중에 더 깊이 다루겠지만 유엔은 아프리카에서 평화강제활동을 아직 단 한 건도 하지 못했다. 이것은 소말리아에서의 실패에서 기인한다. 그리고 르완다 사태 이후 선진국들은 아프리카에 전통적인 평화유지활동에도 군대를 보내는 것을 꺼리고 있다. 르완다의 실패가 남긴 영향이다. 코트디부아르의 경우에는 이러한 트라우마 속에서 유엔 평화유지임무단이 생겨났다. 2001년 대통령 선거 이후 내전이 일어났고, 남북 분단으로 치달으며 2004년 유엔 코트디부아르 평화유지임무단, 즉 UNOCI(United Nations Operation in Cote d'Ivoire)가 창설되었다.

아시아인 평화유지임무단 단장

나는 유엔 평화유지활동에 세 번 관여하였다. 첫 번째는 1998년부터 2001년까지 유엔 평화유지담당 사무차장보 역할을 할 때였다. 뉴욕에 근무하였지만 전체 평화유지활동을 살펴보면서 세계 각지에 있는 평화유지임무단을 방문하였고, 많은 연설을 할 때이기 때문에 국제사회의 패러다임 변이를 살펴볼 수 있었다. 코피 아난 유엔 사무총장 때의 일이다.

두 번째는 2005년부터 2007년까지 유엔 대사로 근무하면서 평화유지활동을 살펴볼 때이다. 이때 수단의 다푸르 사태에 관심이 많아 여름에 다푸르 지역 사무소를 방문하였다. 그리고 다음 해 여름 평화유지임무단 중에서 가장 복잡하고 어려운 콩고민주공화국의 평화유지임무단을 방문하면서 사무차장보 때의 관심사에 계속 마음을 쏟을 때였다.

세 번째는 2008년부터 2011년까지 코트디부아르 평화유지임무단 단장을 했을 때이다. 반기문 사무총장 때의 일이다. 이 책은 이 경험을 풀어 쓴 것이다. 특히 2011년 1월부터 2011년 4월까지 약 4개월은 유엔 사무실이 반군(선거에서 패한 전 바그보 대통령의 친위 집단)에 포위되어 집으로 가는 것도 불가능하였다.

나는 코피 아난 사무총장 시절 사무차장보로 이미 유엔 국제평화유지활동을 1998년부터 2001년까지 경험한 적이 있었다. 근무하면서 이 자리를 떠나게 되었을 때 나중에라도 만일 유엔에서 다시 일하게 된다면 뉴욕에 있는 본부가 아닌 평화유지활동 현장에서 근무를 하면 좋겠다고 생각했다. 당시 뉴욕 본부에서 일하면서 수없이 많은 대내외 회의에 참석하느라 시간 낭비가 많았기 때문이다. 평화유지활동 현장에서 일을 했으면 훨씬 더 많은 일을 경험하고, 실질적인 일을 할 수 있을 것이라는 느낌을 지울 수 없었다.

2000년 말 우리나라에서는 역사상 처음으로 28개국의 국가원수가 참석하는 아셈(Asia-Europe Meeting, ASEM) 회의를 열게 되었다. 외교부 외교정책실장이 실무를 총괄하는데 이 직책을 맡기 위하여 유엔을 떠나 외교부로 복귀하였다. 그 후 외교부 차관과 유엔 대사를 지내고, 2007년 9월 보스턴 플레처 스쿨에서 외교관-교수로 머물고 있었다. 그때 반기문 유엔 사무총장 사무실에서 걸려온 전화를 받게 되었다. 코트디부아르에 있는 유엔 평화유지임무단에 유엔 사무총장 특별대표 겸 임무단 단장으로 가지 않겠냐는 것이었다. 나는 망설임 없이 그 제안을 받아들였다. 당시 내 나이 쉰아홉에 대한민국 외교계에 오래 복무한 것을 바탕으로 나의 경험과 능력이 과연 국제적 수준에 걸맞은 것인지 코트디부아르에 가서 시험대에 올려 볼 준비가 되었다는 생각이 들었던 것이다.

동아시아인을 아프리카 유엔 평화유지임무단 단장으로 보내는 것은

반기문 사무총장으로부터 유엔 사무총장 특별대표 겸 UNOCI 대표로 임명되었다.

반기문 유엔 사무총장으로서도 위험한 도박이었다. 이때까지 동양권 출신
이 아프리카에서 특별대표를 맡았던 적이 단 한 번도 없었기 때문이다. 코
트디부아르 정부 사람들도 동아시아 출신은 아프리카의 문화나 정치적 특
성을 이해하지 못할 것으로 생각했다고 한다. 하지만 나는 이미 세네갈에
서 2년, 튀니지에서 3년, 파리에서 4년을 외교관으로 보내면서 아프리카와
그 문화에 대한 경험이 있었다. 아프리카에서 직접 체험했던 것들이 아프
리카의 독특한 문화, 프랑스 언어, 이슬람 종교, 유럽과 아프리카의 관계를
잘 이해할 수 있게 해주었다.

　사무총장의 특별대표는 많은 책임과 함께 특별한 임무가 주어진다.
평화유지활동 임무를 총괄하는 사람으로서 특별대표는 외교 활동과 함께
임무단 사람들을 관리, 담당할 의무가 있다. 그리고 UNOCI는 50개가 넘
는 국적으로 구성된 다양한 문화와 관념, 훈련 및 교육을 받은 1만 명이
넘는 민간인, 군대, 경찰로 이루어져 있다. 또한 매년 5억 달러가 넘는 예

바그보 대통령과의 첫 대면

산을 갖고 있었다. 2010년경 유엔에서 전 세계적으로 평화유지활동을 하고 있는 곳은 총 16곳이었으며 12만 명이 넘는 인력과 70억 달러가 넘는 예산이 소요되고 있었다. 유엔 전체 예산의 3배다. 그중 80퍼센트의 인원과 예산이 아프리카 지역의 평화유지단에 집중되어 있었다.

내가 코트디부아르에 도착하기 전, 유엔 사무총장의 특별대표 자리는 유엔과 코트디부아르 대통령인 로랑 바그보(Laurent Gbagbo) 사이에 협상이 이루어지지 않아 열 달 동안 공석으로 남아 있었다. 바그보 대통령은 그 자리에 아프리카 사람이 오기를 바랐고, 유엔은 유럽 사람을 선호했기 때문이다. 바그보 대통령이 나중에 밝힌 바에 따르면, 나는 "생선도 아니고 고기도 아닌", 다시 말해 유럽 사람도 아니고 아프리카 사람도 아닌 아시아 사람인 셈이었다.

2007년 11월 20일 내가 아비장(Abidjan)에 도착했을 때 바그보 대통령은 완전히 상황을 장악하고 있었다. 유엔이 중심이 된 국제실무그룹

(International Working Group, IWG)과의 경쟁에서 주도권을 잡는 데 완전히 승리해 있었다. 유엔 안보리에서 코트디부아르 업무는 프랑스가 주도권을 쥐고 있었다. 자크 시라크 프랑스 대통령은 바그보 코트디부아르 대통령과 사이가 좋지 않았다. 그래서 안보리에서 프랑스 대사가 바그보 대통령에게 유리하지 않은 결의안을 자주 통과시키는 일을 수행했다. 그러므로 시라크 대통령이 엘리제궁을 떠난 것은 바그보 대통령에게는 환영할 만한 일이었다. 그는 "시라크가 떠난 후로 나는 잠도 더 잘 자고 숨도 더 잘 쉬어진다"고 종종 이야기하곤 했다. 그 외에도 바그보 대통령은 2007년에 자신에게 반대하는 입장에 선 두 명의 유엔 대표를 코트디부아르에서 떠나보냈기 때문에 더욱 편안함을 느꼈을 것이다. 바로 유엔 사무총장 특별대표 피에르 쇼리와 선거 고위대표(High Representative for the Elections, HRE) 제라르 스투드먼이 그들이다.

유엔이 부여한 임무에 따르면 내 전임자였던 피에르 쇼리는 IWG와 함께 안보리 결의안 1633(2005)에 기초하여 코트디부아르의 수상을 선임했고 기존에 있던 코트디부아르 국회를 해산시켰다. 이 때문에 바그보 대통령과의 관계가 극도로 악화되었다. 바그보 대통령은 2007년 3월 와가두구정치협약(OPA)에 서명하면서 코트디부아르에 대한 국제사회의 간섭을 배제하였다. 정치 9단답게 이 단 하나의 조치로 바그보 대통령은 코트디부아르의 평화 프로세스에 대한 지배권을 회복하게 된다.

국제사회는 바그보 대통령의 행보에 완전히 허를 찔린 상태였다. 결국 이때부터 코트디부아르의 위기 상황에 대해 국제적 접근이 아닌 지역적 접근밖에 할 수 없다는 결론이 나와 있었다. 바그보 대통령은 앞으로의 계획을 구체화하면서 피에르 쇼리에게 등을 돌리기 시작했다. 나중에는 피에르 쇼리와의 만남을 계속 거부하자 쇼리는 코트디부아르를 일찍 떠날 수밖에 없게 되었다. 이후 바그보 대통령은 제라르 스투드먼에게도 똑같은 방식을 취했다. 바그보 대통령은 스투드먼과의 회담을 거절했고, 따라서 그도 임기를 마치기도 전에 코트디부아르를 떠날 수밖에 없었다.

이러한 상황에서 내가 UNOCI 단장으로 취임하게 된 것이다. 모두들 내가 맡게 될 소임이 아주 어려울 것이라고 했다. 운이 좋으면 임무를 마치는 데 길어야 2년 정도 체류하게 될 것이고, 운이 나쁘면 바그보 대통령의 요청에 따라 선거를 하기도 전에 아무 때나 떠나야 할 것이라는 얘기였다. 그 누구도 내가 4개월 동안의 극심한 위기 상황을 포함해 4년이 넘도록 머무를 것이라고 예상하지 못했다. 부임하기 전에 만난 많은 사람들은 바그보 대통령이 정치 전략적인 부분에서 탁월한 능력이 있는 사람이라고 평가했다. 그는 또한 발군의 책략가로도 알려져 있었다. 특히 그는 상대방을 떡 주무르듯이 자유자재로 요리한다는 뜻에서 '제빵왕'이라는 별명을 갖고 있었다.

그래서 사람들은 쇼리와 스투드먼을 떠나보냈던 것처럼 그의 명성에 걸맞게 그가 원하기만 한다면 나 역시 손쉽게 털어내 버릴 것으로 예상했다. 그도 그럴 것이 바그보 대통령은 지역 협약을 성사시킴으로써 유엔으로 대표되는 국제사회를 제치고 코트디부아르 평화 프로세스를 실질적으로 관장하게 되었기 때문이다. 지역협약에 의하면 바그보 대통령은 2011년 4월 임기가 끝날 때까지 4년 동안 코트디부아르의 정치를 지배할 것으로 예상되고 있었다.

나는 유엔을 싫어하던 바그보가 '유엔의 날'에 UNOCI 본부에 방문하여
헌화할 정도로 바그보 대통령과 친분을 쌓아 나갔다.

　나는 부임하기 전에 이런 바그보 대통령과 어떤 관계를 맺을 것인지 많은 생각을 하였다. 그렇게 해서 내린 결론은 임무에 성공하기 위해서는 바그보 대통령과 신뢰 관계를 형성하는 것이 꼭 필요하다는 것이었다. 나는 동아시아 출신으로 아프리카나 유럽과는 문화적으로 다른 배경을 갖고 있다는 점을 자각하고 있었다. 동아시아는 대인 관계에서 '승리보다 관리'에 중심을 둔 3,000년이 넘는 오랜 경험을 갖고 있다. 동아시아 문명에서는 '군자 사상', '무위(無爲)', 싸우지 않고 이기는 '손자병법'과 같은 중요한 윤리 개념과 처세 방법을 가르친다. 바그보 대통령의 높은 정치적 수단에 대해 익히 들었던 나는 그를 대할 때 몇 가지 원칙을 세웠다. 어떠한 계산을 하지 않고, 세세한 계획을 세우지 않으며, 모든 선입견을 배제한 채 그를 대한다는 원칙이었다. 이런 원칙을 가지고 코트디부아르 국민을 위하여 일한다는 단 한 가지 목표를 설정하였다.

2장

위기의 준비 기간 3년
2007년 10월–2010년 10월

위기의 4개월, 즉 2010년 12월부터 2011년 4월까지 일어난 일이 이 책의 중심이다. 이 기간은 유엔 평화유지임무단의 성공과 실패를 가늠하는 자리였다. 운이 좋아서 끝내 전 국민이 참여한 대통령 선거를 치르고, 선거 결과를 지켰고, 코트디부아르의 통일에 일조할 수 있었지만, 이에 이르기까지 3년간의 준비가 있었다. 그 기간에 유엔 평화유지단의 네 가지 중요 임무를 준비하였다. 민간인 보호, 평화유지군의 성적일탈행위에 대한 대비, 대통령 선거 인증, 그리고 평화 구축과 연계된 대민 활동이다.

민간인 보호: UNOCI 현장에서 본 이상과 현실
　　민간인 보호 책무는 유엔 평화활동임무단의 책무 중에서 가장 중요한 요소다. 그래서 유엔 평화유지임무단의 민간인 보호 실패 사실이 국제사회의 주요 뉴스로 보도되곤 한다. 유엔 평화유지임무단이 주둔 지역의 민간인 보호에 최선을 다하여야 하는 것은 틀림없지만, 현지의 실질적인 상황은 이를 달성하는 데 많은 도전을 내포하고 있다. 일반적으로 지적되는 대로, 유엔 안보리의 평화유지임무단에 내리는 책무와 이를 시행할 군사와 장비 면에서의 자원 간의 불일치라는 문제가 중요한 요소임에는 틀림없지만, 그보다 더 중요한 것은 평화유지임무단이 현지에서 실제로 겪는 상황은 그 불일치 상태를 뛰어넘어 근원적인 문제에 봉착하고 있다는 것이었다. UNOCI에서도 그러한 상황이 발생하였다.

2010년 2월 바그보 대통령이 투표자 명부 작성과 관련된 사건으로 정부를 해산하고 선거관리위원회를 해산시키자, 야당연합을 중심으로 민중 데모가 코트디부아르 곳곳에서 발생하였다. 민중 데모는 종종 폭력을 수반하였으며 바그보를 지지하는 남부에서는 정부 진압 병력이 실탄으로 시위대를 진압하고, 야당을 지지하는 북부에서는 시위대가 정부 건물과 친정부 인사의 가택을 습격하는 양상을 띠게 되었다. 급기야 2월 19일 코트디부아르 남부 간뇨아(Gagnoa) 지역에서 시위대 5명이 실탄에 맞아 사망했고, 2월 22일 달로아(Daloa) 지역에서 3명이 사망하는 등 총 13명의 시위대가 사망하는 사건으로 확대되었다.

나는 아직 정부 병력과 시위대 간의 충돌의 긴장이 가시지 않은 간뇨아 지역을 UNOCI 임무단 요원을 이끌고 2월 20일에 방문하였다. 동시에 야당 측 인사에게 시위대가 폭력을 삼가게 할 것과, 바그보 대통령 측에는 어떠한 경우에도 민간 시위대에 실탄을 발사해서는 안 되며, 그렇게 되면 심각한 결과를 가져올 수 있다고 경고하였다. 이런 와중에서 야당은 코트디부아르 남부에서 정부군에 의한 인권 유린을 조사해 줄 것을

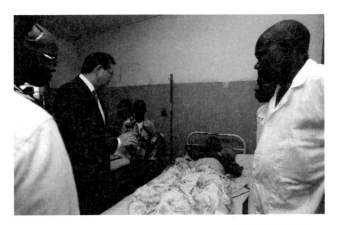

총격을 당해 간뇨아 지역 병원에 누워 있는 민간인 데모대 부상자를 위문 차 방문했다.

UNOCI 임무단과 국제사회에 요청하였고, 정부 측은 UNOCI 임무단과 국제사회에 정부 측의 통제력이 미치지 않는 북부에서의 야당 측에 의한 반정부 폭력 행사를 조사해 줄 것을 요청하였다. 이런 가운데 우선 UNOCI 간부들은 소요 지역을 계속 방문해 실상 조사와 사상자에 대한 위무활동을 계속하였다.

시위대의 사망과 관련하어 UNOCI의 민간인 보호 책임과 연계시키는 상황은 코트디부아르 현장에서가 아니라 밖에서 발생하였다. 국제적으로 또 유엔 사무국 내에서 UNOCI가 결국 민간인 보호에 실패하였다는 여론이 조성되기 시작한 것이다. 이러한 비판은 매일 최선을 다하고 있는 UNOCI 요원들에게 좌절감과 슬픔을 주었다. 나는 그러한 비난 여론에 동의하지 않았기 때문에, 동료들과 함께 일련의 모임, 브레인스토밍 세션을 갖고 우리의 생각을 정리하는 기회를 마련하였다.

2010년 2월의 데모 사건 이후 UNOCI는 유엔 본부와 안보리 등으로부터 이러한 사건이 다시 일어나지 않도록 UNOCI가 책임지고 코트디부아르 시민 보호에 대한 종합적인 전략 백서를 작성하여 제출하라는 압력을 받고 있었다. 이를 위하여 UNOCI 임무단은 많은 회의를 가져야 했고 가장 확실하게 시민을 보호할 수 있는 방법을 찾기 위한 자기 성찰의 시간을 가졌다. 그러나 거듭된 회의와 검토에서 내린 결론은 항상 같았다. 본부와 안보리에서 요구하는 확실한 보장을 포함하는 포괄적인 해결방안이 없다는 것이었다. 따라서 UNOCI 요원들에게 이러한 시간은 무척 힘든 나날이었다. 거듭되는 회의 중에 UNOCI 요원은 유엔 평화유지임무단 사상 민간인 보호와 관련하여 가장 비극적인 실패 두 가지, 즉 1994년 르완다와 1995년 스레브레니차에 대해 설명하고 토론하게 되었다. 나는 이 사건들에 대한 검토와 관련하여 내가 알고 있는 것, 그리고 당시 평화유지임무단 차원에서 어떻게 할 수 있었는지 하는 물음에 대하여 내가 느낀 것, 그리고 유사한 비극적인 상황이 코트디부아르에서 발생할 경우 UNOCI 요원들이 어떻게 처신해야 하는지 하는 핵심 문제에 대하여 설명하였다. 1998-1999년 사이에 뉴욕 유엔 본부의 평화유지활동 담당 사무차장보로 있을 때 이 두 가지 사건은 당시 사무총장이었던 코피 아난의 개인적 요청에 의해 유엔 평화유지군 그리고 관련 독립 패널에서 가장 깊이 연구된 사건들이었다.

우리는 이러한 사건들을 반추할 수 있는 많은 시간이 있었고 하나의 결론에 도달하게 되었다. UNOCI 병력이 사건이 일어난 장소에 있었다 하더라도 당시 르완다나 스레브레니차에 있었던 유엔 평화유지임무단 담당자들과 크게 다르게 행동할 수 없었을 것이라는 사실이었다. 유일한 방법

위험한 지역을 순찰할 때에는 중무장한 경호원들이 나를 경호했다.

은 유엔이 선제공격을 가하여 르완다의 후투족 민병대를 제압하거나 나토와 협력하여 스레브레니차의 세르비아 병력을 무력으로 제압함으로써, 민간인 학살을 예방하는 것이었다. 그런데 이 경우 선제공격이 성공하여 민간인 학살이 일어나지 않았다고 하여도, 그러한 '대규모 민간인 학살 예방'은 결국 가능성으로만 남고, 선제공격 과정에서 어쩔 수 없이 일어날 수백 명 정도의 살상에 대한 책임이 평화유지임무단에 고스란히 돌아오게 된다는 것을 쉽게 상상할 수 있다. '수백 명 정도의 살상'을 야기한 선제공격이 평화유지임무단의 민간인 보호라는 책무와 주어진 교전수칙에 부합하는 것인지에 관한 심각한 비난이 부각될 가능성만 남게 되는 것이다. 특히 르완다 인종 학살과 관련하여 우리가 그 자리에 있었다면 어떻게 달리할 수 있었을까 하고 수많은 생각을 검토하였다. 특별히 달리 행동할 방법이 없었다는 데로 항상 결과가 귀착되었다. 실제로 이러한 비극을 피하기 위해서는 근본적으로 유엔 회원국이 긴급 상황에 대처할 수 있는 충분한 지원 병력을 보내고 이러한 비극을 결코 용인하지 않겠다는 확실한 결의를 보여야 한다는 것이 전제되어야 했다. 나는 결국 르완다와 스레브레니차의 비극이 특히 평화유지임무단의 차원에서 실패로 여겨지는 이유는 평화유지임무단의 어쩔 수 없었던 민간인 보호 실패 자체에 있는 것이 아니라 전반적인 상황 인식에 기인한다는 것을 깨닫게 되었다.

그러나 전반적인 상황의 인식 차원에서 보면 분명히 평화유지임무단은 완전히 책임을 피하기 어렵다는 결론에도 동시에 도달하였다. 그것은 유엔이 보호해야 했던 수많은 사람들이 죽었는 데 비해 모든 유엔 평화유지임무단 요원들은 거의 전원 무사히 살아남았다는 사실에 기인한다고 볼 수 있다. 이것이 문제였다. 만일 유엔 평화유지임무단 요원들이 이 비극적 사건 중 주재국 국민들과 함께 목숨을 잃었다면 설사 민간인 보호에 실패하였다 하더라도 적어도 평화유지임무단에 대한 책임 추궁이나 비난은 없었을 것이고, 유엔으로서도 많은 설명을 할 근거가 생기는 등 속수무책 속의 '민간인 학살 방관'이라는 비난과는 전혀 다른 방향으로 사안에 대한 시각이 조성되었을 것이다. 그래서 나는 비슷한 상황이 벌어진다면 UNOCI를 위해서나 나를 위해서나 최고 책임자인 내가 모범을 보여 죽음을 불사하고 현장 한가운데로 뛰어드는 것이 일생 '민간인 학살 방관'이라는 비난 속에서 살아남는 것보다 낫겠다는 결론에 도달했다. 이러한 생각의 전말을 동료들과 토론하였다. 많은 동료 직원들은 상황을 그렇게 극단적으로까지 몰고 갈 필요가 있냐면서 이의를 제기하였다. 그러나 그들 중 어느 누구도 대안을 제시하지는 못했다. 그래서 나는 나의 결론이 극단적인 면이 없지는 않지만, 극한의 상황에서는 극단의 방법만이 대안이 될 수밖에 없다는 생각을 더욱 굳혔다. 그것이 내가 10여 년 전 유엔 본부 평화유지활동담당 사무차장보로서 오랜 시간 심사숙고와 검토 끝에 내린 결론이었고 해결책이었으며, 2010년 2월의 데모 사건을 계기로 다시 한번 확인한 결론이었다. 그래서 다른 대안이나 사고의 틀을 제공하지 못하는 동료 직원들에게 반복적으로 이를 설명하고 주지시켰다.

UNOCI 임무단과 내가 이 같은 결론에 도달한 다음에 우리는 우리 생각에는 불합리한 평화유지임무단에 대한 본부나 국제사회의 비판과 책임 전가에 대하여 침착하고 평온한 마음가짐으로 대할 수 있었다. 이러한 우리의 브레인스토밍은 UNOCI 임무단과 나로 하여금 앞으로 다가올 더욱 큰 시련에 대비할 수 있도록 준비시켜 주었다. 특히 2011년 1월 아비장 지역에서 정부군에 의한 대량 민간인 살상이 임박했을 수 있는 상황에 대처하여 이를 방지하는 데 유용한 사전 준비가 되었다.

성적일탈행위와 유엔 평화유지군

성적일탈행위(Sexual Exploitation and Abuse, SEA)는 민간인 보호와 마찬가지로 평화유지군과 관련한 최대의 사안이다. 그래서 UNOCI에서는 이를 간단히 SEA 사안이라고 하면서, 끊임없이 검토하고 UNOCI, 특히 군부대 요원들에게 누누이 설명하고 각오를 다지는 사안이었다. UNOCI에서는 자주 파견부대 대대장들을 모아서 아비장 본부에서 회의를 했는데, 그때마다 나는 민간인 보호와 SEA를 거듭 설명했다. 특히 SEA가 발각되면 당사자 군인은 물론이고 대대장까지도 책임을 지게 된다는 점을 알리고 대대장들이 자신의 일처럼 살펴보도록 당부했다. 만약 중대한 사안이 벌어지면, 대대장들도 물론이고, 군을 통솔하는 UNOCI 총사령관, 그리고 UNOCI 대표인 나까지도 책임을 면할 수 없으므로 성적일탈행위에 각별한 관심을 가지도록 누차 당부하는 것이 나의 일이었다.

평화유지군이 성적일탈행위를 일으키면 국제적으로 대대적으로 보도되고 평화유지군의 성패를 가늠하는 잣대가 되곤 한다. 그런데 UNOCI에서도 그러한 사건이 일어났다.

2009년 5월에 코트디부아르의 평화유지단에서 그런 일이 있어난 것으로 전 세계적으로 보도되었다. 영국에 본부를 둔 비정부기구(NGO)인 세이브더칠드런이 코트디부아르에 BBC 촬영팀을 데리고 와서 보도함으로써 일이 시작되었다. 지금 들어도 끔찍한 내용이다. 내용은 2008년 7월 코트디부아르 중부 지역에서 "평화유지 병사 8명이 차례차례로 13세 된 여아를 집단 성폭행"하였다는 것으로, 영국 세이브더칠드런에서 이제 14살 된 피해 여아를 TV에 공개한 것이다. 그 후 CNN 등 주요 언론과 우리나라 방송에서도 계속 보도되었다.

UNOCI 본부단은 그야말로 발칵 뒤집혔다. 민간인 보호 실패나 성적일탈행위는 유엔과 평화유지 본부에서 가장 중요시하는 사안이다. 여기에 실패하면 본부단 책임자는 불명예스럽게 퇴진하는 경우도 있다. 정부에서 큰일이 일어나면 관련된 장관은 책임을 지고 물러나는 상황과 유사하다. 나는 긴급 간부회의를 소집하여 사건을 되짚어 보고 또 되짚어 보았다. 그래서 내린 임시 결론은 UNOCI 본부, 군부대, 이러한 사안을 책임지고 관리하는 인권부서, 그리고 지역 사무소, 지역 주둔부대 중 누구도 그러한 사실에 대하여 아는 바가 없다는 것이었다. 거듭 확인하였지만, 유사

성적일탈행위에 대한 특별 회의를 마친 후
각 부대 대대장들과 UNOCI 본부 앞에서 단체사진을 찍었다.

한 사건에 대하여도 아무도 아는 것이 없었다.

유엔 본부는 경악을 하면서 UNOCI의 보고를 기다리고 있었다. UNOCI 의견을 수렴해 보니 모두 아무것도 모른다고 보고하는 수밖에 없다는 의견이 나왔다. 나는 그러한 방안이 어딘가 부족하다는 생각을 지울 수 없었다. 평화유지임무단과 인권 NGO들은 협조도 하지만, 어떤 문제가 노정되면 평화유지임무단은 실제로 자신을 방어할 방패막이가 없는 것이 현실이다. 즉 아무것도 모른다고 설명해 버리면 사안을 덮어 버리고 책임을 회피하는 전략이 되어 세계 여론이 움직이게 되는 것이 인권 관계 사안의 현실이 되어 버렸다.

아무것도 모른다고 보고하는 것이 부족하다고 한 또 다른 이유는 현지에 있는 우리가 그런 일을 하였는지 아닌지 아무런 짐작도 못하고 있는데, NGO에서 우리가 그런 일을 한 것이 틀림없다고 주장할 때, 가만히 있어야 되는 것인가 하는 문제 때문이었다. 그럴 경우 그런 일이 있었는데 우리만 모르고 있는 것으로 평가될 수 있기 때문이었다. UNOCI에서 계속 검토하였는데, 8명의 유엔군이 13살 난 여아를 대낮에 윤간하였다는 증거는 결국 영국 세이브더칠드런에서 BBC에 공개한 이제 14세가 된 여아뿐이었다. 그 여아를 검진하고 치료한 근처의 의사나 이러한 끔찍한 사건을 목도했거나 아는 사람들도 발견할 수 없었다. 그러나 영국 세이브더칠드런과는 결코 싸움을 해서는 안 된다는 의견이 팽배하였다. 즉 국제 상황이나 유엔의 기본 입장상 평화유지임무단과 NGO 간의 싸움에서는 평화유지임무단이 질 수밖에 없는 것이 명백하므로 이를 거역하고 추가적인 책임을 동반해서는 안 된다는 의견이 UNOCI 임무단 간부들의 대체적인 입장이었다.

이러한 결론을 거부하고 내가 회의를 속개하고 계속 문제를 검토하다가 중요한 사실을 발견하였다. 평화유지임무단은 가족 동반조차 허용되지 않는 위험한 지역에 설치된다. 그래서 평화유지임무단 관할 지역에 협조하러 오는 NGO에 대한 일종의 보호와 협의의 책임이 있다. 평화유지임무단의 인권 관련 부처의 보고에 의하면 여러 NGO와 평화유지임무단은 일종의 협약서 같은 것을 맺고 관련 사안이 생기면 즉시 상대방에 통보하고 협조하도록 되어 있다는 것이었다. 여기서 이 상황에 대한 문제 제기 방안이 발견되었다.

즉 왜 영국 세이브더칠드런은 2008년 7월쯤에 일어난 '평화유지군 8명이 13세의 여아를 윤간'한 사안을 UNOCI와 협조하지 않았는가 하는 것이다. 또한 2008년 7월에 일어난 사건을 10개월간 공개하지 않다가 2009년 5월에 BBC를 대동하고 코트디부아르에 나타나서 14세 된 여아

평화유지임무단 단장은 각 지역 주둔 사령부를 방문해 6개월의 임무를 마치고
떠나는 군인들에게 유엔 메달을 수여하는 메달 수여식을 벌인다.
이때에도 지역 사령관들과 간부들에게 성적일탈행위에 대해 교육하고 다짐을 받곤 했다.

를 공개하였는가 하는 문제를 제기할 수 있었다. 이 문제에 대하여는 영
국 세이브더칠드런에서 UNOCI에 설명해야 하는 계약상의 의무가 있는
것이었다.

　　만약 영국 세이브더칠드런에서 당시에 바로 UNOCI에 이 사실을 알
렸다면, UNOCI와 유엔에서는 관련된 군부대에 즉각 사실을 확인하고, 확
인될 경우 유엔 규정에 따라 관련 군부대의 소속 국가와 협의해 관련자들
을 확실하게 처벌할 수 있었을 터였다. 유엔 군부대는 규정상 평화유지임
무단에서 6개월을 근무한 후 귀국하고 그 나라의 다른 부대가 대체하게
되어 있다. 영국 세이브더칠드런에서 10개월 동안 알리지 않고, 갑자기 TV
등을 통해 이를 세상에 알리게 된다면 UNOCI와 유엔의 사실 확인과 처
벌 관련 활동 범위와 영역이 크게 줄어들 수밖에 없다.

　　나는 기자회견을 열고 이러한 사실을 밝히고자 하였는데, UNOCI

간부들은 부정적인 의견을 내세웠다. NGO와 싸우면 이길 수 없는 것이 국제사회의 현실이니 피해 가거나, 뉴욕 유엔 본부에 보고하여 허가를 받자는 것이었다. 나는 유엔 본부에 보고하여 허가받는 방안에 반대하였다. 이는 책임을 본부에 전가하는 것이므로, UNOCI에서 잘 판단하여 실행해야 하는 것이지 남에게 책임을 전가하는 것은 좋은 방안이 아니라고 설득하였다.

결국 사안을 정리하여 기자회견을 여는 방안으로 정리되었다. 이미 "평화유지 병사 8명이 13세 된 여아를 집단 성폭행"하였다는 사건은 전 세계에서 중요 뉴스로 계속 보도되고 있었다. 시간을 끌 문제가 아니었다. 기자회견에서 나는 "놀라운 사건을 접한 UNOCI는 최선을 다하여 사실과 내용을 파악 중이다. 10개월 이전에 일어난 일이므로 아직까지 사건과 관련하여 밝힐 만한 사실은 발견된 것이 없다. 빨리 사안을 정확히 파악하여 밝히고 싶은데 안타까운 일이다. 관련 부대의 군인들은 이미 6개월 전에 귀국하여 버렸지만, 관련국과도 협력해서 사안의 경과 등에 중요 사실이 드러나면 즉시 추가로 알리겠다. 그런데 나는 왜 영국 세이브더칠드런이 사건이 일어난 후 10개월간 UNOCI에 아무런 사실도 알리지 않고 침묵하였는지 의문을 감출 수 없다. 만약 진작에 알렸다면 사실을 파악하고 관련된 군인들을 처벌하는 데 커다란 도움이 되었을 것이다"라는 내용을 두 페이지에 적어서 간략히 설명하였다. 이후 질문은 이 사안에 대하여 그간 UNOCI가 아무것도 몰랐는지, 또 사건이 알려진 후 그간 파악된 것이 없는지에 관한 것이었다.

이 기자회견 이후 이 사안에 대한 국제 언론 보도도 급격히 줄어들고, 유엔 본부의 UNOCI에 대한 질책도 없게 되었다. 무엇보다도 UNOCI가 무력하게 '우리가 잘못하였나 보다' 하는 죄의식에 빠지는 것을 피할 수 있었다. 또 NGO나 언론매체들이 확인도 안 하고 왜 그러한 보도를 우리를 향해 던졌는지 하는 분노를 삭일 수 있었다.

선거 인증과 선거 결과의 이행 보장

"사무총장 특별대표는 대통령 선거와 총선거가 국제적인 기준에 비추어 볼 때 모든 단계가 공개적이고, 자유롭고, 공정하고, 그리고 투명한 선거가 되도록 모든 필요한 보증을 해주고 있다는 것을 인증하여야 한다"(안보리 결의안 1765호, 2007년 7월 16일 채택). 내가 2007년 10월 UNOCI 대표로 임명되었을 때 민간인 보호와 함께 가장 중요한 임무인 사무총장 특별대표의 선거 인증 임무에 대하여 알려진 것은 위의 안보리 결의안이 전부였다. 가이드라인이나 설명이 없었고, 또 아무도 선거 인증이 어떻게 이루어져야 하는지, 과연 실질적으로 무엇을 해야 하는지 뚜렷한 인식을 가지고 있지도 않았다. 다만 선거 인증의 책무는 사무총장 특별대표 '개인'에게 주어진 임무이며, 누구에게도 이를 위임할 수 없다는 설명만 주어졌다.

그러나 실제로 선거 인증 업무가 진행되면서, 한 가지 분명해진 것은 이 임무가 '개인'적인 것과는 거리가 멀다는 것이었다. 선거 인증 업무는 UNOCI의 다른 업무들과 직간접적으로 관련되며, 수년간에 걸친 지속적인 일이지, 흔히 '인증'과 연계된 이미지, 즉 도장을 찍고 통과 또는 낙제식으로 판단하는 행위와는 거리가 멀다는 것이었다. 실제로 UNOCI 임무단은 선거 인증을 위하여 코트디부아르의 모든 중요 정치인들이 공명선거를 하도록 독려해야 했고, 주재국 선거관리 위원회를 돕고 독려하면서 선거 과정이 투명하게 되도록 해야 했으며, 국민들에게는 선거가 자유롭고 공개적이라는 것을 납득시키고 믿음을 가지도록 하는 광범위한 활동을 포괄하고 있었다. 특히 선거 인증 업무는 공명선거로 끝나는 것이 아니고, 선거 결과에 불복하는 세력이 있으면 이에 맞서서 선거 결과를 국민과 함께 지키고 보장하는 정치군사적인 측면까지 포함될 수밖에 없다는 것이 4년간의 코트디부아르 선거 인증 업무를 수행하면서 파악한 것들이었다. 물론 안보리 결의안이 특히 사무총장 특별대표를 지목하고 있으므로, 민간인 보호라든가 인권 신장, 여성의 주류화, UNOCI 임무단의 성적일탈행위 금지 등의 업무보다는 선거 인증 업무가 개인적으로 더 노력해야 하고, 책임져야 할 부분이 크다는 것이 다를 뿐이었다.

임지로 부임하기 전에 유엔 본부에서 만난 10여 년 전 평화유지국 사무차장보로 같이 일하였던 헤디 아나비(Hedi Annabi) 사무차장보는 내게 특별히 우정 어린 충고 겸 경고를 해주었다. "영진, 선거 인증 업무에 특별히 신경을 써야 할 거야. 개인적으로 대성공을 가져올 수도 있지만 잘못되면 끝장이야." 그의 충고는 충분한 근거가 있었다. 사실 코트디부아르에서의 선거 인증은 유엔 평화유지활동 역사상 전례가 없는 일이었다. 물론 두 번의 유사한 경우가 있었다. 동티모르와 네팔 평화유지임무단에서의 선거 인증이 그것이다. 그러나 두 경우 모두 유엔 평화유지임무단 자체가 실질적으로 선거를 계획하고 조직과 실행을 했던 선거 준비의 주체였으며 동시에 자신이 준비한 선거에 대해 인증하는 형식이었던 것이다. 코트디부아르의 경우는 이와 전혀 달랐다. 선거를 조직하지도 않았고 실행하는 주체도 아니면서 인증을 해야 하는 초유의 상황에 처한 셈이었다. 이를 두고 관계 전문가들은 코트디부아르에서의 선거 인증은 '실제 선거는 주도하지 않으면서 인증하는' 격이라고 규정하였다. 과연 이러한 상황은 UNOCI와 나에게 아주 어려운 도전을 안겨 주었는데, 현장에서 선거 인증이 의미하는 바는 실제로는 간단하지 않았다. 선거 인증 책무는 선거를 자신에게 유리하게 조직하고, 만약 그 결과가 불리할 때는 이를 인정하지 않을 수도 있는 현직 대통령 바그보의 세력과 기본적으로 이익을 달리하는 업무이며, 선거 결과에 따라서는 물리적인 대치나 충돌도 불사해야 하는 상황이 야기될 수 있는 위험이 도사리는 업무였다.

UNOCI 현장에 도착하여 선거 인증 업무를 검토하기 위하여 주재국 인사들 및 UNOCI 요원들과 일차적인 협의를 거쳤다. 일반적으로 사무총장 특별대표로서 나의 선거 인증 업무 방식에 대하여 그들이 기대하고 있는 것이 있었다. 그것은 안보리 결의안의 '모든 단계'라는 표현에 의거하여 20개 정도의 선거 단계를 상정하고, 그 단계마다 내가 인증하는, 일견 단순하고 확실한 인증 업무를 상정하고 있었다. 즉 인증 책임자로서 나에게 기대하고 있는 것은 마치 축구 심판처럼 옐로카드와 레드카드를 인증 도구로 사용하라는 것이었다. 인증 단계가 불충분하면 옐로카드를 행사하여 보완하도록 하고, 전혀 말이 안 되면 레드카드를 사용하여 다시 하도록 하고, 모든 것이 국제 기준에 맞을 때만 인증 도장을 찍어 주는 형식을 원했다. 그런데 책임자로서 내가 실제로 그러한 상황을 검토해 보니 이러한 방식은 내게는 독약과 같은 것이라는 점이 분명해졌다. 20여 단계마다 옐로카드, 레드카드 혹은 인증 도장을 행사할 경우, 여야로 극한 분열을 이룬 주재국 정세의 양쪽에서 매 행위 자체를 정치적으로 논쟁거리로 만들 것이 분명했다. 또 인증 도장을 찍었어도, 주재국의 전반적인 제반 기준이 국제적인 기준과 다른 점을 생각할 때 반대자들이 국민들의 반감을 쉽게 일으킬 수 있었다. UNOCI의 궁극적인 목표가 선거를 치르도록 하는 데 있지, 선거 절차에 시비를 걸고 방해(비록 완벽에 가까운 선거를 한다는 선의에서 출발하였어도)하는 데 있지 않는 한, 옐로-레드 카드는 써서는 안 되는 것이고, 20여 단계에 가부의 인증 도장을 찍어서도 안 되는 것이었다.

이러한 결론에 도달함으로써 동료들과 회의에 회의를 거쳐 초기 단계에서 인증을 하거나 실격을 선언하는 위험을 피할 수 있었다. 그러나 문제는 무엇인가 '긍정적인 방법'으로 선거 인증 업무를 수행하여야지, 불합격 카드를 쓰지 않겠다거나 섣부르게 인증 도장을 찍지 않겠다거나 하는 부정적인 대답은 결국 반쪽짜리 답변밖에 되지 못하였다.

결국 긍정적인 답변은 아주 현명하게 작성된 안보리 결의안 내에서 찾을 수 있었다. 즉 결의안을 자세히 살펴보면 '모든 단계'를 인증하라는 것보다는 '필요한 보증'에 역점이 주어져 있다는 것을 알 수 있었다. 일차적으로 UNOCI 내부 검토 끝에 '모든 단계'의 인증이 독약이라는 것이 판명된 이상, '필요한 보증'을 인증하는 쪽으로 방향을 잡으면 되었다. 그래서 UNOCI 내의 선거 인증과 장기간 숙고 끝에 만든 것이 '테두리 인증(framework approach)' 방식이었다. 즉 평화, 포괄, 언론의 중립, 선거인 명부, 선거 결과 다섯 가지 테두리를 만들고 이 안에 당초 제안된 20여 단계를 포함시켜 이를 인증의 도구로 삼는 것이다. 평화, 포괄, 언론의 중립이 지켜지지 않으면 선거 자체를 인증하지 않으며(다시 말하면 이 세 가지 기준을 '간접

바그보 대통령을 강력히 지지하는 지역을 방문하여 가진 주민회의.
4시간에 걸친 토론 끝에 이들은 지금까지 거부하였던 UNOCI 임무단의 지역 방문과 활동에 동의하였다.
나는 선거 결과 이행 보장을 위하여 코트디부아르 주민들과 이런 회의를 자주 가졌다.

적이고 묵시적인 인증'의 대상으로 하며), 선거인 명부와 선거 결과는 직접적이고 명시적으로 인증한다는 것이다.

다행스럽게도 와가두구정치협약의 중재인인 콤파오레(Compaore) 부르키나파소 대통령으로부터 UNOCI가 마련한 테두리 인증 방식에 대한 호의적인 동의를 받을 수 있었다. 그 후 이를 기반으로 주재국 내 여야 대표로부터 모두 찬성을 이끌어 낼 수 있었고, 결국 이를 근거로 안보리에서 공식적으로 테두리 인증 방식을 지지하도록 만들 수 있게 되었다. 이로써 함정이 많은 선거 인증 책무는 나아갈 길을 찾을 수 있게 되었다. 결국 이러한 방식에 따라 선거 인증은 주재국의 지지부진한 선거 진행을 독려하는 것 외에 두 번 명시적이고 공식적으로 이루어졌는데 선거인 명부와 선거 결과에 대한 것이었다. 다른 세 가지 즉 평화, 포괄, 언론의 중립은 명시적이고 단계적인 인증 없이, 선거인 명부와 선거 결과에 대한 인증 속에서 간접적으로 묵시적으로 인증이 이루어지게 되었다.

그러나 시간이 갈수록 이러한 형식의 문제를 떠나서, 선거 인증 책무와 관련된 본질적인 문제는 정치적인 차원에서 제기되었다. 즉 선거인증 책무가 주재국의 선거가 "공개적이고, 자유롭고, 공정하고, 그리고 투명한 선거"였다는 것을 인증하면 그것으로 종료되느냐 아니면 그 결과를 보장하는 것까지 포함하느냐 하는 것이었다. 만약 선거 결과에 불복하는 세력이 있으면 그것은 선거 인증 임무와 전혀 관계없는 다른 차원의 문제로 치부하고 눈을 감아도 되는지 아니면 그 불복 세력을 설득하거나 대결하는 방식을 통하여서라도 선거 결과를 받아들이도록 하여야 하는지 같은 중대한 문제가 제기된 것이다.

수 주 동안 간헐적으로 계속된 토론과 브레인스토밍에서 대부분의 인증 업무 관련 직원들과 UNOCI 간부 요원들은 선거 결과의 이행 보장은 안보리가 규정한 선거 절차 인증과는 무관하므로, 선거의 결과가 이행되는지 아닌지 하는 문제는 사무총장 특별대표의 선거 인증 업무와 무관하다는 분명한 선을 그어야 한다고 주장하였다. 엄격히 법적으로 따지면 이들의 입장에 일리가 없는 것도 아니었다. 그러나 선거 인증 업무가 선거 결과에 대한 인증을 마지막 임무로 종료되는 것이라는 판단 아래 선거 결과의 이행은 어떻게 돼도 상관없이, 선거 결과 자체만 인증하고 임무가 종료되었다고 선언하는 것은 현실적으로도, 정치적으로도 도저히 불가능한 일이었다. 유엔 사무총장 특별대표로서 현지 UNOCI의 대표도 겸하고 있는 직위에 주어진 선거 인증은 싫든 좋든 선거 결과의 이행에 대한 인증을 포함해야 한다는 것이 불가피한 현실이라는 것이 나의 확고한 신념이 되었다.

콤파오레 부르키나파소 대통령(사진 오른쪽)과 선거 인증 방식에 대해 협의하고 있다.

　　결국 나는 상당한 반대를 물리치고 테두리 인증 방식을 보고하고 알리기 위하여 작성된 팸플릿에 이러한 입장을 확실히 명기하도록 하였다. 즉 선거 결과 인증 항목을 설명하는 부분에 "인증자인 사무총장 특별대표는 일단 인증된 선거 결과에 대하여 비민주적인 방법으로 도전하거나 이를 훼손하는 행위는 용납하지 않는다"는 구절을 명기하도록 한 것이다. 이러한 결의가 담긴 구절을 명기할 때는 이 자체가 억지력으로도 작용하게 될 것이라는 것은 희망하고 예상하였으나, 몇 년 후 실제로 주요 행위자가 인증된 선거 결과에 대하여 무력으로 도전하고, 임무단은 이에 맞서 4개월간 포위된 상태에서, 선거 결과의 이행이라는 인증 목적을 위하여 UNOCI 임무단 전체가 혼신의 힘을 다하게 될 상황이 펼쳐질지는 예견하기 힘들었다.

유엔 평화유지군과 대민 활동

유엔 평화유지군은 전통적으로 대민 활동과 민심 획득 사업을 벌이지 않아 왔다. 이에 대하여 최초로 본격적인 관심을 갖게 된 것은 2000년에 발간된 브라히미(Brahimi) 보고서였다. 이 보고서가 유엔 평화유지활동의 가장 중요한 개선의 요소로 대민 사업의 실행을 건의하고 모든 활동에서 '단기 효과 프로젝트(Quick Impact Projects, QUIPS)'라고 불리는 대민 사업을 시행하는 안을 제시한 데서 비롯되었다.

UNOCI에서는 대민 사업의 중요성을 감안하여, 또 대민 사업을 통하여 가장 중요한 주재국 국민들의 민심을 UNOCI 임무단과 유엔에 유리하게 돌릴 수 있다는 생각에서 이러한 단기 효과 프로젝트 기간을 연장하였다. 그리고 군 병력을 동원하여, 일반 유엔 평화유지단의 경우보다 커다란 규모로 진행하였다.

이 같은 생각에서 UNOCI는 설립 당해년도 1년간으로 한정되었던 단기 효과 프로젝트 계획을 연장하여 시행하는 데 중점을 두었다. 그 결과 예산을 확보하여 '100개 단기 효과 프로젝트 계획(Operation One hundred Quick Impact Projects)'을 시작할 수 있었다. 이러한 사업은 사업단위당 1만 달러 정도의 수준에서 짧은 기간에 주재국 국민들을 직접 도울 수 있는 분야에 시행되었다. 전쟁 중에 파괴된 학교의 복구, 보건소 건물의 재건, 소규모 도로나 다리 보수 공사, 마을의 우물 보수나 식수 원천 마련, 마을 회관 재건 등이 주요 분야였다.

UNOCI의 단기 효과 프로젝트 사업은 주재국 내의 영세 사업가들이 도급을 맡아서 하는 형식을 갖추게 되었다. 그런데 UNOCI에서는 1만

명에 달하는 UNOCI의 군 병력이나 민간 경찰의 이미지 제고를 위하여, 2008년 초부터 이들이 주둔하는 지역 내에서 벌어지는 단기 효과 프로 젝트를 측면 지원토록 하였다. 즉 이들이 보유한 장비와 인력을 본래의 임 무 수행을 훼손하지 않는 범위에서 적극 지원토록 한 것이다. 이렇게 군 과 민간을 연결시키는 사업은 상당한 효과를 거두었는데, 일부 부대에서 는 자국으로부터 소규모 별도 재원을 확보하여 프로젝트를 보다 빨리, 때 로는 보다 충실하게 지원하는 경우도 있었다. 특히 군부대의 장비를 동원 하여 학교 운동장을 넓히고 축구장으로 활용할 수 있도록 한 것은 커다 란 효과가 있었다.

군과 경찰 부대의 협조는 민심 획득에도 긍정적인 결과를 가져왔을 뿐 아니라 군의 사기도 진작되는 효과가 있어서 100개 프로젝트 중에 약 3분의 1을 군경이 도맡아 할 정도로 군경의 기여가 크게 되었다. 주재국 언론과 국민들은 이전에는 철조망을 친 담에 둘러싸인 부대 병영에서 생 활하면서 순찰 때만 완전 무장한 복장으로 밖으로 나다니던 UNOCI 군경 요원에 대한 이질감을 갖고 있었는데, 이제는 이들이 밖으로 나와 대민 사 업을 함에 따라 비로소 이들이 국민을 위하여 주둔하고 있는 것을 알게 되었다고 긍정적인 평가를 하기 시작하였다.

UNOCI가 단기 효과 프로젝트와 동시에 역점을 두고 시행한 독창적 인 사업이 마이크로 프로젝트 사업이었다. 주재국은 내전 종식 후 소위 반 군요원들의 무장 해제와 동원 해제까지는 비교적 상당한 진전을 이루고 있 었지만, 사회 융합 부분에 있어서는 계획만 세우고 실질적인 진전이 거의 이루어지지 않고 있었다. 제대 군인들이 직업을 갖지 못하고, 생활 기반 없

코트디부아르 북부 지방을 방문하여 '단기 효과 프로젝트'에 대해 설명하고 있다.

이 그대로 방치되어 있다는 것은 그들이 언제나 다시 무기를 들고 반군이나 다른 무장세력에 가담할 수 있다는 것을 의미했다. 즉 사회적인 불안 요소로 존재하는 것이다. 주재국 정부와 반군 세력은 재원 부족, 합의 부족 등의 이유로 사실상의 사회 융합 사업을 거의 진전시키지 못하고 있었다.

이에 착안하여 UNOCI는 자체적으로 사회 융합 사업을 만들어 주재국 정부와 반군 퇴역군인들의 사회 융합을 돕기로 한 것이다. UNOCI의 사업 구상은 2006년 노벨평화상을 수상하면서 당시 세계적인 주목을 받고 있던 방글라데시의 유누스(Yunus) 박사가 시행하고 있던 마이크로크레딧(microcredit)에서 아이디어를 얻은 것이다. 다른 점은 마이크로크레딧은 상환을 전제로 한 것이고, 마이크로 프로젝트는 무상이었다. 다만, 10 - 15명 정도의 퇴역군인으로 구성된 마이크로 프로젝트 팀은 사업이 실제로 운영되고 있다는 것을 증명하여야만 세 번에 걸쳐 지불하는 총 지원금 1만 불 안팎이 모두 지불될 수 있도록 하였다.

마이크로 프로젝트를 위한 기금은 어렵지 않게 모였다. UNOCI 예산에서 100만 불, 한국 정부에서 50만 불, 스위스 정부에서 50만 불을 모금하고 나서, 이를 바탕으로 유엔 본부의 평화구축기금(Peace Building Fund, PBF)에 접촉하여 400만 불을 지원받았다. 이 600만 불은 UNOCI의 유엔 주재국 지원팀(United Nations Country Team)의 일원이 되어 있던 UNDP(유엔개발 계획)에서 경영을 맡았다. 그래서 마이크로 프로젝트 사업은 유엔과 국제사회의 협력을 상징하는 중요한 프로젝트가 되었다.

2008년 8월 코트디부아르 제2의 도시이며, 북부의 중심도시, 반군의 본거지였던 부아케(Bouaké)에서 '마이크로 프로젝트 1000개 사업'의 시작을 기념하는 행사를 가졌다. 약 500명의 퇴역군인, 민병대원, 전쟁 피해 여성과 청년층을 대상으로 하였다. 코트디부아르 정부와 반군 지휘부, 그리고 민병대 지휘부는 UNOCI의 이러한 활동을 환영하고 전폭적인 지지를 보냈다. UNOCI의 목적은 이를 통하여 주재국 국민의 자생능력을 함양하면서, 동시에 가까운 시기에 치러질 대통령 선거 때까지 정세를 안정시키는 데 도움을 준다는 두 가지 목적을 달성하고자 하였다.

마이크로 프로젝트가 과거 어떤 유엔 평화유지임무단에서도 이렇게 대규모로 시행된 적이 없었고, 주재국 정부와 국민의 커다란 기대 속에서 시작하였기 때문에 어떻게든 이를 성공시키기 위하여 UNOCI 지휘부는 많은 시간을 할애하고 각별한 노력을 기울였다. UNOCI 임무단은 이동 지휘부를 설치하고 많은 지역을 방문하여 '마이크로 프로젝트 1000개 사업'을 선전하고, 성공을 관찰, 독려하였다. 이동 지휘부는 보통 일주일 동안 3-4개의 지역을 방문하였다. 나도 코트디부아르 북부와 중부, 남부 3개

단기 효과 프로젝트에서 가장 중요한 사업은 파괴된 학교 보수였다.
동아시아 출신으로, 교육의 중요성을 알고 있는 내가 특히 중점을 둔 사업이었다.

지역을 이동 지휘부를 이끌고 방문하였다. 우리가 방문한 각 도에서는 도지사 참여하에, 타운 홀 미팅 형식으로 퇴역군인회, 부녀회, 청년단체 대표를 초청하여 설명회와 토론회를 가졌다.

바그보 대통령 지지가 강한 일부 지역에서는 지난 수년간 국제사회의 간섭에 강하게 반발하여 왔기 때문에, UNOCI의 '마이크로 프로젝트 1000개 사업'도 의구심으로 보는 곳도 있었다. 그들은 그저 유엔이 빨리 주재국에서 떠나기만을 바라고 있었다. 그래서 나는 UNOCI는 필요 이상 하루도 코트디부아르에 잔류하기를 원하지 않는다고 하고, '마이크로 프로젝트 1000개 사업'도 하루 빨리 주재국의 평화 구축 능력을 함양하기 위한 것임을 설명하고, 소책자에 사업 내용과 함께 "당신이 위기를 벗어나면, 우리는 코트디부아르를 벗어난다(You get out of the crisis; we get out of Cote d'Ivoire)"라는 문구를 넣어 배포했다. 만사에 조심스럽기만 한 전통을 가진 유엔 문화에 익숙한 일부 UNOCI 요원들은 "코트디부아르를 벗어난다"라는 과감한 구호에 반대하였다. 그러나 나는 바로 그러한 조심성 때문에 주재국 정부와 국민들에게 유엔이 오래 머물 것이라는 인상을 주고, 그래서 반감이 조성되는 것이니 일부 과감성이 있더라도 이러한 명확한 메시지를 주는 구호를 써야 한다고 주장하며 이를 조심스럽게 사용하여 보았다. 주재국에서 반응이 아주 좋았기 때문에 이후 이 구호를 널리 사용하기 시작하였다.

사업이 진행됨에 따라 나를 비롯한 UNOCI 요원들은 실제 사업 현장을 많이 방문하게 되었다. 거기서 실제 사업에 참여하고 있는 퇴역 전투병, 퇴역 민병대원 그리고 사업에 참여하고 있는 바그보의 지지세력인 '청년애국단' 단원들을 만났다. UNOCI와 PBF의 공동 사업으로 진행된 '마이크로 프로젝트 1000개 사업'으로부터 실질적인 금융 지원을 받는 이들은 아주 긍정적인 태도를 보였다. 이에 따라 바그보 대통령과 소로 총리도 '마이크로 프로젝트 1000개 사업'에 전폭적인 지지를 보내게 되었다.

돌이켜 보면 평화유지임무단의 대민 지원 활동은 UNOCI의 성공을 위하여 꼭 필요한 요소였다. 그런데 유엔은 전통적으로 대민 지원 활동을 다른 분야 사업과 대비할 때 중요하게 여기지 않고 있었다. 많은 유엔 평화유지활동 개혁과 보완을 위한 제안과 생각, 건의 사항에 대민 사업 강화 부분은 없다. 오히려 인권 신장, 여성 지위 향상, 시민사회 구축 같은 부분의 건의가 주류를 이룬다.

이러한 차이는 물론 유엔 평화유지활동의 연혁에도 근거한다. 즉 당초 1948년 최초로 창설된 평화유지활동이 대민 접촉과는 거기가 먼 휴전협정 감시 임무에 국한되어 있었기 때문이다. 그러나 2000년대에 들어

마이크로 프로젝트 현장 답사 중 중부 지역의 채마밭 시설지를 시찰하고 있는 모습

서서 유엔 평화유지활동이 소위 다차원적인 활동이 되면서, 즉 때로는 민간 행정까지 담당하는 종합적인 활동이 되면서도 대민 사업의 중요성에 대한 건의나 고려가 거의 없었다. 이것은 동서양 문명의 차이에서 기인한다고 보아야 한다.

서양의 국제 관계는 20세기 전반기까지 점령, 영토 확장 그리고 착취의 역사다. 그리스로마 시대부터 19세기에 이르기까지 노예 제도는 중요한 국가 산업의 일부였다. 그래서 '점령지에서의 대민 사업'이라는 개념이 없었다. 이와 대비하여 동양에서는 수천 년간 왕조의 부침을 겪으면서 민심은 천심, 즉 민심을 잃으면 왕조가 지속될 수 없다는 것을 뼈저리게 경험하였고, 따라서 민심을 얻는 자가 최후의 승리자가 된다는 것을 알고 있었다.

동티모르, 이라크, 아프가니스탄 등에서 유엔 군부대가 대민 사업을 최우선 중점 사업의 하나로 보고 많은 예산과 인력을 투입하여 커다란 성과를 이룬 적이 있다. 유엔 평화유지활동에는 일본이나 베트남은 이런저

성공한 마이크로 프로젝트 사업 중 하나인 재래식 비누 공장에 방문했다.

런 이유로 참여하지 않거나 못하고 있다. 중국은 이제 시작하였다. 동아시아 문명권에서 우리만이 이러한 긍정적인 역할을 보여 줄 수 있었다. 이러한 대민 활동의 측면은 서양이 지배하는 미디어에 크게 주목받지는 못하였지만, 그렇다고 중요성이 떨어지는 것은 아니다. 결국 서양이 동양에서 배워야 할 요소이기 때문이다.

3장

모여드는 먹구름
2010년 11월 – 12월 초

오랫동안 미루어졌던 코트디부아르 대선이 드디어 2010년 10월에 치러졌다. 1차 선거는 과반수 득표자가 나오지 않아 현직 로랑 바그보 대통령과 코트디부아르의 전 수상이었던 알라산 와타라가 1, 2위 후보자로 재선을 치르게 되었다. 2차 선거는 2010년 11월 28일에 시행됐다. 나는 이 2차 선거에 대해 11월 29일 기자회견에서 상세히 설명했다. "토요일 오후에 있었던 몇 가지 사건과 서부에서 있었던 폭력적인 사건에도 불구하고 2차 선거는 81퍼센트라는 높은 투표율을 기록했고 전체적으로 민주적인 분위기 속에서 치러졌다."

하지만 선거 후 바그보 대통령의 패배가 분명해지면서 급격하게 긴장이 높아지는 방향으로 흘러가기 시작했다. 나는 안보리에서 코트디부아르의 선거 결과를 '인증'할 임무를 부여받았다. 대통령 선거 결과에 대한 최종적인 판단을 내릴 권한을 지니고 있었던 셈이다. 따라서 바그보 대통령이 선거에 반영된 국민의 의사를 무시하기로 결정하면, 선거 결과에 대한 나의 인증에도 이의를 제기할 수밖에 없다는 결론이 도출된다. 이럴 경우 나의 역할은 선거를 인증하는 것에서 선거 결과를 보호하는 것으로 바뀌게 된다.

사전에 기자회견을 활용하여 선거 결과를 보호해야만 하는 나의 입장과 그 중요성에 대해 재차 강조했다. "코트디부아르 선거 인증자로서 나는 책임과 명예, 결의를 가지고 선거 결과를 지킬 계획이다. 나는 선거 결과가 존중받고, 대선에서 승리한 사람이 다음 집권자가 되도록 할 것이며 선거 결과가 비민주적 논쟁이나 타협의 희생양이 되지 않도록 최선을 다할 것이다." 이러한 입장을 밝힐 당시 앞으로 나의 주 업무가 선거 결과를 지키는 것이 될 것이라는 느낌은 전혀 없었고 그때까지 유엔도 그런 일을 경험해 본 적이 없기 때문에 UNOCI와 내가 커다란 시험을 치르게 될 것이라는 생각은 하지 못했다. 그런데 2010년 12월부터 2011년 4월까지 유엔에 적대적이고 바그보를 지지하는 군부에 의해 포위됐던 4개월 동안 나는 커다란 시험대에 올라야 했다.

야당 대표 와타라의 대통령 선거 승리

코트디부아르에서는 모든 투표용지가 투표소에서 선거관리위원회 본부로 이송되도록 되어 있었으며 선거관리위원장은 선거가 있은 3일 내에 선거 결과를 발표하도록 되어 있었다. 하지만 UNOCI가 투표소에서 수집한 동향을 미리 파악하고 집계한 덕분에 나는 이미 밤 11시경 바그보 대통령이 패배했다는 사실을 알게 되었다. 나는 721곳의 미리 선정한 투

바그보 후보가 45.94퍼센트(어두운 색), 와타라 후보가 54.06퍼센트(밝은 색) 득표했음을 보여 주는 결과표.
와타라는 북부, 바그보는 남부 출신이었는데, 이러한 코트디부아르의 남북 분단 상황이 지도에 그대로 반영되어 있다.

표소에서 수집한 결과를 가지고 사전에 훈련된 UNOCI 전문가들에게 분석하게 하였고 이에 따라 도표화된 자료를 받았다. 분석 결과 와타라의 승리가 분명해 보였다.

바그보 측의 패색이 짙어지면서 그에 따른 반응도 점점 확실해졌다. 11월 28일 밤 10시 40분경, 나는 UNOCI 본부에서 바그보 대통령 측의 전국 선거위원장이 이끄는 대표단을 맞이하게 되었다. 대표단은 헌법위원회로 보내는 서류를 한 통 가지고 왔는데 북쪽에 있는 일부 지역의 심각한 비리 때문에 그 지역의 투표가 불법이라는 내용이 담겨 있었다.

북쪽 지역 투표 결과에 대한 대통령 측의 주장은 두 가지 측면에서 심각한 문제를 야기할 수 있었다. 선거관리위원회 측면으로 볼 때, 북쪽 지역의 투표 유효성에 대해 판단을 내리기 전에 부분적으로 결과를 공개하거나 잠정적인 결과를 알릴 수 있게 된다는 문제를 야기할 수 있다는 점이었다. 선거관리위원회의 과반수가 야당 진영에 의해 운영되는 것을 고려할 때 선거관리위원회에서는 투표의 유효성을 보존하기 위한 결정을 내리려고 할 테고, 이는 무력 행동을 포함한 대통령 진영의 심각한 반응을 유발할 수 있는 가능성이 있었다. 두 번째, 헌법위원회 측면에 있어서는 시간상의 제약이 큰 문제였다. 이뿐만 아니라 헌법위원회에서 내린 결정이 선거관리위원회의 결정과 다를 수 있기 때문에 그 경우 헌법적 위기를 가져올 가능성도 있었다.

그래서 선거 바로 다음 날인 2010년 11월 29일, 여러 정황이 나타나기 시작했다. 선거관리위원회가 2차 투표 결과를 발표하지 않았음에도 불구하고 야당 진영과 대통령 진영 모두 결과에 대비하기 시작했다. 야당 진영에서는 큰 차이로 2차 선거에서 승리했다는 확신을 갖고 있었다. 서쪽 지역에서 야당이 대통령 진영에 의해 큰 피해를 입으면서 문제가 있었음에도 조용했던 이유를 설명해 주는 대목이었다. 대통령 진영에서는 어떠한 기쁨의 표현도 보이지 않았는데, 곧 선거 결과에 문제가 있다는 것을 인식하고 있다는 증거였다. 대통령 진영은 그러면서 야당 진영이 95퍼센트 이상의 득표율로 승리한 북쪽 지역에서의 비리 때문에 바그보 측의 승리가 위협을 받았다고 주장하기 시작했다. 이에 따라 북쪽 지역의 투표 유효성을 문제 삼기 시작했다. 대통령 측에서는 선거관리위원회와 헌법위원회에 이미 공안을 보내 북쪽 지역의 투표를 무효화해 줄 것을 요청했다.

이러한 와중 긴장감이 고조되었고 무력 항쟁의 소문이 무성해졌다. 한 예로 11월 29일 밤과 30일 사이, 친바그보 군부에서 야당 진영을 공격할 것이라는 소문이 무성해지자 와타라는 가족과 함께 UNOCI 군대의 보호를 받으며 골프호텔에서 밤을 보내야 했다. 나와 UNOCI 수뇌부와 코트

코트디부아르에 있는 외교단과 함께 선거관리위원회를 방문하고 기자회견에서 UNOCI의 입장을 발표하고 있다.

디부아르에 있는 외교단은 상황을 통제하기 위하여 하루 종일 와타라와 바그보 측 사람들과 회의에 몰두했다.

11월 30일 아침에는 친바그보 코트디부아르 경찰이 '선거관리위원회 보호를 강화하기 위해서'라는 이유로 아비장에 있는 선거관리위원회 본부에 경찰 병력을 강화했고 코트디부아르 방송국 간부들은 '예산상의 제약'이라는 이유를 들어 방송국에서 철수했다. 동시에 국내 치안의 측면에서 비정상적인 일이 벌어졌다. 선거 기간 동안 북측에 배치되었던 친바그보군이 보안상의 이유로 갑자기 남쪽으로 되돌아온 것이다. 일부 친바그보 군 요원들은 UNOCI에 야당을 지지하는 FAFN 군대에 의해 위협을 받았다고 불평을 하기도 했다. 친바그보군은 정찰을 늘리고 선거관리위원회 본부가 있는 아비장과 선거관리위원장 바카요코의 주택 부근에 병력을 증강했다.

이러한 복잡한 상황에서 바그보 대통령 진영의 계획을 간파하기란 여간 어려운 일이 아니었다. 사실 완벽한 계획이 세워져 있지 않았을지도 모른다. 하지만 가장 가능성이 높은 대통령 측의 반응은 선거관리위원회의 선거 결과 발표를 방해하려는 것임은 충분히 예상할 수 있었다. 선거 이후 위기 상황은 이제 더 이상 피할 수도, 막을 수도 없었다. 닥쳐오는 위기는 그때까지 누구도 상상할 수 없었던 방법으로 내게 주어진 임무를 시험하려 하고 있었다.

2011년 11월 30일, 아비장에 있는 대부분의 사람들은 로랑 바그보가 패배했다는 선거 결과에 대해 알게 되었다. 그 결과, 바그보 진영은 하루 종일 바삐 움직였다. 야당 진영에서는 바그보 측이 헌법위원회가 투표 결과를 바그보 측에 유리하게 발표할 수 있는 시점까지 선거관리위원회를 마비시키려고 할 것이라고 확신했다. 선거관리위원장인 바카요코가 대통령 측의 엄중한 감시와 압박 아래 있는 한 선거관리위원회가 제시간에 투표 결과를 발표할 것이라는 희망은 줄어들 수밖에 없었다. 그리고 만일 야당 진영이 헌법위원회에 이의를 제기하게 되면 대통령 측에서는 이를 빌미로 상황 통제를 위한 비상사태를 선포할 가능성도 컸다.

아침에 내가 소로 수상과 만났을 때 그는 자신의 계획을 밝혔다. 그는 대통령 측이 예상대로 비상사태를 선포하면 북쪽 지역의 중심지 부아케로 가서 와가두구정치협약이 더 이상 유효하지 않으며 분단 이전의 상태로 돌아가게 되었다고 선포할 계획이라고 말했다. 한편, 바그보 측에서는 수단과 방법을 가리지 않고 선거관리위원장인 바카요코로 하여금 바그보에 유리한 방향으로 투표 결과를 발표하라고 압력을 가하고 있었다. 이 방법이 통하지 않으면 바그보 측은 바카요코 위원장이 알라산 와타라에게 유리한 투표 결과를 발표하는 것을 막으려고 계획하고 있었다.

UNOCI 선거 관리 요원들과 코트디부아르 선거관리위원회가 가진 긴급회의.
선거 결과를 발표할 책임을 지고 있는 바카요코 위원장이 내 맞은편에 서류를 들고 앉아 있다.

　외교단에서는 선거 기간 동안 매우 효과적인 활동을 폈다. 또 위원장 측에 투표 결과를 단계적으로 지체 없이 발표할 것을 주장하는 대표단을 보냈다. 나를 포함한 UNOCI 수뇌부는 선거관리위원장과 위원들에게 선거 결과를 단계적으로 발표하라는 요구를 강하게 전달했다. 그들은 즉시 결과를 발표하겠다고 약속했지만 바그보 대통령 측의 감시 아래 분열되어 있었고, 그런 상황에서는 결과를 발표하기 어려웠다. 이들은 이틀 동안 다섯 차례나 약속을 했지만 이를 행동에 옮길 수 없었다.

　나는 와타라와 여러 차례 전화 통화를 하고 또 회의도 가졌다. 그는 선거관리위원회가 잠정적 결과에 대해 발표하는 것이 시급하다는 것과 헌법위원회가 투표 결과에 대하여 최종 권위를 갖는 기관이 되어서는 안 된다는 점에서 나와 뜻을 같이했다. 항간에는 선거관리위원회가 투표 결과 발표에 실패할 경우 와타라가 직접 나서서 결과를 발표할 것이라는 소문이 무성했다. 나는 와타라에게 전화를 걸어 소문이 사실인지 확인했고 절대로 그렇게 행동하면 안 된다고 설명했다. 왜냐하면 그러한 행동은 바로 바그보 대통령 측이 원하는 행동이었기 때문이다.

나는 아비장에 있는 외교단과 긴밀한 연락을 취하면서 이 모든 정보를 공유했고 다음에 어떤 행동을 취해야 할지도 협의했다. 그들과 함께 바그보 대통령 자신을 포함하여 대통령 진영의 의도를 파악하고자 했고 바그보 대통령이 여론을 거스를 것이 확고하다는 결론에 도달할 수 있었다. 위기는 확실해 보였고 우리는 이에 대비해야만 했다.

많은 대사들이 이미 선거에서 졌다는 것을 알고 있는 바그보 대통령과 하루 종일 만나려고 했지만 아무도 그를 만날 수 없었다. 외교단과 협의 과정에서 우리는 헌법위원회가 바그보 대통령을 지지하는 발표를 단행하더라도 대통령 진영에 끊임없이 압력을 가하고 국민의 뜻을 받아들이도록 종용하는 것 외에는 더 좋은 방법이 없다고 결론 내렸다.

미국 대사와 프랑스 대사는 선거관리위원회가 투표 결과를 발표한 뒤 미국 대통령과 프랑스 대통령이 바그보 대통령과 대화를 하려고 했으나 바그보 대통령이 통화 제의를 거절했다고 알려 왔다. 바그보 대통령은 반기문 유엔 사무총장의 연락도 피하고 있었다. 그가 뉴욕, 파리, 워싱턴의 연락을 거절하고 있다는 것은 두 가지를 의미했다. 하나는 그가 선거에서 패배했다는 점을 알고 있다는 것이었고, 또 하나는 그가 얌전히 물러나지 않을 것이라는 점이었다.

퇴위를 거부한 바그보

코트디부아르 대선 후 위기는 3일 뒤부터 본격적으로 몰려오기 시작했다. 대통령 측이 2차 투표 결과에 승복하지 않으려 했기 때문이다. 선거 이후 급박하게 다가오는 위기를 해소하기 위해 나는 12월 1일 저녁 바그보 대통령과 긴급 면담을 가졌다. 면담 내용은 아래와 같은데, 내 일기에 적혀 있는 것이다.

바그보: 안녕하십니까. (바그보 대통령은 지난 4년 동안 만나면서 처음으로 코트디부아르식 인사를 했다. 가볍게 머리를 세 번 부딪치는 전통적인 인사였다. 나는 이런 그의 제스처가 선거 패배로 인한 자신의 취약한 위치를 반영하는 것으로 느꼈다. 그의 여러 몸짓이 선거에서 패배하였다는 것을 역력히 드러내고 있었다. 바그보 대통령은 내게 첫 만남 때처럼 커피를 권했다.)

최영진: 대통령님, 우리가 처음 만나고 벌써 3년이라는 세월이 흘렀군요. 당시에는 18세기 프랑스 수상이었던 쥴스 마자린에 대해 얘기를 나누었죠. 그는 인사권을 행사할 때 항상 당사자가 운이 좋은 사람인가를 묻고는 했었습니다. 그때 우리도 운을 기다리기보다는 운을 우리 편으로 만드는 것이 중요하다는 것에 동의했었죠. 3년 동안 당신과의 관계에 있어서 처음으로 나는 미래가 보이지 않는 것 같습니다. 그래서 당신의 비전과 관점을 구하고자 찾아왔습니다.

바그보: 단순합니다. 우리 정당과 지지자들은 북쪽 지역의 심각한 공격과 엄청난 사기의 피해자입니다. 북쪽 지역에는 비리가 만연해 있으며 이는 우리 정당에서 이미 서면으로 제출한 바 있습니다. 나는 이것을 헌법위원회에 제출했으며 당신도 이미 사본을 받은 것으로 아는데요. 여기에 대해서 조치가 취해져야 합니다. 이것이 최우선 순위입니다.

최영진: 어떠한 방식으로 이 문제를 처리할 수 있을까요?

바그보: 선거관리위원회는 대통령 측이 공식적으로 이의를 제기한 북쪽 지역 투표를 포함한 결과를 발표할 권한이 없습니다. 어쨌든 선거관리위원회의 권한은 선거 후 3일이라는 제한된 기한이 지나면 사라지게 되어 있습니다. 헌법위원회는 국가 최고, 최종의 주권 기관으로서 내일부터 모든 선거 과정을 도맡게 될 것입니다. 그 누구도 그 권한에 이의를 제기하지는 못합니다. 이 결정은 번복할 수 없습니다.

최영진: 헌법위원회는 어떤 행동들을 취할 수 있습니까?

바그보: (함께 회의에 참여하고 있던 내무부 장관인 데지레 타그로의 도움을 받아) 여러 가지가 있습니다. 예를 들어, 부분적인 선거의 무효화, 선거 전체의 무효화, 이와 함께 부분적인 재투표 또는 전국적인 재투표 등 여러 가지 혼합이 가능합니다. 이번 선거와 관련해서는 북쪽 지역의 비리가 너무나 확실한 관계로 북쪽 지역의 투표를 무효화하고 유효한 지역의 투표만을 공표하게 될 것입니다.

최영진: 대통령님, 우리의 소중한 시간을 선거에 관련된 근거 없는 폭력이나 부정에 대한 논쟁으로 소비하고 싶지 않습니다. 하지만 당신이 헌법위원회를 그런 방향으로 사용한다면 국가적인 위기를 몰고 올 수 있습니다.

바그보: 왜 그렇게 생각하십니까?

최영진: 헌법위원회가 자체적인 투표 결과를 발표하게 되면 전국적인 반발은 불을 보듯 뻔한 일입니다. 이러한 시위를 막기 위해 전투 부대를 투입하면 아마도 희생자도 속출하게 되겠지요. 기억하시겠지만 2010년 2월 코트디부아르 정부가 선거위원회를 해산시켰습니다. 이에 대항하는 민중시위에서 정

부군의 발포로 이미 13명의 희생자를 낸 바 있습니다. 게다가 이웃 나라 기니에서는 체제 반발 시위 중 그 열 배에 달하는 사람들이 죽었고(바그보 대통령은 이때 끼어들어 정확히 158명이 죽었다고 확인했다) 결국 정권이 교체되었으며 국제형사재판소에서 사건을 심리 중입니다. 만일 이번에 민심과 정권이 충돌하게 된다면 2월에 있었던 작은 사건과는 비교도 되지 않을 만큼 커다란 위험을 수반할 가능성이 높습니다. 대통령님, 당신이 가장 좋아하는 말 중에 "이것은 죽음이 아니다(c'est pas la mort)"가 있지요. 하지만 어떻게 보면 상황의 발전에 따라서 당신에게나 나에게나 죽음보다도 더 안 좋은 결과가 될 수 있습니다. 왜냐하면 그런 폭력적인 사건은 역사적으로 우리에게 불명예를 안겨 줄 것이며 코트디부아르 국민에게는 비극을 불러올 것이기 때문입니다. 그것은 악몽이자 지옥과도 같은 상황이지 않겠습니까.

바그보: (그는 한동안 굉장히 무거운 침묵을 지켰다. 정권 교체와 국제형사재판소의 개입에 대한 나의 언급 때문에 무척 놀란 것 같았다.)

최영진: 대통령님, 투표 집계 2만 건에 대하여 헌법위원회가 하루 만에 내용을 검토하고 발표한 결과가 실제 결과와 차이가 있을 경우 저는 헌법위원회가 발표한 결과가 사실에 근거한 자료를 갖고 있지 않다고 공표하는 것밖에는 방법이 없습니다. 저뿐 아니라 국제사회와 코트디부아르 국민 모두가 그저 진실을 선택하는 것 외에는 방법이 없습니다. 헌법위원회의 이에 반하는 행동은 광범위한 유혈사태를 불러일으킬 뿐입니다.

바그보: 유혈사태는 나도 원하지 않는 바입니다. 나는 폭력이나 유혈사태를 좋아한 적이 없습니다. 하지만 동시에 유혈사태가 무서워서 내가 퇴위할 수는 없는 일 아닙니까?

최영진: 퇴위라니요, 대통령님, 지금 무슨 말씀이십니까?

우리의 대화는 여기에서 끝이 났다. 나는 그가 '퇴위'라는 단어를 사용한 데서 그가 무슨 생각을 하는지 알 수 있었다. 그는 평화롭게 물러날 생각이 전혀 없었던 것이다.

면담을 마치면서 그는 언제든지 방문해서 대화를 나누자고 했다. 하지만 바그보 대통령이 물러나기 전까지 이것이 마지막 회담이 되었는데, 그 까닭은 그가 나를 '기피 인물'로 선언했기 때문이었다. 2011년 4월 11일 친와타라군에 의해 체포되기 전까지 나를 만나기를 꺼렸다는 사실도 후에 밝혀졌다.

몇 가지 징후를 보이기는 했지만 이번 면담을 통해 확실해진 것은 바그보 대통령이 헌법위원회를 통해 자신의 승리를 선언하려는 전략을 세우고 있음에 의심의 여지가 없다는 사실이었다. UNOCI 임무단은 대통령 측이 몇몇 지역에서의 투표를 무효화하기 위한 법적인 타당성을 검토하고, 나머지 지역의 투표만 집계해서 승리를 선언하려는 방향으로 가려 한다는 정보를 입수하고 있었다. 대통령 선거 투표 당일 바그보 대통령 측은 몇몇 선거장에 있는 여당 감시단에게 오후의 적절한 시점에 투표지에 서명을 하지 말고 투표장을 떠나라고 지시했다. 그 지역의 투표 무효화를 선언하고자 했던 것이다.

바그보 대통령이나 타그로 장관 모두 이런 선거 조작이 어떠한 결과를 가져올지에 대해 충분히 고려했다고는 도저히 생각할 수 없었다. 특히 항상 쾌활하고 도전적이던 타그로 장관은 내가 많은 희생자가 생길 것

선거 후 만난 바그보 대통령과 사후 처리를 이야기하고 있다.
그 후 그는 헌법위원장을 시켜 자신이 이겼다고 발표하였지만,
당시 그의 처신을 보면 그는 자신이 선거에서 진 것을 알고 있었다.

과 국제형사재판소의 개입 및 정권 교체에 대해 언급하자 안락의자에 푹
꺼져 수 분간 정신없어 하는 눈치였다. 그들이 이런 형태로 헌법위원회를
활용하려고 하는 것은 지난 2000년 대통령 선거 당시 경험을 토대로 한
것 같았다.

사실 이 전략은 2000년 선거 당시 헌법위원회가 만장일치로 로랑 바
그보를 대통령 선거의 승자로 선언하고 즉시 취임식을 거행했던 당시의 상
황을 그대로 재현하려는 것이었다. 하지만 당시와는 한 가지 근본적인 차
이가 있었는데, 그때는 바그보가 선거에서 승리했고, 이번에는 패배했다
는 것이었다.

12월 2일 아침, 나는 헌법위원회 위원장인 폴 야오 은드레, 내무부
장관인 데지레 타그로, 바그보 대통령의 외교 고문인 알시드 제제 대사
와 각각 긴급 면담을 가졌다. 세 번의 면담에서 이들은 모두 12월 1일 바

그보 대통령과의 면담에서 드러난 대통령 측의 의도가 확실한 것임을 드러냈다. 나는 대통령에게 설명한 내용을 되풀이하며 그들에게 해결 방안을 설명했다.

헌법위원회 위원장과의 만남에서 나는 그에게 위원장 자신도 사실이 아님을 알고 있는 선거 결과를 공표한다면 이러한 상황이 몰고 올 여파에 대해 책임질 준비를 해야 한다고 분명하게 말했다. 즉, 전국적으로 시위가 일어날 것이며 십중팔구 수백 명의 목숨을 앗아가게 될 가능성이 크다고 했다. 이러한 대량 살상은 그 내용에 따라 국제형사재판소의 개입까지도 초래할 수 있다. 나는 그에게 진실에 근거해 투표 결과를 공표하지 않을 경우 이를 지적하고 올바른 투표 결과를 발표하지 않을 수 없을 것이라는 점을 강조했다(면담 중에 위원장은 특별한 반응을 보이지 않고 체념한 듯했는데, 이는 나중에 알려진 일이지만 그가 다음 날 결과 발표를 이미 준비하기 시작했기 때문이었다).

타그로 장관과의 면담은 굉장히 짧았다. 그가 헌법위원회를 다루고 있는 실질적인 두뇌였기 때문에 나는 그에게 헌법위원회를 잘못된 방법으로 사용하기 전에 재차 고려해 볼 것을 경고했고 국제형사재판소의 개입이 없기를 바란다고 했다. 타그로 장관은 마음속으로 이미 투표 결과를 조작하기로 결정한 상태였다. 그는 도전적으로 말했다. "그래요, 어디 한번 국제형사재판소에 같이 가봅시다." 나는 다음과 같이 응했다. "좋습니다. 당신은 피고로, 나는 증인으로 가겠군요."(그는 아비장에 있는 대통령 관저에서 있었던 2011년 4월 11일 마지막 전투에서 심각하게 부상을 당했고 다음 날 병원에서 사망하였다. 그러므로 이것이 우리의 마지막 회의였다.)

제제 대사는 딱히 이의를 제기하지도, 그렇다고 별다른 반응을 보이지도 않았다. 그는 헌법위원회가 여론을 거스르는 행위를 하려 한다는 사실 자체가 가지는 예측할 수 없는 커다란 의미에 압도된 듯 보였다.

이러한 와중에서 선거관리위원회의 내부 분열은 친바그보 보안군이 11월 30일 아침부터 선거관리위원회 본부에 대한 보호를 강화하자 더욱 악화되었다. 이로 인해 결국 위원장인 바카요코는 선거관리위원회를 떠나 피신할 수밖에 없었다.

UNOCI 단장, 안보리 미·불·영 대표와 의견 대립

골프호텔에서 바카요코가 선거 결과를 공표하도록 하기까지의 여정은 결코 간단하지 않았다. 와타라의 승리가 확실했기 때문에 와타라 측은 바카요코가 더 이상의 지체 없이 결과를 공표하도록 하려고 했다. 들리는 바에 의하면 바카요코가 12월 1일 밤 결과를 발표할 것에 대비하여 자신의 안전에 대해 논의하기 위해 골프호텔로 간 모양이었다. 용감하게도 그는 진실을 발표한다는 원칙에는 응했으나 안전상의 이유로 UNOCI 본부에서 진행하기를 바랐다. 그 결과 12월 2일 아침부터, 오후에는 한층 더 강력하게 선거관리위원회 위원장이 2차 선거 결과를 발표하는데 UNOCI 본부의 기자회견실을 사용하도록 당장 허가해 달라고 커다란 압력이 UNOCI에 가해지기 시작했다. 이들은 바카요코가 빨리 UNOCI 본부로 와서 와타라가 이겼다는 선거 결과를 발표하면 혼란 사태가 종식될 것이라고 생각하고 있었다.

나는 선거관리위원회가 선거 결과를 빨리 발표해야 한다는 원칙에 전적으로 동의한다는 입장을 밝히고 누구보다 그 목표를 달성하기 위해 그간 많은 노력을 기울인 것은 UNOCI와 나 자신이라고 강조했다. 하지만 선거관리위원회의 공표는 UNOCI 본부가 아닌 코트디부아르 영토 내에서 진행되어야 한다는 원칙을 내세웠다. 그 이유는 다음과 같았다. 위원장이 UNOCI 본부에서 공표하게 되면 나의 선거 인증 권위가 훼손될 것이다. 또한 만일 위원장이 UNOCI 본부에서 선거 결과를 공표하면 공표 자체의 신뢰도가 떨어지게 될 것이다. 바그보 대통령 측에서 이것으로 코트디부아르 선거를 무산시키려는 국제적인 음모의 증거라고 꼬투리를 잡을 수 있다. 그렇게 되면 대통령 측이 관리하고 있는 청년 집단의 즉각적인 공격에 의해 UNOCI에 소속된 1만 2,000명의 직원들이 무방비 상태에서 위험에 처하게 될 수 있었다.

선거 결과 발표는 코트디부아르 영토에서 해야 한다는 원칙을 계속 강조하자, 사방에서 압력이 들어왔다. 와타라 당선자, 바카요코 위원장, 코트디부아르 주재 프랑스 대사, 미국 대사 등이 유엔 임무단에서 발표하여야 한다고 계속 주장하였고, 유엔 본부 평화유지군 담당부서에서도 그러한 입장에 동조하는 입장을 알려 왔다. 내가 입장을 굽히지 않자, 프랑스는 나에게 압력을 넣는 수단으로 긴급 안보리를 소집하고 UNOCI와 안보리 간의 화상회의를 가지게 되었다. 한마디로 뉴욕 유엔에 있는 프랑스, 미국, 영국 대사들이 직접 앞장서서 나에게 바카요코를 UNOCI로 데리고 와서 선거 결과를 발표하도록 압력을 가했다. 나에게는 아주 어려운 상황이 되었다. 평화유지군 임무단장은 유엔 사무총장이 안보리 상임이사국들과 협의하여 임명하고, 또 내가 3개월에 한 번씩 뉴욕에서 안보리에 상황을 보고하기 때문에 사실상 주 유엔 프랑스, 미국, 영국 대사들은 평화유지군

임무단장을 좌지우지할 수 있는 자리에 있었기 때문이다.

2010년 12월 2일 오후 3시 20분에서 4시 30분 사이에 있었던 안보리와의 화상회의에서 나는 한 시간 이상 그들의 압력에 굽히지 않고 입장을 지켰다. 선거 결과를 코트디부아르 영토에서 발표해야지, 만약 치외법권을 누리고 있는 유엔 임무단에서 발표하면 그 순간 와타라 당선자와 유엔은 한편이 되어, 이를 노리고 있는 바그보 측의 함정에 빠지게 된다고 그들을 설득했다. 또한 선거관리위원회, 헌법위원회, 그리고 UNOCI 단장인 나의 순서로 선거 결과에 대한 입장을 발표해야지 이 순서를 유엔이 스스로 어기면 안 된다고 설득했다. 그러나 안보리에서는 한 시간 이상 동안 때로는 개인적인 공격까지 섞어 가면서 프랑스, 미국, 영국 대사가 번갈아 가며 나에게 압력을 가해 왔다. 그러나 코트디부아르 대통령 선거에 대한 인증 책임을 지고 있는 나로서는 프랑스, 미국, 영국의 입장을 받아들일 수 없고, 내 의사대로 해야 한다고 계속 주장하였다. 양쪽이 입장을 굽히지 않자 분위기가 험악해졌다. 그러다가 4시 반에 사건은 갑자기 해결되었다. 와타라 당선자와 선거관리 위원장이 함께 골프호텔에 있었는데, 프랑스로부터 나의 완강한 입장과 안보리의 경색된 상황을 계속 전달받으면서 와타라 당선자의 생각이 바뀐 것이었다. 내가 충고한 대로 코트디부아르 영토인 골프호텔에서 선거관리 위원장이 와타라의 당선 사실을 발표해 버렸다.

평화유지군 임무단장이 안보리를 상대로 하여 중요한 문제에서 안보리 회의에서 공식적으로 한 시간 이상 입장 대립을 보인 것은 아마도 이것이 유일한 사례로 짐작된다. 당시 안보리 의장은 미국 대사 수전 라이스(Susan Rice)였는데 그녀는 때로 격한 입장을 취하는 것으로도 알려져

12월 2일 UNOCI와 유엔 안보리 간의 회의는 시간을 다투는 사안을 다루고 있었기 때문에
오후 3시 20분경부터 화상 회의로 진행되었다.

있다. 그는 내가 계속 입장을 굽히지 않자, 화가 나서 배석한 유엔 직원에게 저 사람을 해직시키겠다고 말하면서 유엔 사무총장이 이 자리에 와서 그의 무능한 태도를 보아야 한다고 사무총장의 배석을 요청했다고 한다.

선거 결과 발표 후 나에 대한 비판과 비난의 목소리가 그날 밤까지 계속되었다. 사람들은 내게 바그보에게 맞설 배짱이 없다고도 했다. 나는 그들에게 헌법위원회가 어떻게 나올지 기다려 보라고 했고 코트디부아르의 선거와 관련된 모든 국가 기구들이 입장을 발표할 때까지 유엔 특별대표의 인증 책임은 시기를 기다려야 한다는 입장을 고수했다. 그날은 내가 UNOCI에서 근무하던 날 중 가장 긴 날이었다.

선거관리 위원장 바카요코가 12월 2일 4시 30분에 발표한 내용은 다음과 같았다. 2차 선거 투표율은 81퍼센트였고, 후보자 알라산 와타라의 득표율은 54.10퍼센트, 후보자 로랑 바그보의 득표율은 45.90퍼센트였다. 와타라를 대통령 선거의 승리자로 공표한 것이다. 바카요코와 그의 가족들이 바그보 진영의 끊임없는 협박에 시달리고 있었다는 사실을 감안할 때 이러한 선언은 커다란 용기를 보여 준 것이었다. 이후 나와의 여러 번 만남에서 그는 정의를 지키고자 하는 의지와 가족을 위험으로부터 보호하고자 하는 책임 사이의 딜레마 때문에 무척 괴로워하는 모습을 자주 보였다. 이 일로 바카요코 위원장은 친바그보군이 장악하고 있는 아비장을 떠날 수밖에 없었다. UNOCI는 친바그보군에 들키지 않도록 그를 위장시켜 공항까지 운송하였다. 그는 파리로 피신했다가 2011년 4월 이후 귀국하였다. 귀국 후 가진 기자회견에서 그는 선거 결과를 UNOCI 본부가 아닌 코트디부아르 영토에서 발표하는 것이 옳다고 한 나의 의견이 옳았다고 밝혔다.

상황은 결국 내가 예상한 대로 진행되었다. 선거관리 위원장이 와타라의 당선을 발표한 다음 날인 12월 3일 헌법위원장이 바그보의 당선을 발표하였고, 그다음 날인 12월 4일 코트디부아르 대통령 선거의 인증 책임을 지고 있던 UONCI 단장, 즉 내가 유엔의 입장을 공식 발표하였다. 선거관리 위원장의 발표, 헌법위원장의 발표 내용을 분석하고 유엔 임무단 자체의 컴퓨터의 분석을 걸친 선거 결과를 발표하면서 와타라 당선자가 이론의 여지없이 당선된 것을 발표하였다. 이때부터 와타라, 바그보 그리고 유엔이 코트디부아르 국민의 민심을 얻는 4개월의 복잡한 경쟁에 돌입하게 되었다.

두 명의 대통령 탄생

　12월 2일 아침에는 UNOCI 동료들의 사흘에 걸친 노력 덕분에 2만 건의 투표 집계에 대한 검증을 모두 마쳤다. 이에 근거하여 비로소 나는 대통령 선거 2차 투표를 인증할 수 있는 입장에 서게 된 것이다. 이에 따라 12월 2일 하루 종일 대통령 측의 경솔하고 치명적인 행동을 방지하기 위해 바그보와 사적인 면담을 갖고 내 인증의 피할 수 없는 결과에 대해 이야기하고 이를 알리려고 했으나 성사되지 못했다. 바그보가 바쁘다는 이유로 나를 피했기 때문이다. 나중에 알게 되었는데, 그는 바로 그날 오후 자체적으로 자신을 선거의 승자로 발표하는 헌법위원회의 프로그램을 만드는 데 열중하고 있었다.

　12월 3일 헌법위원회가 오후에 최종 결과를 발표할 것이라는 정보를 입수하자마자 나는 제제 대사에게 연락을 취해 다음과 같은 사실을 알렸다. 이미 대통령 선거 2차 투표에 관한 2만 건의 투표 집계에 대한 분석을 완료했으며 따라서 11월 28일에 표현된 국민들의 의사가 어떤 것인지 잘 알고 있다고 전했다. 이름만 말하지 않았지 바그보가 승자가 아님을 전달한 것이다. 나는 또한 헌법위원회가 자신들만의 선거 결과 발표를 강행한다면 돌이킬 수 없는 일이 일어날 것이라고도 말했다. 따라서 나는 대통령 측은 발표를 하든지 아니면 늦추든지 둘 중 하나의 선택이 있다고 말하며, 강력히 후자를 택할 것을 권했다.

　제제 대사는 헌법위원회가 독립된 조직이라는 점을 강변했다. 법적인 논쟁에 나선 제제 대사와 더 이상 토론할 근거가 없어진 셈이다. 나는 그에게 지난 3년 동안 훌륭한 관계를 유지해 왔는데 이제 와서 법적인 논쟁으로 우리의 시간을 낭비하지 않았으면 좋겠고 이것이 우리의 마지막 대화가 되지 않았으면 좋겠다고 답했다.

헌법위원회는 12월 3일 이른 오후, 대통령 선거 2차 투표에 대한 결과를 강행했다. 헌법위원회 위원장은 코트디부아르 북쪽 지역 투표 중 약 10퍼센트를 무효화하고 나머지 지역의 결과를 수집해 약 3퍼센트 득표율의 차이로 와타라를 누르고 바그보가 승리했다고 발표했다. 또한 로랑 바그보의 득표율은 51.45퍼센트, 알라산 와타라의 득표율은 48.55퍼센트, 총투표율은 71.28퍼센트라고 밝혔다.

헌법위원회의 결과 발표를 TV로 시청하면서 나는 헌법위원회의 발표에 적잖이 놀랐다. 헌법위원회의 논거와 이유에는 이론적 실수뿐만 아니라 법적인 허점도 너무 많았기 때문이다.

선거관리위원회가 와타라가 선거에서 이겼다고 선언한 후 헌법위원회가 바그보를 선거 승리자로 선언하자 12월 3일은 아주 파란만장한 날이 되었다. 아비장에 있었던 모든 사람들이 긴장했으며 이러한 상황에 대한 정보와 앞으로 일어날 일에 대한 생각을 교환했다. UNOCI는 군대와 경찰을 추가로 배치해 와타라 당선자가 피신해 있는 골프호텔의 보안을 강화했다. 각 진영이 다음 단계에 대한 준비를 하고 있는 와중, 바그보 진영은 바그보의 대통령의 취임식 준비를 위해 바삐 움직였다. 이른 아침 시간부터 대통령궁에서 오후에 바그보의 대통령 취임식이 열릴 것이라는 초대장이 나돌기 시작했다. 결국 여러 차례 경고했음에도 불구하고 바그보는 12월 4일 오후 취임식을 강행했다. 국제사회의 반응은 냉담했다. 해외 인사의 참여는 거의 없었고 아비장 내에서도 앙골라와 레바논 대사만이 참석한 정도였다. 바그보의 대통령 취임에 대한 대응으로 와타라 또한 같은 날 골프호텔에서 대통령 취임식을 거행했다.

바그보 측이 취한 극단적인 행동 때문에 아비장의 분위기는 매우 심각해졌다. 심지어 친바그보 지역에서도 환호하는 모습은 보이지 않았다. 바그보 진영도 분명 자신들이 한 짓에 대한 결과를 우려하고 있는 것이 분명했다. 이러는 사이에 공항 부근인 아비장의 포트 부에 지구에서 세 건의 사망 사건이 발생하면서 상황은 더욱 긴장되었다. 나는 UNOCI 군대와 파견대에 순찰을 늘리도록 지시했다. 그뿐만 아니라 우리의 사기를 진작시키고 결속을 강화하기 위해 내부 회의를 소집했다. 나는 UNOCI 직원들에게 케냐나 짐바브웨에서 있었던 비극이 코트디부아르에서 재연되는 것을 허용할 수 없다고 강조하며, 선거 결과를 꼭 지킬 것이라고 말했다.

그날 저녁, 나는 다가오는 위기에 대해 오랜 시간 반추했다. 나는 바그보 측이 선거 결과를 부정하기로 결정하면서 돌아오지 못할 길로 들어섰다고 결론을 내렸다. 바그보 측의 전략은 헌법위원회가 바그보를 대통령으로 천명하고 곧바로 취임식에 들어감으로써 모든 것을 기정사실화하려는 것이었다. 그는 권력을 유지하기 위해 오랜 기간 키워 온 친위군에 기댈 계획이었다. 결국 바그보가 자기 진영을 온전히 통제하고 있든 그렇지 못하든 바그보 자신만이 유일한 열쇠였다. 바그보 진영의 저항은 바그보의 저항이 끝나야만 소멸될 성질의 것이었다. 따라서 국민의 의사에 반하는 행동을 하면서 위기 상황을 초래하고 있는 그의 심리를 어떻게 관리할 것인가 하는 문제가 뜨거운 감자로 대두되었다. 그리고 이러한 관리 문제는 사람들의 인내심의 한계를 시험하게 될 것이었다.

코트디부아르에 두 명의 대통령과 두 개의 정부가 탄생한 날,
이에 대한 유엔의 입장을 묻는 질문이 계속되었다.

진실백서: 대통령 선거에 대한 인증과 유엔의 결과 보장

12월 5일 일요일, 당시 상황에 대한 우려가 깊었던 탓에 나는 새벽 3시에 잠을 깼다. 마음 한구석에서는 코트디부아르 국민들에게 한 약속대로 선거에서 승리한 사람이 진정한 승리자가 되도록 해야 한다는 결심이 서 있었다. 그래서 나는 '진실백서'라 명명한 선거 인증 백서를 작성하기 시작했다. 오전 내내 나는 직원들, 특히 특별 보좌관 엠마뉴엘라 칼라브리니와 대변인 하마둔 투레와 함께 작업을 계속했다. 우리는 영어와 불어로 진실백서를 다듬고 다듬었다. 이른 오후가 되어서야 나는 진실을 뒷받침할 만한 전체적인 선거 결과 지도와 함께 만족할 만한 진실백서를 마련하게 되었다.

나는 내게 신중할 것을 권고했던 많은 사람들의 조언을 뿌리치고 진실백서를 공표하기로 결정했다. 선거에 대한 진실을 코트디부아르 국민에게 확실히 알려야 할 필요성을 느꼈던 것이다. 바그보 진영의 전략은 점점 더 명확해졌다. 그들은 케냐와 짐바브웨 정부가 했던 것처럼 선거 승자와 권력을 나눌 방법을 찾는 것이었다. 이미 바그보 진영에서는 바그보가 대통령으로 남는다는 것을 조건으로 권력을 나눠 가지려는 목표 아래 온갖 수단과 방법들이 동원되고 있는 징후들이 보였다. 비관주의자들은 코트디부아르도 결국 케냐와 짐바브웨의 전철을 밟게 될 것이라고 전망했다. 하지만 내 생각은 달랐다. 왜냐하면 케냐, 짐바브웨와 달리 코트디부아르는 유엔군이 상주하고 있었고 또 선거 인증 권한까지 부여되어 있었기 때문이다. 만일 UNOCI, 크게는 유엔이 케냐와 짐바브웨 때처럼 코트디부아르의 위기를 마무리 짓는 데 직접적으로든 간접적으로든 책임이 있다면 유엔의 명성은 심각하게 손상될 위기에 처하게 될 것이었다.

당시에 UNOCI가 분명하고 확실한 행동을 취하는 데에는 위험이 따랐다. 직원들의 안전을 포함한 위험이었다. 하지만 진실을 알림으로써 교착 상태를 극복하고 상황을 반전시킬 수 있다면 이러한 위험은 감수할 만했고, 만일 이러한 위험을 감수할 만한 각오를 굳게 하지 않는다면 결국에는 코트디부아르 사태도 케냐나 짐바브웨와 같은 형태로 마무리될 것이 뻔했다.

돌이켜 보면 진실백서가 나의 선거 인증 역할을 설명함과 더불어 많은 사람들이 진실의 편에 서도록 하는 데 커다란 역할을 했기 때문에 진실백서에 대한 기자회견 내용을 그대로 인용하는 것이 좋을 것 같다. 나는 다음과 같은 내용의 진실백서를 12월 8일 UNOCI 본부에서 가진 공식 기자회견에서 발표했다.

코트디부아르 국민은 2010년 11월 28일 코트디부아르의 위기와 고통을 끝내기 위해 자유의지로 자신들의 의사를 밝혔다. 국제사회에서는 유엔 평화유지임무단 설립을 포함한 막대한 투자를 통해 코트디부아르 국민을 돕고자 했다. 위기를 마무리 짓기 위해 가장 핵심적이었던 것은 성공적인 선거를 치르는 것이었다. 코트디부아르 국민과 국제사회가 함께 선거를 성공적으로 치렀고 결과를 마무리 지을 수 있는 단계에 와 있다. 마지막 결과 발표 부분에서 있었던 약간의 혼란만을 제외한다면 81퍼센트라는 대선 투표율을 기록한 성공적인 선거였다. 11월 28일에 표현된 국민들의 의사는 이론의 여지없이 확고한 것이었기 때문에 우리는 일부 혼란에 의해 좌지우지되어서는 안 된다. 지금까지 너무나 많은 성공을 거뒀는데 이제 마지막 단계에 와서 실패할 수 없는 일이다.

UNOCI와 나는 코트디부아르 정치에 있어서 정부와 야당 사이에 엄중한 중립을 지켰다. 유엔에게 중립성은 가장 중요한 요소 중 하나이기 때문에, 만약 누군가 나의 중립성에 대해 의문을 갖는다면 지금부터 내가 말하려고 하는 진실에 대해 확신을 갖는 것은 불가능할 것이다. 민주주의 그 자체와 마찬가지로 중립성은 주어지지 않는다. 중립성은 끊임없는 노력으로만 고수할 수 있으며 정부와 야당 간의 중립성은 코트디부아르 선거 인증자로서 본인이 절대로 지켜야 할 원칙이었다. 이러한 이유로 선거 기간 내내 나는 UNOCI 직원들에게 UNOCI의 중립성을 훼손시킬 수 있는 여론조사를 절대 하지 말 것을 당부했다. 이뿐만 아니라 후보자에 대한 선호도 갖지 말도록 재차 강조했다. 왜냐하면 여론조사나 후보자에 대한 선호도가 분명 밖으로 새어 나갔을 것이고 결국 UNOCI의 신뢰도를 문제 삼는 데 코트디부아르 정치가들이 활용하였을 것이기 때문이다.

나는 대통령 선거 2차 투표의 승자가 누구인지 절대적으로 확신할 수 있도록 총 세 가지 방법을 동원했다. 분명히 밝혀 둘 사실은 이 인증 절차는 선거관리위원회나 헌법위원회가 사용한 방법과는 전혀 다른 방법으로 진행되었다는 것이다. 중립성을 보호하기 위해서였다.

첫 번째 방법은 투표 경향을 최대한 빠르게 수집하는 것이었다. 이를 위해 721명의 UNOCI 직원을 전국적으로 미리 선정한 721개의 투표소에 배치했다. 그들이 11월 28일 저녁에 배치된 투표소에서부터 2차 투표의 결과를 내게 보고했다. 나는 내가 얻게 될 결과의 신뢰도를 더욱 확실히 하기 위해 이 첫 번째 방법이 필요했다. 이 방법에 의해서 누가 승자가 될 가능성이 큰지는 짐작할 수 있었다. 하지만 인증자로서 나는 다른 두 방법의 결과를 분석하고 검증을 마치기 전까지는 그 누구와도 이 결과를 공유할 수 없었다. 두 번째 방법은 19개 지역 선거구에 배치된 코트디부아르 선거관리위원회가 수집한 선거 결과에 기초한 것이었다. 이를 위해 선거 일주일 전, 19명의 UNOCI 직원이 19개 지역 선거사무소에 배치되어 그곳에서 수집된 결과를 보고하기 위한 임무를 받았다. 각 직원들은 11월 30일에 각자가 맡은 바를 수행하여 내게 보고했다. 이 19명에게서 받은 보고를 모두 집계한 결과 일차 방법이 보여 준 투표 경향의 방향대로 결과 수집이 가고 있다는 것이 더욱 확고해졌다. 하지만 선거 인증자로서 나는 결과에 대해 절대적인 확신이 있어야 했다. 그래서 세 번째 방법이 필요했다.

세 번째 방법은 11월 30일에 선거 인증을 목적으로 코트디부아르 정부에서 넘겨받은 2만 건의 투표 집계를 전부 검토하고 집계한 것에서 기초한다.

진실백서 발표 기자회견

영어와 프랑스어로 배포한 진실백서를 읽고 있는 참석자들

이를 위해 UNOCI 본부에 집계 센터를 마련하고 수주에 걸친 훈련을 받은 120명의 UNOCI 직원들이 3교대를 서가며 밤낮을 가리지 않고 집계 작업에 들어갔다. 집계 작업은 단순한 집계 이상의 일이 포함되어 있기 때문에 훈련이 꼭 필요했다. 매 장의 투표 집계를 세밀히 검토해 부정이나 조작이 있었는지 검토하는 작업이 필요했다. 특히 투표용지에 서명이 되어 있는지 봐야 했다. 그 결과 일부 투표 집계를 폐기할 수밖에 없는 상황도 생겼다. 우리는 폐기하게 된 투표 집계가 특정 지역에 집중되어 있는지 혹은 무작위로 흩어져 있는지 살펴보았다. 결론은 후자였다. 그렇게 해서 2만 건의 투표 집계에 대한 검토는 12월 2일 밤에 모두 끝났다. 세 번째 방법으로 얻은 결과는 두 번째 결과와 거의 일치했고 첫 번째 투표 경향이 보여 주는 결과 예측과도 일치했다. 이로써 나는 코트디부아르 대선의 결과에 관해 확신을 가질 수 있었다.

바그보 대통령 측이 12월 3일 헌법위원회의 발표 기준으로 선거에 대한 '불공정성'을 청원한 것에 대해서도 제대로 이해하고 넘어가야 할 필요가 있다. 나는 이 청원에 대한 사본을 받았고 세세하게 검토해 보았다. 이 청원은 두 가지 주장을 담고 있었다. 하나는 북쪽의 9개 지역에서 있었던 '부정 선거'에 대한 것으로, 유권자들이 투표를 하지 못하도록 막았다는 것이 그 주요 이유이며 또 다른 하나는 그 지역에 대한 투표 집계에 대통령 측 감시단의 서명이 없었다는 것이었다. 선거 인증자로서 본인은 12월 3일에 있었던 기자회견에서 이미 헌법위원회의 발표가 사실에 기초하고 있지 않았다고 밝혔다. 이 자리에서 그 이유와 내용을 설명하겠다. 81퍼센트나 되는 높은 투표율 속에서 유권자들이 투표를 하지 못하도록 방해를 받았으므로 투표 결과를 인정할 수 없다는 주장은 어불성설이다. 다행스럽게도 나는 UNOCI 민간 경찰 책임자에게 선거 당일에 있었던 모든 폭력 행위와 그 강도, 빈도 및 발생 지역에 관한 상황을 모두 보고해 줄 것을 지시했다. 내가 받은 보고에 따르면 대통령 측에서 문제 삼은 북부 지역은 오히려 서부 지역보다 문제가 훨씬 미미했던 것으로 나타나고 있다.

바그보 대통령 측이 제출한 두 번째 청원은 투표 집계가 대통령 측 감시단의 서명을 포함하고 있지 않았다는 사실에 기초한 것이다. 나는 대통령 측의 법적 주장의 진위를 떠나 선거 결과에 미치게 될 영향에 확실을 기하기 위해 UNOCI 담당 부서에서 모든 투표에 대한 통계를 재점검하도록 했고 그 과정에서 실험적으로 바그보 대통령 측 감시단의 서명이 포함되어 있지 않은 투표 집계는 일단 배제해 보도록 했다. 이러한 실험을 거친 결과 대통령 측이 주장하는 문제가 되는 투표 집계를 모두 제외하더라도 2차 선거 결과 집계는 전혀 영향을 받지 않았다. 그러므로 대통령 측의 청원, 즉 폭력 상황과 미서명 투표 집계는 모두 근거가 없거나 선거 결과에 영향을 미칠 수 없는 미미한 것임이 분명해졌다.

이에 기초하여 나는 11월 28일 코트디부아르 국민의 의사 표현에 대해 확실히 진실을 말할 수 있음을 밝힌다. 코트디부아르 국민은 두 사람이 아닌 단 한 사람을 대통령 선거의 승리자로 선택했다. 그 사람은 바로 이론의 여지가 없는 확실한 격차로 로랑 바그보를 제친 알라산 와타라이다.

코트디부아르 선거 인증자로서 본인은 코트디부아르의 정치에 개입하고 있는 것이 아니다. 나는 단순히 코트디부아르 정부에서 위임한 권한을 행사하고 있을 뿐이다. 유엔에 선거 인증 권한을 스스로 부여한 것은 아프리카에서 코트디부아르가 처음이다. 유엔 스스로 이러한 책임을 가지려고 노력한 바가 없다. 이것은 2005년 프레토리아 협정에 의해 코트디부아르 지도자들이 선거 인증을 유엔에 요청하면서 시작된 것이다. 이것을 받아들임으로써 유엔은 코트디부아르 국민에게 약속을 하게 된 것이다. 코트디부아르 국민은 평화, 안정, 번영과 그들이 선거 결과를 통하여 표현한 의사가 존중을 받을 권한을 가진다.

이와 같이 선거 인증에 대해 설명한 다음, 나는 지금까지 코트디부아르가 걸어온 쉽지 않은 여정을 고려했을 때 지금에 와서 코트디부아르 국민의 의사가 묵살되도록 방치하는 것은 이들을 실망시키는 것이며 동시에 지난 8년 동안 코트디부아르 국민과 국제사회가 함께 투자해 온 엄청난 노력의 낭비와도 같다고 말했다.

결국 이 '진실백서'는 4개월간 아비장에서 맞이했던 위기 상황 동안 코트디부아르 국민과 안보리, ECOWAS 이사회, AU 이사회, 코트디부아르를 방문해 온 해외 유력인사들에게 코트디부아르 선거 결과의 진실을 알리는 데 아주 유용하고도 중요한 것으로 입증되었다.

4장

위기의 시작
2010년 12월

바그보 대통령이 선거 결과에 승복하지 않겠다고 결정한 것, 와타라가 선거 결과를 받아들이도록 국제사회를 움직인 것 등 모든 것을 고려할 때 선거 후 다가올 위기는 피할 수 없는 것이었다. 바그보 대통령이 무리한 행보를 계속하면서 감도는 전운을 느낄 수 있었다. 위기가 우리 곁에 가까이 와 있다는 사실은 체감할 수 있었지만 과연 어떤 위기를 맞게 될지가 궁금했다.

2010년 12월 초 여러 요인이 확실해지면서 상황이 분명해졌다. 바그보나 와타라, 그 누구도 입장을 바꾸고 싶어 하지 않았고 상대가 입장을 바꾸기를 바랐다. 그러나 그 누구도 이러한 변화를 전쟁이라는 물리적 수단을 통하여 이끌어 내기를 바라지 않았다. 모두들 전쟁을 피해야 하는 상황에 있었다. 따라서 크리스마스가 다가왔을 즈음에 위기는 독특한 형태를 띠게 되었다. 소위 코트디부아르식 냉전이었다(냉전은 이듬해 4월 중순까지 약 4개월 정도 지속되었다). 하지만 이에 따라 12월 중 양 진영에서는 각자가 갖고 있던 모든 카드를 시험하고 또 주고받는 상황이 벌어졌다. 이러한 과정은 서아프리카 경제협력체(Economic Community of West African States, ECOWAS)와 아프리카 연맹(African Union, AU)의 사절, 특사, 중재인의 방문으로 평화적인 해결 방안을 찾고자 하는 가운데 이루어졌다.

위기에 대비하기 시작한 UNOCI

금방이라도 터질 것 같은 위기가 닥쳐온 것을 느끼며, 12월 2일에 유엔 안전관리팀(Security Management Team, SMT)과 함께 급격히 악화되는 안보 상황에 대한 회의를 가졌고, 3일에는 선거관리위원회의 대통령 선거에 대한 잠정적 결과 선언에 대한 회의를 했다. 바그보 대통령 측은 11월 29일부터 이미 UNOCI의 FM 방송인 ONUCI-FM의 전파를 방해하고 있었다. SMT 회의에서는 위기를 틈탄 친바그보 행동대들의 적대적인 언행과 위험한 사건들로 인해 코트디부아르에서 근무하는 유엔 직원과 자산의 안전에 부정적 영향이 미칠 가능성과 이를 보호하는 데 각별한 주의를 환기했다.

SMT 요원들에게 나는 대통령 선거에 대한 인증을 책임진 사람으로서 바그보가 선거에서 패했다는 확실한 성명을 발표할 것이며 만약 바그보 측이 이 때문에 적대적 행위를 취한다면 결국 응당한 대가를 받게 할 것이라고 설명했다. SMT에서는 코트디부아르의 안보 단계를 2단계인 행동의 제약(Restricted Movement)에서 3단계인 인근 국가로의 철수(Relocation)로 수정하기로 했다. 이에 따라 유엔 비필수 요원들은 즉각 제3국으로 잠정 철수하도록 했고, 12월 6일에는 460명에 달하는 필수 요원들이 감비

사태가 위험해지자 UNOCI 요원들이 이웃나라 감비아로 피신하기 위해 유엔 비행기를 타고 있다.

아의 수도 반줄과 세네갈의 수도 다카르로 재배치되었다. 이들은 코트디
부아르의 안보 상황이 나아지면 다시 돌아와야 하는 사람들이었다. 이러
한 제3국 철수는 2004년 4월 UNOCI가 설립된 이후 세 번째 있는 일이었
다. 첫 번째는 2004년 11월로 유엔 비필수 요원들이 가나의 수도 아크라
에 피신하여 2주를 보낸 뒤에야 돌아올 수 있었다. 두 번째는 2006년 1월
에 400여 명의 UNOCI 비필수 요원들이 2006년 1월 반줄로 피신했다가
한 달 후 아비장으로 돌아온 것이었다.

　이러한 임시 철수는 UNOCI가 바그보의 압력을 회피하기 위한 것이
아니라 오히려 다가올 어려운 상황에 대비하고 준비하는 UNOCI 결의로
보이기 위한 것이었다. 따라서 UNOCI군과 경찰은 몇몇 무장 해제된 군사
감시단을 제외하고 임시 철수에 포함되지 않았다. 바그보의 취임식이 끝나
자마자 기다렸다는 듯 AU의 첫 번째 특사로 전 남아공 대통령인 타보 음
베키가 아비장에 모습을 드러냈다.

음베키와의 첫 번째 회의

12월 5일 오후, 음베키의 초청을 받아 음베키가 머무르고 있는 대통령궁에서 그를 만나게 되었다. 음베키의 대통령궁 체류는 바그보의 특별 대우였는데, 음베키 이후 아비장을 방문한 AU 대사와 ECOWAS 대표단은 모두 풀만호텔에서 머물렀기 때문이다. 바그보는 한때 내게 전 세계 정치인 중 한 사람을 꼽으라면 음베키를 첫 번째로 선택하겠다고 털어놓은 적이 있었다.

대통령궁 정문에 도착하자 바그보 친위대가 나를 맞이했는데 그들은 선거 인증자인 내게 노골적으로 적개심을 드러내며 통과를 거부했다. 내 지시에 따라 나의 경호요원들이 음베키 측의 보안팀에 우리가 바그보 측의 반대로 정문에 막혀 있다고 알리고 이에 따라 UNOCI 본부로 돌아갈 수밖에 없는 상황이라고 설명했다. 음베키 측에서 중재에 나서 대통령궁에 들어갈 수 있었다.

음베키 전 대통령은 회의를 시작하면서 2차 선거에 대해 이미 와타라와 바그보로부터 의견을 들었지만 나의 생각이 어떠한지에 대해서도 듣고 싶다고 말했다. 나는 그에게 대략 30분 정도 선거와 인증 과정에 대하여 설명하고, 앞에서 설명한 진실백서에 의거하여 상황을 명백하게 설명했다.

그는 UNOCI의 인증 메커니즘으로 와타라가 뒤집을 수 없는 차이로 승리했다는 것을 증명해 낼 것이라고 예상하지 못했던 것 같았다. 잠시 침묵을 지키며 생각에 잠기더니 농담처럼 내게 "우리 입장을 바꾸도록 합시다. 내가 UNOCI 본부에 총장의 특별대표로 가고 당신이 AU 특사로 바그보 대통령을 만나는 게 좋겠소"라고 말했다. 나는 그에게 아주 좋은 제안이지만 바그보를 설득하는 데 당신에게 비할 바가 되지 못한다고 대답해 주었다.

음베키 전 대통령은 바그보 대통령과 국민들이 이 모든 사실에 대해 알고 있는지 여부를 물었다. 나는 선거에 대한 인증을 하기 전에 바그보 대통령과의 면담을 갖고 상황을 설명한 적이 있으며 만일 헌법위원회에서 11월 28일 국민들이 밝힌 의사와 배치되는 발표를 하게 된다면 코트디부아르 선거 인증자로서 본인은 코트디부아르 정부와의 합의에 따라 모든 진실을 확실하게 밝힐 수밖에 없음을 전했다고 설명했다.

이어서 그는 내게 바그보 대통령에게 어떤 의사를 전달해 주기를 바라는지 물었다. 나는 부디 결과를 감당하지 못할 위험을 감수하면서까지 권력을 유지하기 위해 무력을 사용하지 않기를 강력히 바란다고 전해 달라고 했다. 그는 내가 이러한 의사를 바그보에게 표현했는지에 대해서도 물었다. 나는 12월 1일 면담에서 최대한 강력하게 의사를 표현했다고 설명했다. 나는 음베키 전 대통령에게 바그보 대통령에게 "만일 헌법위원회의 행동 때문에 많은 희생자가 생긴다면 역사 속에서 당신이 어떻게 판결을 받을 것 같은가?"라고 질문했으며, 이에 바그보는 "두려움 때문에 퇴위라는 절차를 밟을 수는 없다"라고 응답한 것도 전달했다.

음베키와의 두 번째 회의

음베키 대사의 요청에 따라 12월 6일 이른 아침, 다시 한번 대통령궁을 방문했다. 그는 대통령 선거 2차 투표 결과에 대해 AU에 보고해야 할 사항들과 관련하여 마무리 작업을 하는 데 있어 확실히 해야 할 몇 가지 기술적인 문제들에 대해 상세히 질문했다. 그는 선거관리위원회의 역할과 선거관리위원회 위원장인 바카요코가 어떻게 골프호텔에서 2차 투표 결과를 발표했는지도 알려달라고 했다. 나는 선거관리위원회가 마비되어 있었으며 바카요코 위원장이 선거관리위원회 건물 밖에서 발표할 수밖에 없었음을 설명하고 바카요코 위원장의 희망과는 달리 선거 인증자로서의 중립성을 지키기 위해 UNOCI 본부에서의 발표는 허용할 수 없었다고 말했다. 음베키 전 대통령은 UNOCI의 중립성과 독립성이 중요하다고 말하고 이보다 더 중요한 것은 없다고 강력하게 강조했다.

또한 그는 나의 인증 권한과 선거관리위원회의 관계에 대해서도 물어보았다. 나는 투표에 대한 나의 검증 방법은 선거관리위원회나 헌법위원회와 독립되어 있음을 강조했다. 선거 인증자로서 선거관리위원회나 헌법위원회 어느 쪽의 손을 먼저 들어줄 수가 없는 것이었다. 내가 도달한 결론이 선거관리위원회와 일치했던 것은 내 인증 결과의 산물이지 원인은 아님을 설명했다.

그다음 그는 선거와 통일의 관계에 대한 문제를 제기했다. 실질적인 통일이 이뤄지지 않은 가운데 어떻게 선거가 이루어질 수 있었는가 하는 문의였다. 나는 통일 문제가 아주 심각한 일이기 때문에 바그보에게 직접 요구했으며 반기문 유엔 사무총장도 이 문제에 대해 2010년 9월에 열린 제6차 와가두구정치협약 상임자문위원회의에서 서한을 보냈음을 설명했다. 유엔의 입장은 바그보에게 선거 전 통일 문제를 어떠한 형태로든 마무리 짓거나, 일단 선거를 받아들인 이상 선거 이후 통일에 대해 문제를 삼지 않도록 양자택일하라는 것이었다. 바그보는 자신이 선거에서 승리할 것이라는 믿음이 있었기 때문에 후자를 선택했다. 나는 바그보 대통령이 통일이 되지 않았는데도 선거를 치르고 선거에 질 경우 통일이 되지 않았음을 이유 삼아 선거 결과에 불복한다는 '양다리 걸치기'를 할 수 없다고 설명했다. "둘 다 가질 수는 없는 일입니다"라고 나는 음베키에게 말했다. 그는 내게 동의했다. "둘 다 가질 수는 없는 일이지요."

그에게 바그보와의 면담이 어떻게 되었는지에 대해 묻자, 그는 어떤 일이 있어도 무력 사용과 내전의 발발만은 피해야 한다는 것을 강조했다는 점 외에는 추가 설명을 하지 않았다. 다른 사람으로부터 들은 이야기로는 바그보가 케냐나 짐바브웨 방식대로 와타라 대통령 측과 권력을 공유하고 싶어 했다고 한다. 한편, 와타라 측에서는 만일 바그보가 선거 결과를 받아들이고 국민의 결정에 승복한다면 와타라 대통령이 바그보를 사면해 줄 용의가 있다는 입장을 취했다고 알려졌다.

대통령 자리는 하나였고 바그보와 와타라 대통령 둘 다 그 자리를 원했기 때문에 조정은 성립되지 않았다. 한쪽은 여론에 반해 무력으로 차지하려 했고 다른 쪽은 투표장에서 표현된 국민들의 지지에 의거하여 대통령직을 원하는 상황이었다. 양쪽 사이에 타협할 방안을 찾지 못하는 한 조정은 성사될 수 없었다.

아부자 회의: ECOWAS와 안보리 보고

나는 12월 7일 코트디부아르 정부에 관한 ECOWAS 특별 정상회담에 상황을 보고하기 위해 아부자로 떠났다. 바그보 측의 UNOCI에 대한 적대적 행위의 수위가 높아짐에 따라 나의 안전에 대해 우려하는 목소리들도 같이 커졌다. 특히 어떻게 아비장으로 안전하게 돌아올 수 있을까에 대해 우려가 컸다. 우리는 바그보 측이 내가 코트디부아르를 떠나는 것을 그 무엇보다 반길 것이라는 추측 아래 내가 아비장 공항으로 재입국하는 것을 막는 것에 대비하기 위해 아부자에서 먼저 부아케로, 그리고 부아케에서 다시 아비장에 있는 UNOCI 본부로 직접 헬리콥터를 이용해 들어오기로 했다.

귀환 일정을 안전하게 세우고 난 후, 나의 대변인인 하마둔 투레, 특별 보좌관인 칼라브리니와 함께 아부자로 떠났다. ECOWAS 특별 정상 회담은 오로지 국가원수들과 단 한 명의 통역사만 참석한 가운데 심지어 외무부 장관들조차 배제시킨 작은 방에서 열린 소규모 비공식 회의였다. 나는 코트디부아르 선거 인증에 사용했던 진실백서와 지도를 챙긴 후 칼라브리니와 함께 참석했다.

ECOWAS 국가원수들은 11월 28일에 있었던 대통령 선거 2차 투표의 진정한 결과에 대해 설명해 달라고 요청했다. 나는 진실백서와 지도를 보여 주고, 세 가지 인증 방법을 상세히 설명하고 그들의 질문에 대답해 주었다. 회의가 끝날 무렵 이들은 모두 내 발표에 만족한 모습을 모였으며 와타라가 이론의 여지없이 승리했다는 사실에 한결 마음을 놓는 것처럼 보였다.

ECOWAS 국가원수들과의 회의에 이어 오후에는 아부자에 있는 UNDP 사무실에서 영상회의를 통해 안보리에 보고를 했다. 이번 보고는 안보리 회원국들에게 보여 주기 위해 뉴욕에 먼저 보낸 지도를 바탕으로

소형제트기에서 내려 걸어가는 모습. UNOCI의 8인승 소형제트기는 이웃 나라를 방문하는 데 유용하게 쓰였다. 아프리카는 아직도 파리나 런던을 통하여 다른 나라들과 연결되어 있기 때문에 소형제트기는 아주 유용했다.

진실백서를 설명하는 것으로 일관했다. 보고는 긴 시간 이어졌지만 아주 긍정적이었다. 대부분의 이사회 회원국이 선거 결과에는 이론의 여지가 없음을 받아들였던 것이다.

　오후 늦게 ECOWAS는 코트디부아르 대통령 선거에서 와타라의 승리에 어떠한 모호성도 없었다고 공식 성명을 발표했다. ECOWAS가 이렇게 빠르게 확실한 입장 표명을 한 것은 전례가 없던 일이었다. 같은 선상에서 12월 20일 안보리에서도 1962 결의안을 채택하면서 분명한 입장을 취했는데 와타라 대통령을 선거의 승자로 인정한 것이다.

　ECOWAS가 코트디부아르 선거에 대해 분명한 입장을 취함에 따라 AU 평화안보위원회 역시 12월 9일에 와타라를 코트디부아르 대통령 선거의 승자로 인정했다. 하지만 ECOWAS의 최종 공동 성명과는 달리 AU의 성명에는 단서가 붙어 있어 바그보 측이 작위적으로 해석할 수 있는 여지를 남겨 두고 있었다. 그 내용은 다음과 같다. "평화, 민주주의, 화해를 위해서 와가두구정치협약과 그에 따른 여러 조약들에 의거해 대화를 통한 위기 해결 방안을 모색하려는 위원장의 노력을 촉구한다."

이 때문에 바그보에게 '대화'와 위기에 대한 '평화적인' 방법, 다시 말해 내전의 위협을 통하지 않고도 권력을 공유할 수 있는 방법이 어떻게든 생길 것이라는 헛된 희망을 심어 주게 되었다. 사실 이때를 즈음하여 바그보 측의 정치적 구호가 "권력 공유가 아니면 내전"으로 바뀌었다. 그를 억지로 끌어내리면 내전이 발발하게 될 것이라는 것을 강조하기 위한 것이었다.

국제사회에서 만장일치로 바그보 측에 압력을 가하고 있었고 또 바그보 측은 이에 대치하고 있었음에도 불구하고 당시 코트디부아르 국내 상황은 놀라우리만치 평온했다. 12월 8일에 열렸던 나의 '진실백서에 대한 기자회견'은 해외에서도 관심을 가졌고 코트디부아르 내에서도 널리 퍼지면서 친바그보 성향의 신문에도 회견 내용이 실렸다. 선거 기간 동안 통행금지령과 함께 폐쇄되어 있던 국경선도 다시 개방되고 일상생활이 돌아오기 시작하면서 통행금지 시간도 점차 축소됐다. 긴장감이 여전히 팽팽하다는 것은 부정할 수 없었지만 FANCI, FAFN, UNOCI, 리코른느(Licorne, 코트디부아르에 주둔하고 있는 프랑스군의 명칭)의 사령관들이 일주일 정도 후에 다시금 회의를 갖기 시작했다.

이 시기가 상대적으로 평온했던 이유는 바그보 측의 전략 때문이었다. 어떠한 방법을 써야 권력을 나눠 가질 수 있을지에 대한 계획을 타진하느라 바빴던 것이다. 바그보 측에서는 여러 가지 의사를 내비쳤다. 북쪽

안보 상황을 점검하기 위하여 UNOCI는 코트디부아르에 있는 네 명의 군사령관,
즉 UNOCI 군사령관, 바그보 측 군사령관, 와타라 측 군사령관,
그리고 리코른느 군사령관을 초청하여 회의를 가졌다.

지역을 제외한 권력의 반만 취하겠다, 총리 자리를 내놓고 모든 권력은 포
기하되 대통령 자리는 지키고 명예직으로 남겠다, 헌법을 수정해서 부통
령직을 만들겠다 등이 그 내용이었다. 이 내용으로 볼 때 그들이 당분간
무력으로 문제를 해결하려는 의사는 없어 보였다.

바그보가 신속하게 권력 공유를 목표로 택했던 데에는 나름의 이유
가 있었다. 바그보 측이 5만 명의 군인을 포함한 20만 명에 달하는 공무
원들에게 줄 임금의 부족이라는 심각한 문제에 맞닥뜨리게 된 것이었다.
모든 국제 금융기관과 외국에서 함께 조사한 결과 그들은 곧 임금 지급에
어려움을 겪게 될 전망이었다. 재정경제부 장관인 찰스 코피 디비가 와타
라 대통령 정부에 합류하게 된 것이 바그보 측에게는 엄청난 손실이었다.

ECOWAS, AU, EU, 유엔을 포함한 국제사회가 민주주의를 지지한다
는 기치 아래 신속하고도 확실한 입장을 취한 것은 바그보 측이 전혀 예

상하지 못했던 것이었다.

두 개의 정부를 구성한 두 명의 대통령

이와 같이 자신에게 반대하는 국제사회의 기류에 맞닥뜨리게 되었음에도 불구하고 바그보 측은 눈을 가린 채 앞으로 매진했다. 12월 9일, 바그보는 총리와 31명의 장관으로 구성된 새로운 내각을 구성했다. 전직 총리 기욤 소로가 와타라 대통령을 지지한다고 천명하자 바그보는 새로운 총리를 찾아야 했으며 이때 선택한 것이 대학 교수였던 아케 응보였다.

이에 대한 대응으로 와타라 또한 정부를 꾸렸는데 기욤 소로가 총리를 맡고 12명의 장관을 앞세워 내각을 꾸렸다. 이들은 모두 제대로 된 사무실이나 시설이 없어 골프호텔에서 머무르게 되었다. 하지만 그 누구도 바그보 측 장관을 부러워하지 않았다. 비록 바그보 측 장관들은 아비장에서 자유로이 돌아다닐 수 있었지만 아비장 외부에서는 와타라 측 장관들이 자유롭게 돌아다닐 수 있었기 때문이다. 미국과 프랑스를 포함한 주요 국가들에서도 바그보 측 인사들과 그 가족들에 대해 여행 제한을 발령했다. 장관들을 포함해 바그보 측 인사들이 심각한 고립에 빠지게 될 것이 뻔했다. 이들이 방문할 수 있는 국가는 거의 전무했다. 일례로, 바그보의 외무부 장관이 된 알시드 제제가 부르키나파소를 방문하려고 했을 때 그의 신분이 인정되지 않아 입국이 거절되기도 했다.

정부의 기능이 무척 제한적이기는 했어도 코트디부아르는 엄밀히 따져서 두 명의 대통령과 두 명의 총리, 그리고 두 개의 내각으로 구성되게 되었다. 사람들은 와타라 부인과 바그보의 두 부인을 지칭하며 세 명의 영부인이 있다는 농담을 나누기도 했다. 나중에는 심지어 UNOCI와 리코른느, 친와타라군인 FAFN과 친바그보군인 FDS를 포함하여 코트디부아르에는 네 개의 군대가 있다고까지 말하게 되었다. 이러한 전후 사정을 보고 AU와 ECOWAS에서는 특사, 대사, 대표단을 코트디부아르에 보내 혼란스러운 상황을 정리할 방법을 찾고자 했다.

바그보 측이 와타라와 UNOCI에 반하는 악의적인 방송 활동을 계속하자 와타라 대통령 측에서는 내게 코트디부아르 라디오 텔레비전(RTI)과 UNOCI 라디오, ONUCI-FM에 직접적으로 접근할 수 있도록 도와달라는 요청을 계속했다. UNOCI의 중립성만 보장된다면 그의 요구에 응하지 않을 이유가 없었다. UNOCI 전략관리팀의 심사숙고 끝에 ONUCI-FM에서는 와타라 대통령과 바그보 두 사람의 인터뷰를 모두 요청하기로 했다. 반응은 예상한 대로였다. 바그보는 그런 요청에는 응할 수 없다며 펄펄 뛰었고 와타라는 기쁘게 받아들였다. ONUCI-FM이 녹음을 시작했고 와타라 대통령의 메시지는 전파를 탔다. 후에 우리는 같은 방법으로 텔레비전 인터뷰도 할 수 있었다. 한편, 친와타라 측 TCI 방송국에서 내게 인터뷰를 요청해 왔다. 나는 UNOCI의 중립성을 위하여 친바그보 방송국인 RTI와 친와타라 방송국인 TCI 모두와 인터뷰를 하겠다고 제의했다. RTI는 이번에도 펄펄 뛰며 거절했다. 그래서 단독으로 TCI와 인터뷰를 진행했다.

안보 상황이 전혀 나쁘지 않았지만 앞으로 닥칠 상황에 대한 소문과 우려가 끊이지 않았다. 일례로 UNOCI에서는 두 개의 상반된 시나리오를 접할 수 있었다. 하나는 코트디부아르 국군 참모총장인 필리페 망고 장군이 주장한 것으로 FAFN이 리코른느와 UNOCI으로 하여금 대통령궁과

RTI 방송국을 공격하도록 부추기고 다닌다는 소문이었다. 또 다른 하나는 FAFN 참모총장인 수마일라 바카요코 장군이 퍼뜨린 것으로 친바그보군인 FDS가 곧 골프호텔을 공격할 것이라고 했다는 소문이었다. UNOCI는 이러한 소문이 근거 없는 것임을 알고 있었기 때문에 UNOCI의 중재로 두 장군을 대면시키는 자리를 마련했고 이에 따라 소문은 잦아들었다.

상황을 진정시키기 위해 나는 UNOCI 군사령관인 압둘 하피즈 장군에게 UNOCI, 리코른느, FANCI, FAFN의 장군들과 함께 UNOCI 본부에서 점심을 겸한 모임을 추진하도록 했다. 친바그보군인 망고 장군이 이에 동의한다면 UNOCI에서는 바카요코 장군에게 부아케까지의 교통 편을 제공할 용의도 있었다. 하지만 바그보 측이 UNOCI와 FAFN의 접촉을 피하면서 실현되지 못했다.

UNOCI의 노력에도 불구하고 사실 양측의 공격과 암살 시도에 대한 소문과 의혹은 가시지 않았다. 3월까지 양 진영은 상대 진영에서 공격을 감행한 것이라고 믿고 경계를 늦추지 않았는데 이러한 상황은 간헐적으로 되풀이되었다. 어떤 의혹들은 일부 사실에 바탕을 두고 있기도 했는데 특히 친바그보 청년단들이 공격을 감행하겠다고 밝히고 공격 날짜까지 알려서 골프호텔을 책임지고 있던 UNOCI 방어 체계를 강화하는 계기가 되기도 했다. 하지만 특히 외부 세력이 용병을 동원해 바그보를 암살하려 한다는 소문은 대부분 근거 없는 것이었다.

문제가 된 것은 바그보 측이 이러한 소문을 실제로 심각하게 받아들이고 있다는 데 있었다. 그래서 특히 미국과 프랑스 대사관을 포함한 많은 대사관이 엄중한 감시 체제에 들어갔고 직원들도 공항에서 면밀한 검사를 받아야 했다. 그뿐만 아니라 UNOCI의 식량 컨테이너에 무기와 탄약이 숨겨져 있다는 바그보 측의 의심 때문에 컨테이너가 아비장 항구에 묶여 있기도 했다. 한 번은 UNOCI 본부에서 아비장의 아보보 지역으로 친와타라 용병을 비밀리에 이동시키려 한다는 혐의를 받고 UNOCI 본부가 바그보 특수대에 의해 완전히 포위된 적도 있었다. 이러한 바그보 측의 억측은 우스꽝스러운 것이었다. 왜냐하면 조금만 알아보아도 금방 진위를 파악할 수 있는 문제였기 때문이다. 하지만 포위를 당하고 있는 UNOCI나 와타라 측에서는 당시 바그보 측이 실질적인 무력으로 아비장을 장악하고 있었기 때문에 웃어넘길 수만은 없는 문제였다.

국제사회에 의해 포위되어 있다는 심리적 압박감은 바그보 측으로 하여금 방어적 태세를 취하게 했다. 일례로 바그보의 새로운 내무부 장관이었던 에밀 귀예울루는 다수의 서방 국가 외교관들이 코트디부아르의 안보에 대해 와타라 대통령과 야합하려 했다는 명목으로 맹렬하게 비난하는 성명을 발표하면서, 이런 식으로 코트디부아르 내정에 간섭하는 것은 묵과하지 않겠다고 했다. 그뿐만 아니라 친바그보 신문사는 공화국 수비대 대장인 브루노 도그보 블레가 코트디부아르의 주권을 존중하지 않았다는 이유로 UNOCI 수장인 나에 대한 보복을 다짐하면서 조국을 지키기 위해 바그보 곁에서 흔들림 없는 충성심을 보여 줄 것을 그의 부대에게 요청하는 인터뷰를 싣기도 했다(공화국 수비대는 약 1,500명 정도로 구성되어 있는데 가장 강력한 군부대로 알려져 있으며 아비장에 있는 대통령궁과 명목상의 수도인 야무수크로를 수비하는 임무를 담당하고 있었다).

12월 중순에 들어서면서 바그보 측에 돌아다니는 뜬소문은 점점 더 정도가 심해졌다. 내용인즉슨 아비장에 있는 UNOCI, 리코른느 군대와 북쪽에 있는 FAFN이 함께 "야무수크로에 있는 대통령궁에는 견제 작전을 펴고, 아비장에서는 실제로 바그보 대통령을 납치하려는 양동 작전을 동시에 세워서" 곧 들이닥칠 것이라는 말이었다.

보통 때라면 대담하게 도전을 받아들일 바그보였지만 이상하리만큼 저항의 의지를 내비치는 성명을 발표하지 않았다. 대신 그는 와타라와 만나서 평화로운 해결 방안, 즉 권력 공유 방안을 찾기를 원했다. 바그보는 취임식 이후 경호 실장을 포함한 여러 인사들과 대통령궁에서 여러 차례 회의를 하는 모습을 TV에서 보인 것 이외에는 공식적으로 모습을 드러내지 않았다.

바그보 측이 권력 공유에 대해 여러 방면으로 고심하느라 바쁜 사이에 나는 이들의 제안을 거절만 하는 것보다 상황에 맞는 우리의 대안이 필요하다고 생각했다. 그래서 UNOCI의 전략관리팀과 함께 심사숙고해서 바그보 측에 '케냐-짐바브웨' 해결책(케냐와 짐바브웨에서는 현직 대통령이 선거에서 패배하였는데, 야당 측 당선자에게 총리직을 주고 대통령직을 유지하는 권력 공유 방식을 취했다)을 포기하도록 해보자는 의견이었다. 그 대신 바그보 전직 대통령이 '베냉이냐, 니제르냐'의 선택(니제르에서는 탄자 대통령이 임기가 끝난 후 무리하게 대통령직을 유지하려다가 권력을 잃었다. 베냉에서는 케레쿠 대통령이 임기 후 권한을 내놓고 물러났으나 수 년 후에 다시 대통령 선거에 출마하여 당선됐다)을 하도록 제안해보자는 결론이 나왔다. 말하자면 바그보에게 권력 공유는 현실적 선택이 될 수 없고 베냉식 선택을 해야 하며 베냉식 선택을 받아들이지 않을 경우 니제르식 결말이 찾아올 것이라는 경고를 하자는 것이었다. 다시 말하면 바그보가 베냉의 마티외 케레쿠 대통령처럼 이번 선거 패배를 받아들여서 국가적·국제적 영웅으로 추앙받고 5년 후 다시 돌아오는 것은 어떻겠냐는 것이었다. 이를 받아들이기를 거절한다면 결국 임기가 끝난 뒤에도 권력을 유지하려고 애썼지만 결국 모든 것을 잃고 말았던 니제르의 마마두 탄자 대통령과 같은 운명을 맞게 될 것이었다. 어떤 일이든지 수동적인 자세보다는 주도권을 쥐는 것이 중요했다.

그래서 12월 11일과 12일 사이에 나는 바그보 측의 내부 인사 여러 명과 만나 "케냐-짐바브웨가 아닌 베냉이냐, 니제르냐" 하는 방안을 설명했다. 내가 만났던 사람들은 모두 바그보 측이 권력을 유지하려는 욕심은 확고하지만 어떻게 해야 실현할 수 있을지에 대해서는 아무런 전략이 없다고 하나같이 입을 모았다. 그들에 따르면 바그보 측은 나라를 '외국인'에게 넘겨줄 수 없다는 단순하고 공통된 신념 아래 권력을 유지하려는 것처럼 보였다. 그야말로 고루하고 시대착오적인 발상이었는데, 와타라는 이미 코트디부아르의 총리를 역임한 코트디부아르 사람이지 외부인이 아니었다. 이러한 배경을 잘 아는 국민이 와타라를 대통령으로 선출한 것이었다.

바그보 측 인사들과 논의할 때, 이들은 한 사람도 빠지지 않고 바그보가 권력을 공유할 의사가 있음을 밝혔다. 자세하게 묻자, 자신들이 세운 권력 공유 계획에 따르면 바그보는 대통령으로 남아 있어야 한다고 했다. 나는 그렇게 되면 선거의 중요성을 무시하고 국민의 의사를 묵살하는 것과 다름없기 때문에 UNOCI나 와타라, 국제사회가 이를 용인할 리 없다고 말했다. 만일 그들이 계속해서 권력을 유지하려 한다면 국민과 국제사회에서 고립되고 결국은 모든 것을 잃게 될 것이라고 말했다.

그리고 나는 그들에게 "내게는 마치 당신들이 권력 공유를 포함해 바그보가 권력을 유지하기를 원하고 있으며 그것이 아니면 죽기를 각오한 것 같다"고 떠보았다. 그들은 완고하고 충성스러운 친바그보 특수 경비대에 대한 통제권이 없다고 털어놓았다. 나는 계속해서 말을 이어 나갔다. "만일 언론에서 보도한 것이 맞다면 친바그보 진영은 특수부대에 월급으로 지급할 비용이 없을 텐데 무슨 수로 충성심을 기대한단 말인가? 그렇다는 것은 당신들이 죽기 전에 혹은 헤이그에 있는 국제형사재판소에서 책임을 묻기 전에 한 명이라도 더 죽이겠다는 뜻인가? 지금 될 대로 되라는 것인가?"라고 조금 감정적인 논의와 고성이 오고 간 후(그들의 말에 따르면 바그보는 유혈 사태를 원하지 않았지만 그의 충성스러운 경비대는 와타라가 권력을 잡는 것을 원하지 않을 것이라고 했다) 그들은 바그보에게 유혈 사태는 선택 사항이 아니라고 답했다. 그래서 나는 "당신들은 케냐나 짐바브웨에서 있었던 일을 하고 싶어 하지만 실제로 당신들이 갖고 있는 선택은 베냉과 니제르 사이에 있다"라고 말했다. 그들은 이런 시각에서는 전혀 생각해 보지 않은 듯했다. 그들 중 아무도 이런 만일의 사태에 대해서는 확실한 그림이 잡혀 있지 않은 것 같았다. 그저 자신들이 진짜 애국자이고 조국을 외국인에게 넘겨줄 수 없다는 신념 아래 결집한다면 어떻게든 살아날 방법이 있다고 자기위안을 하고 있었음이 분명했다.

　　이러한 회의를 가지면서 마음속에는 바그보 진영이 제대로 된 사고를 할 수 있는 능력을 갖고 있는지 아니면 도그마에 집착해서 맹목적으로 "바그보가 대통령이어야 한다"라는 신조를 읊조리고 있는 종교 집단이 되어 버린 것은 아닌지 하는 의구심이 생기기 시작했다.

바그보의 골프호텔 포위 vs UNOCI의 골프호텔 보호

12월 13일 이른 아침·친바그보군은 골프호텔로 이어지는 길의 양 끝에 마리 테레사(펠릭스 우푸에 부아니 전 대통령의 미망인인 마리 테레사 여사의 거주지에서 명명) 검문소와 푸토(검문소가 설치된 지역의 이름) 검문소를 설치했다. 이러한 움직임은 당일 와타라 대통령 측 인사 여러 명이 호텔을 떠나 해외로 갔다는 신문 보도로 촉발된 것이 확실했다. 이에 더해 소로 총리가 평화로운 '행진'으로 곧 자신의 집무실에 복귀하겠다고 공식 발언을 한 것에 대한 반응이기도 했다.

또한 바그보 측은 친와타라군과 UNOCI군이 결탁하고 있다는 사실무근의 의혹을 품고 있었다. "소로 총리가 아이들을 앞에 세우고 UNOCI군을 뒤에 세워 행진해 그의 집무실로 복귀하려는 계획을 세우고 있다"는 소문도 돌았다.

골프호텔의 봉쇄로 푸토 검문소 바로 근처에 거주지가 있었던 와타라 측 장관들의 신변에 심각한 위협이 생기자 와타라 측은 가만히 앉아서 당하고 있을 수만은 없게 되었다. 12월 13일 아침에 무장 충돌이 발생했고, 소로의 신변 보호를 위해(그리고 나중에는 와타라와 다른 장관들의 안전을 위해) 골프호텔에서 머무르고 있던 FAFN 무장 세력이 호텔을 나와 FDS를 진압했고 그들의 무기를 빼앗았다. 이것이 바로 '푸토 초소 전투'다.

이후에 바그보의 특수부대가 두 개의 초소를 모두 차지하고 모든 교통을 차단했다. 오후에 그들이 전해 온 요구 조건은 아침에 있었던 푸토 전투에서 FAFN이 빼앗아 간 무기를 돌려 달라는 것이었다.

전투와 봉쇄에 대한 소식이 들리자 바그보 측이 조만간 UNOCI에 대한 포위를 강화하고 행동의 자유를 억압할 것이라는 우려를 느끼고 내 비서실장인 조지 라우텐바흐와 함께 골프호텔에 가서 푸토 초소를 방문했다. 우리는 중무장한 FAFN 요원이 초소에서 30미터 떨어진 지점까지 배치되어 있는 것을 볼 수 있었고 초소 자체는 비슷하게 중무장한 바그보의 특수부대에 의해 엄중하게 경비되고 있었다. 중무장한 수백 명의 FAFN 군인들이 골프호텔 내부와 주변에 널리 배치되어 있었다. 우리가 탄 차량이 푸토 초소에 접근하자 비서실장이 나를 유엔 사무총장의 특별대표이며 상황을 진정시키기 위해 방문한 것이라고 설명했음에도 불구하고 바그보의 특수부대가 우리의 통행을 거부했다. 두꺼운 스키 마스크를 쓴 젊은 청년이 유탄 발사기를 나에게 직접 겨눴다. 나는 그가 친바그보 정규군인지 바그보가 주로 라이베리아와 같은 국외에서 모집한 용병인지 확인할 수 없었다.

본부로 돌아와서 나는 긴급 전략관리팀 회의를 소집했다. 우리가 다다른 결론은 UNOCI 지휘에 따라 우리가 할 수 있는 한 영구적인 초소 설립과 FAFN과 FDS 사이에 직접적인 무력 충돌만큼은 당장 무슨 수를 써서라도 막아야 한다는 것이었다.

12시 30분에 나는 바그보 측 외무부 장관인 알시드 제제를 그의 집무실에서 만났다. 우리는 위험한 분위기를 가라앉혀야 한다는 점에 동의했다. 나는 UNOCI군이 양측 사이에서 중재를 하겠다고 제안했다. 1시 30분에 알시드 제제의 요청으로 다시 그의 집무실에서 그를 만났다. 그는 내게 FDS 경호 실장과의 긴급회의가 소집되었으며 FDS군과 FAFN군 사이에서 UNOCI군이 중재하겠다는 나의 제안이 받아들여졌다고 했다. 제제 장관은 상세한 사항에 대해서는 FDS 작전 센터 대장인 포드 사코 카라모코 대령과 우리 측 사이에서 정해야 한다고 했다. 나는 사코 대령을 내 차에 태워 수석 고문인 페르난드 마르셀 아모소 장군과 함께 당시 골프호텔에서 긴급회의를 위해 대기하고 있었던 FAFN 장군 미셸 귀요와 UNOCI군 사령관 압둘 하피즈 장군을 만나러 갔다. 호텔로 가는 길에 우리는 바그보의 중무장 특수부대가 경비를 서고 있는 두 개의 초소를 지나게 되었는데 사코 대령이 중재해서 간신히 통과할 수 있었다.

골프호텔에서 가진 회의에서 두 가지 사항에 동의했다. 하나는 모든 FAFN 요원이 골프호텔로 철수할 것이라는 점, 다른 하나는 두 곳의 초소는 FDS와 UNOCI에 의해 공동 관리될 것이라는 점이었다. 나는 하피즈 장군과 사코 대령을 푸토 검문소와 마리 테레사 검문소에 차례로 데려가 바그보의 초소 사령관들에게 우리가 합의한 바를 알려 주었다. 마리 테레사 초소는 무척 긴장된 분위기였고 위에서 직접 명령을 듣기를 원한다고 했다. 사코 대령과 우리는 제제 장관의 집무실로 3시 30분경에 돌아와 두 가지에 동의 사항을 확인했다. 제제 장관은 FDS 사령부 긴급 회의를 재소집해 두 초소에 대한 공동 관리 체제를 일몰 전에 시행하도록 할 것과(나는 그에게 골프호텔과 초소에서 FAFN과 친바그보군 상황이 얼마나 일촉즉발의 상황인지를 설명해 주었다) FDS와 FAFN군 사령부 사이의 회의가 제도화되어야 한다는 것이 골자였다. 나중에 망고 장군이 마리 테레사 초소로 와서 우리가 동의한 사항을 시행하도록 했다.

골프호텔이 봉쇄되었다는 상황의 심각성을 고려해 와타라 당선자가 내게 전화했다. 나는 이 위기를 해결하기 위해 골프호텔로 향하는 중이라고 대답했다. 골프호텔에서 와타라를 만났고 계속해서 그에게 상황이 어떻게 진척되어 가는지 알려 주었다.

그러나 UNOCI와 FDS가 골프호텔 양쪽 끝 초소를 공동 관리한 것은 고작해야 이틀밖에 유지되지 못했다. 왜냐하면 FDS가 유지하던 자신의 초소의 해체를 거부하고 도리어 이를 유지, 강화하려는 모습을 보였기 때문이다.

UNOCI의 노력으로 양군의 무력 충돌은 어떻게든 피할 수 있었다. 하지만 UNOCI의 노력과 요청에도 불구하고 초소는 여전히 남아 있게 되었다. 골프호텔 봉쇄는 넉 달 동안 계속되었고 12월 13일부터는 본격적으로 체계화되었다.

바그보군에 의해 골프호텔이 포위됨에 따라 골프호텔 시설에 대한 UNOCI의 보안 강화가 따를 수밖에 없게 되었다. 우리는 탱크가 동원된 군대와 경찰을 더욱 많이 들여왔다. UNOCI 경찰 병력은 애국청년단의 공격에 대비하기 위해 FPU(Formed Police Units, 전투경찰대)를 특별히 강화했다. 바그보 측은 우리의 보안 강화에 강력히 반발했다. 우리는 호텔에 주재하고 있는 우리의 군대와 경찰 인력의 강화를 중지하는 조건으로 바그보 측에 초소의 해제를 요구했다. 그러나 그들은 이러한 요구를 거부했다.

12월 15일, 제제 장관을 비롯한 다른 친바그보 인사와의 추가 회의에서 나는 UNOCI가 골프호텔을 지켜야 할 의무가 있으며 FDS가 12월 13일에 세운 두 개의 초소가 UNOCI의 자유를 심각하게 구속하고 있기 때문에 신속히 제거되어야 한다고 확실하게 의사를 밝혔다.

제제 장관은 상대 진영이 12월 17일 금요일에 진행할 두 개의 '행진'

바그보군이 와타라 대통령 당선자가 피신하고 있는 골프호텔을 포위함에 따라
나는 UNOCI 군사령관을 대동하고 우리 측 보호 상황을 살피러 긴급 출동하였다.

계획에 대한 깊은 우려를 표명했다. 하나는 북쪽에서 아비장으로 오는 것
이었고, 다른 하나는 소로 총리를 앞세워 골프호텔에서부터 RTI 본부와
총리실로 이어지는 행진이었다. 나는 이 행진에 대한 우리의 입장을 설명
했다. UNOCI는 심각한 폭력 사태로 번질 것을 우려해 이러한 정치적 행
동에 동의하지 않았기 때문에 그 행진에 대해 어떠한 보호 활동도 하지
않을 것이며 동시에 어디까지나 평화적으로 이 행진이 진행된다면 절대
폭력이 개입해서는 안 된다고 그에게 경고했다. 바그보 측이 평화적 시위
를 폭력으로 진압한다면 심각한 사태를 불러일으킬 수 있기 때문이었다.

　나는 이미 와타라 대통령에게도 '행진' 계획에 대한 우려를 전했었
다. 친와타라 인사들은 우리의 우려를 반기지 않는 기색이 역력했다. 어떤
이들은 UNOCI와 국제사회가 그들을 포기했다고 비난하기도 했다. 행진
에 UNOCI도 참가해 달라는 요청에 UNOCI에서는 어떠한 무장 요원도
참여하지 않고 비무장 옵서버만 이를 지켜본다는 조건 아래 12월 17일 아

침 탐탁치 않아 하는 소로 총리와 나의 전화 통화 끝에 겨우 성립되었다.

12월 17일 아침에 FAFN은 소로 총리의 행진 준비를 위해 호텔을 나섰고 마리 테레사 초소에서 친바그보 군대와 충돌했다. '마리 테레사 전투'라고 이후에 기록된 충돌인데, 이 전투에는 심지어 로켓 발사기까지 동원되었다. FAFN은 바그보의 무장 세력을 진압하고 몇 시간가량 초소를 점령했는데 바그보의 특수부대가 탱크를 몰고 와서 FAFN은 골프호텔 내부에 있는 기지로 후퇴해야만 했다.

온종일 UNOCI는 양측 모두와 휴전 협정을 맺기 위해 노력했다. 해질 무렵 드디어 휴전이 체결되었다. 저녁에는 골프호텔에 있는 FAFN의 요청과 망고 참모총장의 동의를 얻어 UNOCI 헬기가 부상당한 FAFN 군인 두 명과 사체 두 구를 아비장에 있는 세인트앤드메리 국제종합병원으로 이송했다.

날이 바뀔 무렵에 각 군대는 자신들의 위치를 강화했다. FDS는 골프호텔 양쪽 끝에 있는 초소를 강화했고, FAFN은 FDS가 감행할 공격에 대한 준비를 강화했다. UNOCI는 두 초소 사이의 1.6킬로미터 정도 되는 거리에서 엄호하면서 FDS와 FAFN을 중재하고 있었다. 골프호텔은 두 초소의 거의 중간 지점에 위치한 상태였다.

방탄 차량과 탱크로 무장한 FDS는 마리 테레사 초소 근처로부터 골프호텔 쪽까지 FAFN 군인들을 바짝 추격하는 중에도 초소를 넘어서지는 않았다. FDS가 진격하려는 낌새가 보이면 골프호텔에 있는 UNOCI가 바그보군을 격퇴하기 위해 탱크를 사용할 준비를 하고 있었다.

아비장의 상황

친바그보군인 FDS는 아비장에 있는 핵심 도로들에 엄중한 바리케이드를 설치하고 시위자들이 행진하지 못하게 막았으며 여러 지역 곳곳에 모습을 드러냈다. RHDP(Rassemblement des Houphouetistes pour la Democratie et la Paix, 코트디부아르 여당들 간에 조성된 여당 연합)가 아비장 시내로 들어오려고 여러 번 노력했지만 FDS에 의해 번번이 좌절됐다. 서로 간의 전투가 계속되었고 희생자도 발생했다. 애국청년단은 UNOCI의 참관자들이 이곳에 들어가는 것을 허락하지 않았다.

아보보와 트레쉬빌과 같이 와타라 대통령이 세력권인 인근 지역에서는 RHDP를 옹호하는 사람들이 거리를 가득 메우고 있었다. 이들은 FDS에 의해 강제 해산되었다. UNOCI는 아보보와 트레쉬빌에 무장 경찰과 군사력을 보내 순찰을 강화했다. 이에 FDS는 강력히 반발했다. UNOCI 지휘부는 FDS 사령부에 연락을 취해 정찰을 하는 것은 우리에게 주어진 임무임을 설명했다. 민감한 여러 지역에서 UNOCI의 정찰대와 차량이 FDS와 친바그보 애국청년단에 의해 차단당했으며 일을 진행하는 데 어려움을 겪어야 했다.

오후에 RHDP 시위대가 세브로코에 있는 UNOCI 본부로 부상자 24명을 데리고 왔다. 나는 문으로 나가 이들을 만나 이야기를 듣고 몇 가지 조치를 취하는 것에 동의했다. 그중에는 본부 바로 밖에 텐트를 설치해 UNOCI 의료팀이 부상자를 치료할 수 있도록 하는 것이 포함되어 있었다. 정도가 심각한 사람들은 UNOCI 병원으로 이송될 예정이었고, 치료가 불가능할 경우 적십자의 도움을 받아 다른 병원으로의 이송을 계획하고 있었다. 이른 오후 시간에 적십자의 도움으로 지역 병원으로 이송된 심각한 부상자 세 명을 제외하고 UNOCI에서 치료를 받은 모든 부상자가 귀가했다. RHDP 시위대는 감사를 표했고 UNOCI는 더 이상 총탄에 의한 부상자가 생기는 것을 좌시하고 있을 수만은 없었다. 대부분은 경상이었고, 한 사람의 사망자가 있었는데 그의 몸에서 총탄에 의한 상처는 찾을 수 없었다. RHDP는 사체를 치우는 것에 동의했다.

야무수크로와 북쪽 지역의 상황

이러는 와중 와타라 대통령 측에서는 중앙 지역과 북쪽 지역에서 동시에 행진하는 것을 계획하고 있었는데 이 때문에 야무수크로와 북쪽 지역의 상황도 긴박하게 돌아가기 시작했다. 야무수크로 시민들이 들고 일어났다는 소식이 UNOCI까지 들려왔고 티에비수를 통해 북쪽에서 남쪽으로 이동하고 있다는 소식도 있었다. 오후 시간 내내 우리는 FDS와 FAFN이 티에비수 지역에서 충돌했다는 여러 소식을 접할 수 있었다.

AU 연맹 회장인 장 핑은 AU 평화 안보 위원회 의장인 람테인 라맘라와 ECOWAS 위원회 의장인 빅터 베호 대사와 함께 12월 17일과 18일 양일간 아비장을 방문했다. UNOCI가 이들을 풀먼호텔에서 골프호텔까지 호위했다. 핑 회장이 바그보를 대통령궁에서 만나기로 한 일정은 바그보의 보안팀에서 호위했다.

장 핑과의 첫 번째 회의

12월 17일 아침, 핑 회장의 요청에 따라 그의 대표단과 함께 회의를 갖게 되었다. 나는 그들에게 코트디부아르의 상황에 대해 설명하고 진실백서를 토대로 선거에 대해 설명하였다. 그들은 내 발표 자료에 첨부되어 있는 선거 지도에 특히 감사를 표했으며 어떤 선거 결과보다도 진실백서가 선거 결과를 모호성 없이 설명하고 있다고 설명했다.

그들은 다음의 사실을 계속 강조했다. 그들의 임무는 바그보와 와타라 간의 권력 공유를 진작시키는 것보다는 바그보에게 명예롭게 퇴진하라고 설득하는 것이라는 것이다. 그들이 이 사실을 너무 강조했기 때문에 그들의 아비장 방문 목적이 그들의 목적을 세계에 알린다는 인상을 주었다. 핑 회장은 바그보가 무력을 통해 권력을 유지하려는 논리는 "통일 없이는 선거 결과를 받아들일 수 없다"라는 주장에 근거한다고 음베키 전 대통령이 AU 측에 설명했다고 단호한 어조로 말했다. 핑 회장은 내게 ECOWAS 회장인 나이지리아의 굿럭 조나탄 대통령이 바그보에게 보내는 서한을 가지고 왔다고 말했다. 서한의 내용은 사르코지 프랑스 대통령이 바그보에게 보낸 것과 유사하다고 하면서 ECOWAS 회원국들은 바그보가 물러선다면 명예롭게 받아들일 용의가 있다는 의사를 완곡하게 내비치는 내용임을 설명했다. 핑 회장은 자신의 코트디부아르 방문이 와타라 대통령 측에서든 바그보 측에서든 달갑지 않을 것이라고 말했다. 바그보와의 만남이 그날 오전 11시로 잡힌 반면 와타라 대통령과의 약속은 잡히지 않은 상황이었다.

민간인들에게 총격을 가하고, 친와타라 성향의 신문사들에서 기사가 나가지 못하도록 하기 위해 인쇄소에 군대를 보내는 등, 지난 며칠 동안 바그보 측이 보인 극단적인 조치에 대한 내 우려에 핑 회장은 그러한 극단적인 조치는 내전보다는 덜 심각한 상황이라며 내전이 벌어졌다면 훨씬 심각한 행위가 자행되었을 것이라고 말했다.

장 핑과의 두 번째 회의

12월 18일에 나는 핑 회장이 이끄는 대표단과 함께 아비장에 있는 풀먼호텔에서 열리는 외교단 회의에 참석했다. 핑 회장과 베호 대사는 코트디부아르에서 자신들의 임무가 정치적 교착 상태를 해결하기 위함이라고 설명했다.

그들은 다시 한번 중재 임무의 초점이 권력 공유를 위한 것이 아닌 바그보의 평화적인 퇴진 설득에 있다고 반복해서 강조했다. 그들은 각기 바그보, 와타라 대통령과 자신들의 임무의 골자에 대해 논의를 나누었다고 했다. 그들은 바그보 측은 코트디부아르의 주권을 존중하는 해결책이라면 어떤 것이든 받아들일 입장을 갖고 있었고, 와타라 대통령은 11월 28일 선거에서 국민들이 표현한 의사를 존중하는 해결책이라면 협상에 응할 입장이라고 설명했다.

여러 대사들은 당시 상황에 대해 우려의 목소리를 높였는데 특히 친바그보 무장 청년단체와 아비장에 있는 비정규군 및 의용군, 서쪽 지역의 긴장감, 방송을 거의 장악하고 있는 바그보, 초소 설치 및 인도주의적/외교적 차량의 봉쇄, 외교 규례에 반하는 공항과 세관의 각종 조치들, 그리고 골프호텔을 봉쇄한 바그보의 조치들에 대한 우려였다. 이들은 이 문제들을 해결하기 위해 모든 노력을 쏟아야 한다고 목소리를 모았으며, 특히 자원봉사자들이 자신들이 일을 할 수 있도록 허용되어야 하며 의약품과

와타라 당선자가 피신하여 있는 골프호텔에 방문하여
와타라 당선자를 보호하고 있는 UNOCI 군인들을 격려하고 있다.

식료품이 골프호텔에 전달되어야 한다고 강조했다.

마리 테레사 작전

핑 회장이 아비장을 방문하는 동안 바그보군에 의해 UNOCI에 대한 행동의 제약이 계속되어 상황이 빠르게 악화되었다. UNOCI군이 호위하던 핑 회장의 수송 차량마저도 마리 테레사 초소에서 차단을 당하면서 핑 회장이 직접 나서서 수습할 지경이 되었다. 나는 전략관리팀 긴급회의를 소집해서 상황을 검토하고 유엔 행동의 자유에 용납할 수 없는 제약을 받은 것에 대한 해결책을 찾을 것을 검토했다. 우리는 마리 테레사 초소에서 제약을 받고 있는 상황을 풀어 줄 수 있는 가능한 군사 작전을 검토해 보았다. 그래서 UNOCI 군사령부는 '마리 테레사 작전'을 심각하게 검토하기 시작했다.

마리 테레사 초소는 골프호텔에서 볼 때 전략적으로 굉장히 중요한 장소였다. 그곳은 UNOCI가 이 좁은 지역을 통제하는 데 요긴한 곳이었다. 우리는 이곳을 장악하기 위해 필요한 모든 전략적 위치를 선점하고 있었다. 800명의 군사와 잘 정비된 UNOCI의 장비가 골프호텔에 있었을 뿐 아니라 토고 대대 병영이 마리 테레사 초소 옆 바로 450미터 지점에 있었다. 마리 테레사 초소는 총기를 탑재한 차량 몇 대에 수십 명밖에 안 되는 공화국 수비대가 지키고 있었다. 마리 테레사 작전을 통해 양측에 희생자 수가 적게, 혹은 전혀 희생자를 내지 않고도 이 중요한 초소를 탈환할 수 있을 것이었다. 또한 아비장 코코디 지구에 있는 바그보의 대통령 사저는 마리 테레사 초소에서 채 2킬로미터도 떨어져 있지 않았다. 심리적으로 UNOCI가 바그보의 적대적인 행위와 괴롭힘에도 아무 일 없었다는 듯이 넘어가지는 않을 것을 보여 줄 필요가 있었다. 일단 초소를 장악하면 바그보 측의 어떠한 공격에도 큰 어려움 없이 초소를 방어할 수 있을 터였다. 게다가 마리 테레사 작전은 골프호텔의 숨통을 트이게 하고 UNOCI의 사기를 진작시키는 데 큰 역할을 하는 계기가 될 수도 있었다.

하지만 근본적인 어려움이 있었다. UNOCI는 유엔기구라는 성격상 먼저 공격적인 군사 작전을 펼칠 수는 없었던 것이다. 이러한 작전은 곧 UNOCI와 바그보군 사이에 벌어질 전쟁의 신호탄을 의미했으며, 곧바로 UNOCI 본부 및 다른 시설에 대한 친바그보군의 직접적인 군사 공격으로 이어질 수 있었다. 그렇게 되면 UNOCI로서는 당연히 엄청난 희생을 감수해야 할 터였다. 수많은 논의를 거쳐 나는 작전 실행에 따른 위험이 너무 크기 때문에 마리 테레사 작전을 실행하지 않기로 결정을 내렸다.

한편 와타라 대통령 측이 행진 계획을 밀어붙인 이유는 좌절감에 있었다. 즉 바그보 측이 재정적인 이유로 자신을 지지하는 특수부대에 줄 월급이 끊길 것이라는 기대가 이루어지지 않은 데 주요 원인이 있었다. 바그보 측은 특수부대의 12월 월급을 지급하는 데 아무 어려움이 없을 것이라고 자신하고 있었다.

이러한 상황은 와타라 대통령과 소로 총리를 초조하게 만들었다. 그들은 국제사회, 특히 UNOCI에서 선거의 결과는 존중받을 것이라고 약속했음을 상기시켰다. 왜 선거에서 승리한 그들이 그 조그만 호텔에 피난해 있어야 하고 선거에서 패배한 바그보는 아비장에서 떵떵거려야 하는가? 이 용납할 수 없는 상황은 언제까지 지속되어야 하는가? 소로 총리는 자기 자신과 내게 이런 질문을 던졌다. 나는 "시간에게 해결할 시간을 줄 필요가 있다"며 그에게 인내심을 갖고 조바심을 내지 말라고 조언했다. 하지만 소로 총리는 자신만의 방법으로 문제를 해결하고 싶어 했기에 행진 계획만큼은 진행하려 했다. 그래서 소로 총리는 UNOCI에 행진 계획에 직접적인 참여를 강력히 요구했으며 특히 UNOCI 군대가 행진을 보호해야 한다고 주장했다.

선거에서 민족주의로의 초점 이동

12월 17일, 소로 총리의 행진 계획이 실패로 돌아가자 상황은 바그보에 유리하게 진행되기 시작했다. 소로 총리가 공식적으로 발표했음에도 불구하고 그는 행진을 하기 위해 골프호텔을 떠나지 못했다. 그가 골프호텔을 떠나지 못한 것은 우리의 조언에 반해 앞서 언급한 마리 테레사 초소 전투를 하기 위해 무장한 FAFN군을 내보낸 잘못된 계산 때문이었다.

바그보 측은 마리 테레사 초소에서 성공적으로 소로 총리 측을 막았고 아비장 모든 지역에서 대중의 봉기 또한 좌절시켰다. 이 모든 일의 결과는 와타라 측의 손실로 끝이 났다. 당분간은 다른 계획을 세울 만한 능력이 전혀 남아 있지 않았다. 이로 인해 와타라가 선거에서 승리하면서 국제적인 지지로 이어졌던 친와타라 모멘텀이 바그보 측으로 넘어가게 되었다.

바그보 측은 와타라 측의 행진을 양 진영 사이의 단순한 권력 투쟁으로 묘사하는 데 최선을 다했고 결국에는 자신들이 승리를 거두었다고 선전했다. 이러한 선전 중에는 소로 총리의 행진 계획의 배후에 UNOCI가 있다고 의도적으로 묘사한 것도 포함되어 있었다. 바그보의 목적은 분명했다. 그들은 코트디부아르 정치에서 선거라는 민심을 존중하는 것보다 애국심과 주권이 중요하다는 주장을 앞세우려는 것이었다.

이러한 상황은 와타라 측에 불리하게 진행되었다. 와타라 측은 이제 고작해야 북쪽 지역을 FAFN이 통제하고 있는 정도였다(2011년 3월 상황이 변했을 때 소로 총리는 북쪽 지역에서 아비장으로 진군한다는 계획을 세움으로써 다시 기선을 잡을 수 있었다). 북쪽은 와타라를 지지하고 있었지만 수도 아비장은 여전히 바그보 측의 통제 아래에 있었다.

UNOCI 활동에 미친 여파

바그보 측에 유리하게 돌아가기 시작한 상황은 UNOCI에도 다음과 같이 어려운 상황을 초래하게 되었다.

○ '푸토 초소 전투'와 '마리 테레사 초소 전투'가 일어남에 따라 바그보 측은 골프호텔의 주요 도로 끝에 있는 두 초소를 친바그보 청년 단체와 특수 부대가 함께 통제하기 시작했다. 12월 18일 늦은 오후, 그들은 체계적으로 코트디부아르 시민의 차량은 통제하지 않는 대신 모든 유엔 차량의 움직임을 통제했으며 하루 만에 상황이 완전히 뒤바뀌어 버렸다.

○ 그 결과 골프호텔에 있는 UNOCI군과 민간 요원은 완전히 고립되었으며, 행동의 자유가 심각하게 제약을 받게 되었다. 일례로 12월 19일 저녁에 우리의 토고 병영에서는 FDS 참모총장인 필리페 망고 장군과 UNOCI 사령관인 압둘 하피즈 장군이 초소에서 지휘를 하고 있는 공화국 수비대장을 직접 만나 중재를 한 다음에야 식량품 배송 차량이 마리 테레사 초소를 지날 수 있었기 때문에 토고 군대는 밤늦은 시간이 되어서야 식사를 할 수 있었다.

○ 망고 참모총장을 비롯해 바그보의 외교 자문인 알시드 제제 대사와의 연락은 빠르게 그 효력을 잃었는데 지금까지의 상황과 비교했을 때 중요한 변화였다. 분명한 것은 바그보 측 내에서 이들의 영향력이 줄어들고 강경 세력이 주도권을 잡고 있다는 사실이었다. 반UNOCI 행동 결정은 바그보 측 내부 깊숙한 곳, 아마도 UNOCI 및 세계 정상들과의 연락을 피하고 있는 바그보 본인을 포함한 곳에서 결정됐을 것으로 보였다. 미국과 프랑스 대통령이 바그보에게 직접적이고 분명한 메시지를 전하려고 했으나 거절한 것으로 알려졌다.

○ 이렇게 초점이 선거에서 민족주의로 이동된 것은 즉, 바그보가 최소한 당분간은 군사력이 동원되지 않는다면 퇴진을 위한 국제적 압박을 더욱 받아들이게 되지 않을 것을 의미하는 것이었다.

중기적 전략의 필요성 대두

'행진' 계획의 실패와 함께 바그보 측으로 모멘텀이 기울면서 바그보의 초점은 국민의 관심을 선거보다는 애국심과 자주권으로 옮기는 것이었고, 이는 곧 와타라 측에게 효과적으로 대통령 자리를 지키기 위해서는 장기적은 아니더라도 중기적 전략이 필요함을 뜻했다. UNOCI 역시 중기적 시각을 갖고 여러 가지 상황을 예측해 이에 대비해야 함을 의미했다. 다음은 내가 와타라 측에 전한 전략관리팀의 의견 사항이다.

○ UNOCI는 UNOCI 본부와 골프호텔 사이, 골프호텔과 프랑스 리코른느 군사기지 사이에 헬기를 이용한 항공로(바그보 측의 특수부대가 아비장 전체를 점령하고 있었기 때문에 우리는 유일한 교통수단인 헬기를 사용할 수밖에 없었다)를 설치할 것이다. 전자는 호텔에 물자를 수급하고 사람들을 수송하는 데 사용될 것이다. 후자는 와타라 측 수뇌부의 해외 방문에 사용될 것이다. 이들은 골프호텔이나 리코른느 기지 둘 중 하나에서 부아케로 가게 된다.

○ UNOCI는 와타라 측이 사용할 수 있도록 골프호텔을 폐쇄함에 따라 푸토와 마리 테레사 두 초소 사이에 있는 큰 지구를 확보하여 와타라 측이 사용할 수 있도록 할 것이다. 와타라 측 장관들은 이 확장 지구에 그들이 사

용할 사무실 공간을 확보하게 될 것이다. UNOCI는 또한 골프호텔과 호텔에서 300미터 정도 떨어져 있는 와타라 대통령 관저 사이에 별도의 안전한 경로를 마련할 예정이다.

○ UNOCI와 리코른느는 와타라 대통령의 해외 방문을 도와줄 수 있다. 자격이 없는 대통령인 바그보는 어느 국가를 막론하고 사실상 갈 수 있는 나라가 없게 될 것이다. 그는 군대의 변절이 무서워 대통령궁을 떠나는 것조차 못하고 있으며 특히 필리페 망고 참모총장 휘하의 군대를 두려워하고 있다. 바그보가 끊임없이 망고 장군을 감시하고 있다는 몇 가지 징후도 있다. 한편 와타라 대통령과 그의 측근은 군사적인 해결책이 갑자기 생기는 것을 제외할 경우 중기적으로는 어려운 시기를 견뎌야 하기 때문에 UNOCI와 리코른느가 가능하면 많은 공중 운송 수단으로 그들의 해외 방문을 촉진하는 것이 매우 중요하게 되었다(초기에 이 제안은 많은 사람들이 신중을 기하기를 원해 그다지 환영받지 못했다. 하지만 결국 3월에 가서는 와타라 대통령이 첫 해외 방문을 시작했고 나중에는 이 제안을 해준 것과 실행에 옮겨 준 것에 감사를 표했다. 와타라 측 인사들도 UNOCI와 리코른느를 통해 해외 방문을 시작했다).

내가 이러한 제안을 하는 동안 와타라 측에서 자신들만의 독립된 방송국이 있어야 한다고 강력하게 요청했다. 교착 상태에서 바그보 측이 중점적으로 활용하던 것이 바로 국영 방송국인 RTI를 통한 방송이었다. 이 때문에 소로 총리가 RTI 방송국으로 행진을 해서 통제권을 확보하려고 했지만 바그보 측이 이미 이곳에 방어선을 구축하고 특수부대를 배치해 군사기지화되었기 때문에 통제권을 확보하려는 계획은 헛된 꿈으로 끝나고 말았다. 초반에 와타라 측이 UNOCI에 RTI 방송국을 보호해 줄 것을 요청했는데, 당시 상황에서 이러한 보호는 결국 UNOCI와 바그보 사이의 전면전을 의미했다. UNOCI가 이러한 행동을 할 수 없다는 것을 이해한 와타라 측은 독립적인 방송국 설립을 원하기 시작했다.

이러한 결론에 도달하자 UNOCI에서는 두 가지 긴급 조치를 취하게 되었다. 하나는 골프호텔과 UNOCI 본부 사이에 사람 및 물품 수송을 위한 헬기 항공로의 확보였고, 다른 하나는 골프호텔에 이르는 도로에 있는 두 개 초소인 푸토 초소와 마리 테레사 초소 사이에 가급적 많은 지역을 확보하고 보안을 강화하는 것이었다.

12월 19일, 나는 골프호텔 도로 양쪽 끝에 있는 두 개의 초소가 UNOCI에 대한 방해 행동을 강화했기 때문에 헬기를 이용해 골프호텔에 있는 와타라 대통령을 방문했다. 이번 방문의 목적은 두 개의 초소와 전반적 상황에 대해 논하기 위함이었다. 와타라 측에서는 UNOCI가 개입을 강화해야 한다면서 직접적인 군사 행동을 통해 바그보 측이 통제하고 있는 방송국인 RTI 및 소로 총리의 사무실을 확보하도록 강력하게 요청했다. 이러한 요청은 평화적인 행진 계획이 무산되면서 더욱 강해졌다.

나는 와타라 대통령에게 UNOCI가 무력을 사용해 RTI 방송국이나 소로 총리의 사무실을 확보할 수 있는 권한이 없다고 말했다. 게다가 두 개의 초소를 확보한다고 한들 아비장의 다른 지역이 전부 바그보의 통제권 아래에 있었기 때문에 전혀 의미 없는 일임을 설명했다. 그리고 덧붙여서 현재의 교착 상황이 빨리 해결될 수 없을 경우를 상정해, 보다 많은 가

위기가 시작되고 두 개의 정부가 구성되며 안전이 위험해지자 사람들이 거리에서 자취를 감추었다.
일부 폭력사태가 일어나 불타는 건물이 UNOCI 상황 점검 사진에 찍혀 있다.

능성을 열어 두고 운신의 폭을 넓혀야 한다고 설명했다.

헬기 항공로를 보호해야 했던 UNOCI는 골프호텔의 주변 경계를 견고히 해야만 했다. 다행스럽게도 골프호텔 주변에는 주인 없이 비어 있는 넓은 부지가 있었다. UNOCI는 이 부지 주변에 철조망을 세웠다. 이 부지는 또 다른 세 가지 목적으로 꼭 필요했다. 와타라 정부에 보다 많은 사무실과 주택 시설의 제공, 긴급히 필요한 방송국 안테나와 송출 장비 설치, 그리고 호텔 주변에 보다 많은 UNOCI군을 주둔시키기 위함이었다.

연이은 논의에서 우리는 골프호텔의 주변 경계를 강화하기 위해 다음 사항에 합의했다. UNOCI는 즉시 골프호텔에서 300미터 이내에 있는 와타라 대통령 관저 주변에 베디에 전 대통령과 그의 가족이 사용하도록 집을 마련하기로 했다. 이를 위해 그다음 날부터 와타라 대통령 측과 UNOCI의 합동팀을 구성했다. 그런데 와타라 대통령은 자신의 정부가 제대로 일을 할 수 있도록 하기 위해 안전한 업무 환경을 제공해 달라고

UNOCI에 요청했다. 이를 위하여 자신의 관저와 골프호텔 시설 사이에 보안 구역을 설정해 줄 것을 선호했다. 와타라 대통령은 베디에 전 대통령과 그의 가족이 호텔의 작은 방에서 지내고 있었기 때문에 자신과 가까운 주택에 머무를 수 있도록 UNOCI가 보안 구역을 설정한 것에 특히 기뻐했다.

이렇게 코트디부아르의 상황은 점점 더 악화되어 바그보 측의 UNOCI 차량 통제도 더욱 심해졌다. 바그보는 특수부대 중의 강경파와 역시 청년 단체 중 강경파 요원을 동시에 활용해 UNOCI의 활동을 방해하기 시작했다. 이러한 군과 민간의 연합 전략 때문에 UNOCI는 골머리를 앓을 수밖에 없었는데, 바그보의 특수부대가 인간 방패를 사용하는 것과 같은 효과를 가져왔기 때문이다. UNOCI는 곧 FPU(대중 통제를 위한 전투경찰대-군대 복합 부대)를 형성해 바그보의 청년 단체-특수부대 복합 체제에 맞서기로 했다.

골프호텔에 대한 봉쇄가 강화되자 UNOCI가 골프호텔로 물류 지원을 호송하는 것이 매우 중요해졌다. 바그보 측과의 협상을 강화하는 것과 동시에 우리는 청년단체의 활동이 비교적 뜸한 새벽에 물류를 호송하기로 결정했다. 가끔씩 UNOCI는 헬기와 배를 이용해 식량과 의약품을 골프호텔로 수송했다. 이처럼 가능한 이동 수단을 모두 활용해 UNOCI는 바그보군과의 심각한 무력 충돌을 일으키지 않고 골프호텔로 물자를 보급할 수 있었다.

UNOCI의 연료 위기와 크리스마스

UNOCI는 크리스마스 이브에 항공기 연료가 바닥이 나는 심각한 상황을 맞이하게 되었다. 아비장 공항에서 우리 측 항공기에 대한 연료 공급을 계속해서 거절해서 비축되어 있던 항공 연료는 금방 바닥이 나버렸다. UNOCI가 보유하고 있던 프로펠러 항공기 세 대는 부아케에서 연료를 공급받았다. 바그보 측은 아비장 공항 내에 있는 UNOCI 공군 기지의 사용에 대해서는 아직까지 심한 제제를 가하고 있지 않은 상황이었다. 그래서 작은 제트기나 응급 의료 환자 수송, 여객 운송을 위한 두 대의 프로펠러 항공기 운항에는 큰 어려움이 없었다. 하지만 예방 차원에서 위기 상황이 끝날 때까지 두 대의 프로펠러 항공기를 부아케 공항으로 옮겨 놓기로 결정했다.

그러나 바그보 측이 우리의 연료 공급선을 차단하자 아비장에 기점을 둔 UNOCI의 헬기 세 대는 즉각적인 문제에 빠지게 되었다. 헬기의 경우 아비장과 부아케 사이의 거리를 고려하면 부아케에서의 연료 공급이 불가능했다. 세밀하게 조사해 본 결과 12월 25일을 기해 헬기 운용에 사용할 연료가 부족하기 시작했다는 사실을 알게 되었다. 이로 인해 헬기를 이용한 물자 수송에 차질을 빚게 되었다. 우리는 골프호텔로의 헬기 운항 횟수를 줄일 수밖에 없었고 12월 25일부터는 하루 2회밖에는 왕복 운행을 할 수 없었다. 다시 말해, 골프호텔 인원과 연관된 모든 구조 행위나 의료상의 호송 등이 불가능하게 되었다.

항공기 운항이 감축되면서 독자적인 연료 공급 방안을 찾는 것이 시급해졌다. UNOCI는 UNDFS(유엔 본부의 평화유지임무단 지원국)에 긴급히 자문을 요청했다. UNDFS는 크리스마스 휴가 기간임에도 효율적으로 일했다. 48시간이 채 안 되어 우리는 우간다 엔테베에 있는 유엔 물류지원센터

친바그보군의 점령으로 아비장에서의 지상 이동이 불가능해지자
UNOCI는 헬기에 의존할 수밖에 없었다.

에서 가나 아크라를 통해 코트디부아르의 부아케까지 8만 리터가 넘는 양
의 연료를 공급받을 수 있었다. UNOCI는 12월 29일 이 연료를 엄중한 경
호 속에서 육로를 통해 부아케에서 아비장까지 운송하는 데 성공했다. 이
때부터 부아케는 코트디부아르 내 UNOCI 물류의 중심지로 통하게 되었
다. 우리는 또한 UNOCI 본부 고지대에 커다란 연료저장고를 설치해서 바
그보군의 공격에 대비했다. 그 사이에 리코른느 군사기지에 있는 연료 공급
지에서 우리 헬기에 채울 연료를 빌리는 등 적극적인 후원을 받게 되었다.

　　UNDFS에서 받은 효율적이고도 충분한 지원에서도 알 수 있듯이
UNOCI는 위기 기간 내내 유엔 본부로부터 상당한 지원과 독려를 받았다.
반기문 유엔사무총장도 거의 하루 걸러 한 번씩 UNOCI와 영상회의를 했
으며 특히 12월에 그 빈도가 높았다. 유엔 기구의 고위급 간부들도 이 영상
회의에 참석했다. 유엔 평화유지활동 알랭 르로아 사무차장, 아툴 까레 사
무차장보, 레이몽 제닝가 국장, 평화유지국 군사 고문 바바카 게이 장군이

거의 매일같이 UNOCI와 연락을 취하면서 격려와 지원, 조언을 해주었다.

와타라 대통령, 소로 총리와의 만남

크리스마스 이브 당일, 나는 와타라 대통령과 소로 총리와의 회의를 위해 골프호텔로 날아갔다. 보안 면에서 와타라 대통령의 거주지와 바로 옆에 있는 베디에 전 대통령의 거처를 긴급히 보호해야 할 필요가 있었다. 우리의 보안팀과 군대의 효과적인 작업으로 삼중에 걸친 엄중한 보호 시설이 완공되었다. 그래서 나는 와타라 대통령에게 그가 원하기만 한다면 베디에 전 대통령의 가족과 함께 당장 거주지를 옮길 수 있다고 전했다(사실 UNOCI의 보안팀은 크리스마스까지 와타라 대통령에게 결과물을 보여 주기 위해 굉장히 열심히 일했다). 와타라 대통령은 자신의 집에서 저녁식사를 할 수 있게 되었다는 사실에 무척 기뻐했으며 이때까지 받은 크리스마스 선물 중 최고의 선물이라고 말했다. 그는 너무 기쁜 나머지 내가 가져간 지도의 사본을 달라고 요청하면서 당장 베디에 전 대통령에게 이 소식을 알려야겠다고 말했다. 그는 내게 곧 텔레비전과 라디오 통신 장비를 입수할 수 있게 되어서 코트디부아르 국민을 포함한 전 세계 사람들에게 소통할 수 있는 길이 열렸다는 기쁜 소식을 전해 주었다. 나는 장비 설치에 필요한 인력을 제공할 것을 약속했다.

회의를 진행하는 동안 나는 소로 총리에게 두 가지 언어(불어와 영어)로 된 선거 인증에 관련된 진실백서와 지도를 전달했다. 소로 총리는 이 문서들을 사용해 남아공과 다른 국가들을 설득하여 코트디부아르 국민의 여론을 왜곡하고 있는 바그보의 행동에 맞서겠다는 의지를 피력했다.

이 기간 동안 골프호텔에 있었던 와타라 측 사람들은 남아공이 코트디부아르 대통령 선거에 대해 매우 애매모호한 태도를 취하고 있다고 생각했다. 앙골라와 함께 남아공은 AU 내에서 친바그보 노선을 택하고 있어서 당시 AU의 우유부단한 태도에 결정적인 역할을 한 나라로, 와타라 대통령을 선거의 승자로 지지하던 ECOWAS와는 현저히 다른 태도를 보였다.

총격을 받았다고 비방하기 시작한 바그보 측 강경파

크리스마스 당일, 나는 제제 대사와 전화로 세 가지 문제에 대한 대화를 나눴다. 그 세 가지 문제란 크리스마스 기간 동안의 휴전 가능성, 바그보가 패배를 인정하는 케레쿠 선택, 그리고 골프호텔을 조준하고 있는 박격포의 존재였다.

첫 번째 안건에 대해서 나는 크리스마스 기간 동안 휴전을 하면 어떻겠냐고 제안했고 제제 대사는 상황이 큰 변화 없이 잠잠하게 지나갈 것이라고 대답했다. 나중에 우리는 바그보군이 다음과 같은 지시를 받았다는 사실을 알게 되었다. '크리스마스 기간 동안 UNOCI 인사들에게 예의를 갖춰 대할 것. 하지만 모든 상황이 해결되었다는 착각은 하지 말 것.'

'케레쿠 선택'에 관해서는 며칠 전만 해도 제제 대사는 내가 건넨 선택을 논의조차 하려고 하지 않았지만 적대적인 태도는 아니었다. 그래서 나는 최근 케레쿠 대통령이 바그보에 대해 한 발언을 제제 대사에게 전달했다. "권력을 포기하라. 그렇지 않으면 권력이 당신을 포기할 것이다." 제제 대사는 이 말에 노여움을 표했지만 그것 말고 다른 어떤 반응도 없었다. 이러한 제제 대사의 태도는 바그보 측이 케레쿠 선택을 전혀 고려하고 있지 않다는 또 다른 징후이기도 했다. 나는 이것이 바그보 측이 케레쿠 선택을 할 수 있는 능력이 없기 때문인지 아니면 신중히 고려한 끝에 나온 선택인지 의문이 들기 시작했다.

바그보의 특수부대가 골프호텔이 내려다보이는 골프장의 클럽하우스에 설치한 박격포에 대해서는 제제 대사와 오랜 시간 논의를 나눴다. 나는 명확한 태도로 나의 입장을 설명하면서 이 박격포들을 철수하지 않으면 그에 따른 심각한 조치가 따를 것이라고 말했다. 마지막에 와서 제제 대사는 자신의 권한 내에서 박격포를 철수하는 데 동의한다는 태도를 내비쳤다. 그래서 그는 내가 있는 자리에서 망고 참모총장과 전화로 협의해, 동일 오후 1시 30분에 박격포를 철수하는 것으로 동의했다. 그러나 제제 대사는 오후 4시 30분경 내게 연락을 취해 망고 참모총장이 박격포 철수에 동의하기는 했지만 다른 고려 사항들이 있어 즉시 철수하기는 어려울지도 모른다고 입장을 변경했다.

이유를 묻자 제제 대사는 크리스마스 기간 동안 바그보 측에 대한 '공습 계획'이 있다는 것을 고려할 때 박격포 철수에 동의하지 않는 인사가 있다고 대답했다. 그래서 박격포는 크리스마스가 지나고 하루나 이틀 뒤에 철수하게 될 것이라고 했다. 하지만 그의 목소리에는 확신이 없었고 체념이 묻어 나왔다. 이때 처음으로 바그보 측 내부에 강경파와 온건파 사이의 균열이 생기고 있다는 인상을 받았다. 동시에 케레쿠 선택을 그리 싫어하지 않을지 모르는 현실주의자들을 누르고 강경파가 주도권을 쥐고 있다는 사실도 깨달았다.

코트디부아르 대통령 선거에 애매모호한 태도를 취하고 있는 AU에 맞서게 된 ECOWAS는 별로 달갑지 않은 상황에 처하게 되었다. 왜냐하면 AU에는 소지역에 관련된 문제를 해결하는 데에는 소지역 관련 기구가 문제 해결에 나서야 한다는 관행이 있었기 때문이다. 일례로 2009년 11월 마다가스카르에서 쿠데타가 발생했는데 당시 문제 해결에 나선 것은 AU가 아니라 SADC(남아프리카개발연맹)였다. 그래서 코트디부아르 사태의 주도권을 잡고 싶었던 ECOWAS는 2010년 12월 28-29일에 걸쳐 국가원수로 구성된 대표단을 아비장에 보냈다.

ECOWAS의 초대를 받아 나는 세 명의 ECOWAS 국가원수들, 즉 베냉 대통령 야이 보니, 카보베르데 대통령 페드로 피레스, 시에라리온 대통령 어네스트 코로마와 만나 코트디부아르의 상황에 대해 논의했다. 이 회의는 12월 28일 오후 12시 30분부터 1시 30분까지 풀먼호텔에서 이루어졌다.

상황을 보고하는 과정에서 나는 바그보가 자신의 부대, 그리고 국민에게 자신이 선거의 승자라고 반복해서 선전하고 있다고 말했다. 하지만 모두가 알고 있듯 바그보도 자신이 선거에서 패했다는 사실을 알고 있었다. 그렇기 때문에 바그보는 권력 공유를 논하고 있는 것이며 이러한 논의를 받아들이는 것은 ECOWAS를 포함한 국제사회가 선거에 반영된 국민의 의사를 무시하는 것과 마찬가지이기 때문에 용인될 수 없었다. 따라서 ECOWAS 및 국제사회와 바그보 사이에는 제대로 된 대화를 할 수 있는 타협점이 전혀 없었다. 그러는 와중 바그보는 어떤 경우에도 군사적 조치에 의한 문제 해결은 자제되어야 한다고 주장하면서 여론을 움직이려고 시도했다. 바그보는 마치 비폭력 평화적 수단이 무엇보다도 중요하며 권력 공유야말로 내전을 피할 유일한 길이라고 주장하는 듯이 보였다.

나는 바그보가 여전히 자신이 대통령을 맡고 와타라를 총리로 세우는 권력 공유 제안만이 내전을 발발시키지 않고 현 상태를 벗어날 수 있는 유일한 길이라고 주장하고 있다는 사실에 기반하여 그가 평화적으로 퇴진하려는 의도가 전혀 없음을 전했다. 국제사회가 할 수 있는 것이라고는 국민의 의사가 제대로 반영되도록 하는 것뿐이었는데, 이후 2011년에 대략 18개의 아프리카 국가에서 선거가 있을 것을 생각하면 더욱 중요한 시점이었다. 국제사회로서는 설령 기존 권력자가 선거에서 진다고 하더라도 군사력만 있으면 언제든지 권력을 유지할 수 있기 때문에 선거 결과는 크게 중요하지 않다는 메시지를 전달할 수 없었던 것이다.

나는 바그보가 자신의 패배를 인정하고 5년 후에 다시 한번 대권에 도전할 수 있는 케레쿠 선택과 같은 좋은 방법이 있다고 말하며 그 근거에 대해 다음과 같이 설명했다. 바그보는 이번 선거에서 유권자 46퍼센트의 지지를 받았다. 또한 그를 지지하는 많은 사람들이 국회의원이나 시장에 선출될 것이다. 그리고 그가 "나라의 주권과 평화 회복, 인구 조사를 촉진하고 지난 몇 년간 경제 성장률을 3퍼센트 이상 유지하면서 10년의 재임 기간 동안 대통령직을 비교적 잘 수행했다"고 주장할 수 있다는 점을 지적했다. 나는 바그보가 케레쿠 선택을 할 준비가 되어 있지 않은 것 같다는 것까지 언급했지만 진짜 문제는 바그보 본인이 진두지휘하는 진영에서 자행되고 있는 인권 유린이 심각한 수준에 이를 경우 이 좋은 선택을 할 수 있는 기회마저 잃을 수 있다고 설명했다. 나의 말에 세 대통령은 다음과 같이 답했다.

베냉 대통령: 보니 대통령은 자신의 임무가 바그보로 하여금 아직 시간이 있을 때 명예로운 퇴진을 하도록 하는 데 가장 큰 관심사가 있다면서, 1991년에 권력을 포기하고 1996년과 2001년 연달아 두 번 더 재선을 한 케레쿠 대통령과 마찬가지로 사면을 받고 5년 이후 다음 대선에 도전할 수 있는 기회가 있음을 밝혔다. 또 그는 케레쿠가 계속해서 대중의 지지를 받을 수 있었던 이유는 언제 떠나야 하는지, 언제 돌아와야 하는지를 알았기 때문이라고 했다. 케레쿠 선택은 바그보가 할 수 있는 유일한 평화적 선택이었다. 또 그는 만일 바그보가 선거 결과에 승복했더라면 더욱 대중적인 지지를 받았을 것이라고 말했다. 그는 고작해야 5년만 더 기다리면 되는 것이었다. 그러고 나서 그는 40만 명이 넘는 베냉 국민과 코트디부아르에서 살고 있는 해외 출신 국민과 같은 외국인들의 존재로 인해 이번 코트디부아르의 위기가 주변 국가들의 우려를 사고 있기 때문에 단순히 코트디부아르만의 문제가 아님을 말했다. 그는 또한 ECOWAS가 군사적 행동을 선택하도록 하고 싶지 않다면서, 자신은 바그보와 개인적인 친분이 있으니 명예롭게 물러날 수 있도록 마음을 모아 대화를 해야 한다고 주장했다.

카보베르데 대통령: 피레스 대통령은 UNOCI의 분석이 완전하지 못하다고 주장했다. 그는 현재 코트디부아르 상황에서 가장 중점적으로 봐야 할 것은 무슨 수를 써서라도 피해야 하는 내전의 위협이라고 주장했다. 그는 전쟁을 피할 수 있는 가장 효과적인 방법으로 국제사회의 도움을 받아 바그보와 와타라가 자국의 문제를 직접 해결할 수 있도록 협상의 장이 마련되어야 한다고 했다. 그는 또한 성숙한 시민사회라면 위기를 스스로 극복할 수

있는 기회가 주어져야 하며 위원회는 해결 방안을 찾을 수 있도록 슬기롭게 도와주어야 한다고 했다.

시에라리온 대통령: 코로마 대통령은 UNOCI의 분석이 큰 도움이 되었다고 언급했다. 그는 아비장에 특수한 목적을 갖고 왔으며 고작 하루만의 회의로 문제를 해결하기는 어렵겠지만 바그보가 명예롭게 퇴진할 수 있는 최선의 방법을 찾도록 노력해야 한다고 했다. 그는 가장 핵심적인 사항은 와타라가 대통령에 선출되었다는 사실이며 이를 기반으로 바그보가 처해 있는 특수한 상황을 고려해야 한다고 강조했다. 이번 상황은 결국 정치가 무엇인가 하는 데 핵심이 있기 때문이다. 다수의 의견을 선택하고 소수는 존중받아야 한다. 그는 기니를 예로 들면서 선거에서 패한 대통령이 국민의 의견을 받아들일 때라야만 상황이 안정될 수 있다고 했다. 결국 국민의 의견에 승복하고 현실을 받아들임으로써 더 나은 미래를 맞이할 수 있을 것이다.

세 대통령이 동일한 타협안에 도달하지 못했기 때문에 바그보와 와타라를 만나기 전에 자신들 사이에 존재하는 차이점을 조정하고자 했다. 세 대통령이 바그보와 와타라를 만났을 때 이미 잘 알고 있는 현 상황에 대해 다시 한번 듣게 되었다. 바그보는 권력 공유를 원하고 와타라는 바그보가 대통령직을 내놓을 경우 사면하겠다는 말이었다. 결국 ECOWAS 세 대통령의 아비장 방문은 탐색을 위한 것이었다. 그래서 곧 돌아오겠다는 말을 남기고 바로 다음 날 아비장을 떠났다.

크리스마스 기간의 비공식적 휴전이 새해까지 이어지기를 희망했던 우리의 바람에도 불구하고 휴전은 그리 오래가지 못했다. 2010년 12월 29일, 바그보 측이 RTI 텔레비전을 통해 UNOCI에 대한 2차 비방 방송을 시작했다. RTI는 UNOCI 군인이 아비장 아보보 지구를 순찰하던 도중 총격을 가해 두 명의 시민이 부상을 당했다는 내용의 거짓 방송을 며칠간 계속해서 방영했다. 논조는 매일같이 격해졌고 이러한 비방을 위해 고위 인사들을 동원했다.

바그보 측이 UNOCI에 대해 이렇게 강력한 흑색선전을 한 것은 이번이 두 번째였다. 처음에는 2주 전이었던 12월 15일이었는데, 전혀 사실 무근 사건으로 UNOCI군의 중립성에 이의를 제기하면서 시작되었다. 이것은 12월 18일 바그보가 내세우려 했던, 즉 UNOCI에게 철수를 요구하려 했던 제안의 전주였다. UNOCI는 12월 20일에 기자회견을 열고 이러한 군중 심리 조작을 진정시켰다. 방송을 통한 흑색선전의 2차 물결에 대해서는 12월 30일 기자회견을 개최해 당장 비방을 중단할 것을 요구했다. 나의 기자 성명에는 다음과 같은 사실이 포함되어 있었다.

○ UNOCI 순찰대는 2010년 12월 29일 RTI에서 방송된 것과는 달리 아보보를 순찰하는 동안 총격을 가한 적이 전혀 없다. 진실은 사실 매우 단순하다. 12월 29일 수요일 10시경, UNOCI 순찰대가 아보보에 있는 청년 단체에 의해 공격을 받았으며 PK18 지역과 아논쿠아 꾸테 마을 사이 도로에 있는 건물에서 총격을 받았다.

○ UNOCI 순찰대는 규정에 따라 공포탄으로 대처한 뒤 CECOS(코트디부아

르 특수 작전 부대)와 공화국 수비대의 도움으로 청년 단체가 순찰대의 길을 막기 위해 설치해 두었던 바리케이드를 넘을 수 있었다. 순찰대는 그다음에 야 UNOCI 본부로 무사히 귀환할 수 있었다.

○ UNOCI는 코트디부아르 국민의 안녕을 위한 우리의 임무에 집중하지 못하도록 국민 일부에 악의를 조장하려는 목적으로 RTI를 조종하고 있는 자들에게 분개한다. UNOCI는 그 누구와도 전쟁을 치르고 있는 것이 아니 라는 사실을 다시 한번 상기하고 코트디부아르 국민이 선거 후 위기 상황 을 벗어나 평화적인 해결 방안을 찾을 수 있도록 하기 위해 평화유지임무 에 계속 최선을 다할 것임을 확인한다. UNOCI는 모든 코트디부아르 정파 들에게 이 모든 상황이 완전히 끝날 때까지 평정심을 유지하고 지혜롭게 대 처할 것을 지시한다.

동시간대에 RTI는 UNOCI에 대한 악의적인 메시지를 퍼뜨리고 있었 는데 블레 구데가 이끄는 애국청년단이 골프호텔과 세브로코를 해방시키 기 위한 공격을 하겠다고 협박하는 집회를 재개했다. 그들은 새해를 맞이 하던 주에 골프호텔과 UNOCI 본부로 행진하겠다고 했던 공언을 미루고 혹시 외교적 노력이 실패로 돌아갈 경우를 대비해 ECOWAS의 두 번째 방 문 이후 해방 운동을 계속하겠다고 재차 공언했다.

그 결과, 2010년 12월 31일과 2011년 1월 1일, UNOCI는 모든 동원 가능한 자원을 이용해 어떻게 하면 골프호텔과 세브로코를 방어할 수 있 을지에 대한 검토에 들어갔다. 이를 위해 UNOCI군은 UNOCI 군사령부와 함께 4회에 걸친 방위 훈련을 거쳤다. 동시에 애국청년단이 적대적 행위를 하겠다고 협박한 것에 대비해 모든 UNOCI 민간 직원들은 비유엔 차량을 이용하기 시작했다. 이러한 목적으로 임대한 비유엔 차량이 꾸준히 증가해 120대가 넘을 정도였다.

바그보의 UNOCI 추방 선언 vs UNOCI의 체류 선언

이러한 배경 아래 12월 30일 오후 8시, 바그보 측은 방송을 통해 UNOCI에 코트디부아르를 떠날 것을 요청했다. UNOCI는 안보리에서 권한을 위임받았으며 와타라 대통령이 계속 체류해 줄 것을 원했기 때문에 이 요청을 거부했다. 그래서 UNOCI는 체류 국가의 실질적인 군사력을 통솔하는 권력의 출국 요청을 거절한 첫 번째 유엔 평화유지임무단이 되었다.

UNOCI에 코트디부아르를 떠나 달라고 요구한 바그보의 결정은 상당 부분 와타라 대통령을 보호하기로 한 우리의 조치에 대한 움직임이었을 것이다. 하지만 UNOCI의 골프호텔 보호는 전혀 새로운 성격의 것이 아니었다. 우리는 와가두구정치협약이 체결된 2007년부터 골프호텔의 보호에 일조하고 있었다. 이 조약에 의해 반군을 대표하던 기욤 소로는 바그보 대통령의 동의를 받아 총리가 되었다. 바그보 측 역시 소로 총리가 자신이 머무르고 있는 골프호텔의 안전을 위해 FAFN군을 어느 정도 대동하는 것에 동의했으며 UNOCI군이 그의 보호에 일조하는 데에도 동의했다. 따라서 대통령 선거에 앞서 골프호텔의 내부는 FAFN이, 외부는 UNOCI가 이미 보호하고 있던 상황이었다.

대통령 선거 이후 와타라 대통령은 소로 총리와 골프호텔에서 합류했고 FAFN에 의한 내부 보안도 강화되었다. FAFN이 호텔 외부 보안을 담당하고 있던 UNOCI의 저지선을 넘어서 바그보 측과의 무력 충돌로 이어지고 그 결과 방어선 안쪽으로 후퇴하게 되면서 소로 총리의 12월 17일 행진 계획이 좌절되자 바그보 측은 골프호텔에 있는 친와타라군에 비교해서 자신들이 우위에 있다는 관점 아래 UNOCI를 추방하는 것이 유리할 것이라고 결론을 내린 듯했다. 하지만 이러한 계산은 바그보에게 아주 불리하게 작용할 수밖에 없었다. 왜냐하면 골프호텔에 있었던 UNOCI와 와타라 정부는 공동 방위에 있어 협력을 더욱 공고히 할 수밖에 없는 상황이 되었기 때문이다.

이유가 무엇이든 이번 계획을 준비하면서 2010년 12월 17일로 직인이 찍힌 제제 대사가 유엔 사무총장에게 보낸 서한에 적혀 있던 것과 같이 바그보 측은 UNOCI를 코트디부아르에서 추방한다는 요청을 정당화하기 위해 증거를 조작하고 수집하고 있음이 분명했다. 다음은 이러한 관점에서 바그보 측이 취한 행동의 몇 가지 사례다.

○ 선거 후 위기가 시작된 이래로 국영 RTI 방송국은 UNOCI가 어떻게 코트디부아르의 자주권을 침해하고 있는지 계속 방송했다. 바그보 측의 국제 사회와 UNOCI에 대한 반대 선전이 지속적으로 증가했다. 그리고 외교단과 유엔 차량에 대한 적대 행위의 밀도도 높아졌다.

○ 12월 17일과 18일, 바그보는 전례 없는 극한 조치를 취했다. 즉, 친와타라 성향의 신문이 전반적으로 UNOCI의 입장을 옹호하는 기사를 내는 것을

막기 위해 특수부대를 인쇄소로 보냈다. 이후 친바그보 성향의 신문을 포함해 자체적으로 인쇄소를 소유하고 있는 두어 개의 잡지만이 출간되었다.

○ 12월 17에서 18일로 넘어가던 밤에 FDS가 UNOCI의 순찰대에 총격을 가했다. 민간 차량에 타고 있던 6명의 FDS 병사가 UNOCI 본부 정문까지 우리 순찰대를 미행했다. 유엔 차량이 UNOCI 내부로 들어서자 FDS에서 그 차량을 목표로 총격을 가했다. 그런 뒤 FDS 병사들은 UNOCI 본부 외벽을 따라가면서 초소를 향해 총격을 계속했고 UNOCI 초소의 대응 사격으로 이어졌다. FDS는 이 총격전으로 인해 FDS 병사 한 명이 부상당했고 한 명이 사망했다고 했다. UNOCI의 사상자는 없었다.

○ 12월 18일, UNOCI 참관인들이 탄 차량이 골프호텔에서 그리 멀리 떨어지지 않은 지역에서 돌에 맞는 일이 발생했는데 이 공격은 친바그보 강경 청년 단체에 의한 것임이 분명했다. UNOCI 참관인 한 명이 이 사건으로 부상을 입었다. 코트디부아르 서쪽 지역에 있는 두케 지역에서 UNOCI 직원들의 신변이 안전하지 않게 되었다. 서쪽의 또 다른 지역에서는 친바그보 민병대와 청년 단체가 FDS의 엄호와 지원을 받는 가운데 UNOCI 사무실과 병영에 대한 공격을 감행하겠다는 협박도 해왔다. 우리는 이 지역의 UNOCI 직원들을 부아케로 피난시킬 것을 심각하게 검토하기 시작했다.

12월 17일 전투 이후, 바그보의 특수부대는 마리 테레사 초소와 푸토 초소의 봉쇄를 더욱 강화했다. 게다가 멀리서 골프호텔을 내려다볼 수 있는 골프장 클럽하우스에 병력을 증강하기도 했다.

　UNOCI가 코트디부아르를 떠나지 않고 의무를 다하겠다는 의사를 밝히자 바그보 측은 UNOCI 직원들에 대해 온갖 협박과 공격을 일삼았다. UNOCI는 포위되었고 이 상황은 아비장 코코디 지구에 있는 대통령궁에서 와타라군이 바그보를 체포한 2011년 4월 11일까지 계속되었다.

　전례 없는 포위를 당한 UNOCI 안팎에서 많은 의혹과 두려움이 생겨나게 되었다. 그래서 나는 사람들에게 UNOCI의 생각과 앞으로의 행동에 대해 설명해야 할 필요성을 느꼈다. 전략관리팀과의 회의를 통해 12월 20일 UNOCI 본부에서 진행한 기자회견에서 서두 발언으로 사용할 몇 가지 요점을 아래와 같이 정리할 수 있었다. 이 발언은 코트디부아르 국민과 바그보, 그리고 UNOCI 직원들에게 코트디부아르 국민의 의사가 관철될 때까지 시간이 얼마나 걸리더라도 UNOCI는 떠나지 않겠다는 의연한 결의를 알리기 위함이었다.

　○ 이 불안한 시기에 UNOCI는 유엔에서 부여받은 임무의 두 가지 본질적인 관점에 초점을 맞춰야 한다. 바로 선거 인증과 특히 민간인 및 골프호텔의 보호를 중심으로 한 평화 유지 임무이다. 본인의 선거 인증 임무는 선거 결과를 보호하는 데 계속해서 주력할 것이다. 이 점은 1년 반 전인 2009년 5월 27일에 했던 기자회견에서도 분명히 밝혔다. 선거 인증 원칙에 대해서 본인은 당시 바그보 대통령을 포함해 코트디부아르 수뇌부에 2009년 6월 2일 보낸 서한에 설명한 바 있다.

○ 국민의 의사로 대변될 수 있는 선거 결과에 대한 보호는 어떻게 이뤄질 수 있을까? 이 질문에 대해 바그보, 와타라 측 모두가 UNOCI의 역할을 잘못 해석한 듯하다. "와타라 측은 UNOCI가 무력을 이용한 협력을 거절할 수도 있다고 잘못 생각하고 있고, 바그보 측 역시 UNOCI가 와타라 측에 무력 협력을 제공할 것이라고 오해하고 있다. 이러한 생각은 양측 모두 잘못 알고 있는 것이다. UNOCI는 예전에도 그랬고 앞으로도 군사 행동을 포함한 모든 면에 있어 중립으로 남을 것이다."

○ 이러한 관점에서 12월 13일에 UNOCI는 12월 16일과 17일에 행진을 계획한 RHDP 지휘부에 UNOCI가 행진에 대한 생각을 지지하는 것과 UNOCI의 임무에는 상충되는 부분이 있다고 설명했다. 12월 15일에 유엔 사무총장은 다른 어떤 것보다도 행진 안에 의구심을 표현하는 공식 성명을 발표하면서 코트디부아르 정치권에 "의도했든 그렇지 않든, 폭력 사태를 유발할 수 있는 어떠한 행동에도 나서지 말아 달라"고 요청했다.

○ 나는 오해의 여지를 남기지 않기 위해서 바그보 측에도 UNOCI의 입장을 전달했다. "UNOCI는 중립을 유지할 것이며 행진을 위해 UNOCI의 무장 군인이 동행하는 일은 결코 없을 것이다"라고 말이다. 이러한 우리의 입장에 대해 12월 14일 저녁에 두 번, 12월 15일 정오 즈음에 한 번, 총 세 번에 걸쳐 확인했다.

○ 이러한 나의 확답에도 불구하고 바그보 측은 12월 15일 오후 1시부터

UNOCI에 대한 반대 선전을 갑작스럽게 시작했다. "UNOCI가 RHDP의 행진 계획을 도와주려 하고 있다"는 성명을 발표한 것이다. 이 성명은 고의적인 것이었고 한 번 만에 끝나지도 않았다.

○ UNOCI 입장의 고의적인 왜곡은 바그보 측 심층부에서 기획한 것이었다. 이것이 아직까지도 계속되고 있는 반UNOCI 활동의 발화점이었다. 바그보 측은 UNOCI의 행동과 입장에 대해 이것저것 "밝혀냈다"라고 종종 말했지만 사실에 근거한 것은 없었다. 그 이유는 사흘 뒤인 12월 18일에 알게 되었다. 바그보 측이 UNOCI와 리코른느를 추방하기 위해서는 사전에 조작된 증거를 만들어 낼 필요가 있었던 것이다.

○ RHDP 행진단과 바그보 측의 군대가 12월 17일 충돌하면서 셀 수 없이 많은 희생자가 발생했다. 현재 대략적으로 계수한 것만으로도 최소 50명이 사망했고 200명이 부상당했으며 470여 명이 체포되거나 구금되었다. 행방불명된 사례도 알려지고 있다. UNOCI는 이러한 사례에 대한 상황과 정보를 수집하고 있다. 이번 일에 관여된 모든 사람들은 그 책임을 회피할 수 없을 것이다.

○ 12월 15일부터 바그보 측은 외교단과 중립군을 포함한 국제사회에 적대적 행위를 늘리기 시작했다. 12월 16일 이후 바그보 측은 심지어 의료진을 태우고 있는 UNOCI 구급차를 포함해 모든 UNOCI 차량을 차단했다. 한 술 더 떠서 초소에서는 골프호텔로 들어가는 식량 및 급수 차량의 출

입을 거부해 호텔 내에 있는 민간인과 평화유지군이 식량과 의약품 부족에 시달려야 했다.

○ 12월 17일과 18일 사이, UNOCI의 순찰대를 미행한 민간인 차량에 군복을 갖춰 입은 6명의 청년이 타고 있었다. 그들은 새벽 1시경 순찰대 차량이 UNOCI 본부로 복귀할 때 총격을 가했고 연이어 본부 외벽을 따라 달리면서 초소도 공격했다. 우리가 반격하자 그들은 도망쳤다.

○ 12월 18일 이후 바그보 측은 몇몇 유엔 직원들의 숙소로 무장 청년들을 보내기 시작했고, 이들은 무기 소지 검사를 핑계로 직원들의 출국 날짜와 입소 시기를 마구잡이로 묻고 다녔다. 지금까지 이들이 주로 방문한 시간대는 밤이었다. 이런 극단적인 행동들은 힘을 운용하는 데 있어 가장 중요한 점인 절제력이 결여되어 있다는 확실한 증거였다.

○ 유엔 직원들도 포위되고 공격의 대상이 되었다. 하지만 주요 직책에 있는 대부분의 직원들은 사무실에서 자면서 임무를 계속했다. UNOCI는 전국적으로 군경 합동 순찰을 했다. 우리의 순찰대는 폭력 사태나 인권 유린을 방지하고 참관, 감시할 목적으로 구성되었다. 우리가 개입하는 경우, 발포는 오직 공격을 받았을 때만 가능하다. 임무 수행에 있어 UNOCI의 군인과 경찰은 극도의 위험에 노출되어 있다.

○ UNOCI의 임무와 역할이 중립성을 벗어나 현재 교전 중인 어느 한 쪽

에 가담하고 있다는 주장은 터무니없으며 아주 나쁜 목적을 가지고 사실을 왜곡하는 행위다.

○ 하지만 이 모든 행동들 때문에 UNOCI의 활동을 저지하지는 못할 것이다. 윈스턴 처칠의 격언을 빌리자면, "지옥을 통과하려면, 계속 가야만 한다." 우리는 그 의미를 잘 기억하고 있다.

UNOCI에서는 처칠의 격언과 비슷한 의미이지만, 그들에게 보다 친숙한 프랑스 격언인 맥마흔의 "내가 여기에 있기 때문에 이곳에 계속 머무를 것이다"를 사용하기 시작했다. 매체에서 이 말을 널리 인용하기 시작하자 나는 바그보뿐만 아니라 UNOCI 직원들에게도 나의 결의를 보여 주려 했던 목적을 달성할 수 있었다. UNOCI 직원들의 사기를 떨어뜨리지 않고 유지하는 것은 심지어 바그보군의 직접적인 공격까지 포함해 상당한 압박을 받고 있던 상황에서 내가 지켜야 할 막중한 책임 중 하나였다. 실수를 하지 않는 것이 무엇보다 중요했는데 특히 감정적이 된다거나 깊이 생각하지 않고 말을 내뱉는다든지, 군사 행동을 한다는 것은 바그보 측에 유리한 입지를 만들어 줄 수 있었기 때문이다. 각종 사고와 위기에 대해 올바른 대답을 강구하는 것이 무척 중요했는데 이러한 일은 끊이지 않았다. 또한 바그보가 원하는 대로 실수하는 대신 그가 실수하기를 기다릴 줄도 알아야 했다. 처칠이 2차 세계대전 때 나치 독일에 대해서 말한 "당신들은 계속 실수해라. 우리는 올바른 행동만 할 것이다(Do your worst, we will do our best)"라는 상황과 비슷했다.

UNOCI에 대한 비방과 적대 행위를 강화한 바그보

코트디부아르의 합법적 대통령과 자격 없는 대통령 사이의 정치적 알력 다툼이 시작되고 코트디부아르 대통령 선거에 대한 나의 인증에 세계적인 지지가 따르자 RTI 방송국과 친바그보 성향의 신문에서는 프랑스, 미국, UNOCI에 대한 비방을 시작했다. 바그보가 UNOCI를 추방하겠다고 한 이후로 바그보 측은 UNOCI를 주된 공격 목표로 삼았는데, 다음은 그 사례들이다.

○ RTI는 코트디부아르의 국내 문제에 대한 UNOCI의 '간섭'과 나의 '무지한 인증'에 대해 비판하는 지식인들을 모집해 방송했다. 선거 인증을 왜곡하고 있는 문제에서 국제사회가 코트디부아르 내정에 간섭하고 있다는 것으로 국민의 시선을 돌리려는 시도임이 분명했다.

○ FDS 대변인은 성명을 발표하고 이를 RTI에서 끊임없이 재방송하면서 UNOCI가 군사적으로 와타라 측을 지원하고 있다고 주장했다. 그는 또한 FANCI 참모총장인 필리페 망고 장군과 나를 이간질하려는 의도에서 코트디부아르 내정에 대한 나의 간섭을 망고 참모총장이 절대 용납하지 않을 것이라고 발표했다. (망고 참모총장은 역대 가장 헌정 질서를 지지하는 지휘관이었으며, 그래서 바그보 측의 강경파가 엄중하게 감시하고 있다는 소문도 있었다. UNOCI는 그에게 메시지를 전달해 그가 아주 힘든 상황에 처해 있으며 우리가 "당신 잘못이 아니다"라는 것을 알고 있음을 전했다. 우리가 망고 참모총장에게 적대적 행동을 취했다면 그는 바그보 측으로 기울었을 것이고, 이는 배후에서 이러한 상황이 오기

를 바란 FDS 대변인의 뜻대로 되는 것이었다.)

○ 바그보가 '청년 문제 및 직업 훈련과 취업 장관'에 임명한 애국청년단 지도자였던 찰스 블레 구데는 아비장에서 대규모 청년 단체 집회를 열어 UNOCI에 대한 비방을 늘어놓았다.

이에 따라 애국청년단에 의한 UNOCI에 대한 적대 행위도 함께 늘었다. 이에 따라 나는 UNOCI 직원들 중에 주요 간부들을 제외하고 자택에 머물도록 지시를 내렸다. 이때부터 모든 UNOCI 주요 간부들은 소위 전쟁 통이 된 사무실에서 침식하게 되었다.

UNOCI의 포위와 집중적인 비방 공격은 아무리 좋게 이야기해도 기분이 좋을 만한 것은 아니었다. 하지만 바그보의 상황도 즐겁지만은 않았다. 비록 그가 FDS와 청년 단체 및 해외 용병까지 동원한 의용군에 의존해 아비장을 완전히 통제하고 있기는 했지만 2002년, 2004년, 2006년의 상황과 비교했을 때 이번에는 국민들의 지지를 거의 받지 못하고 있었다. 이것은 곧 예전처럼 애국청년단을 자유자재로 운용할 수 없다는 것을 의미했다. 그 이유는 청년 단체를 포함해 예전과는 달리 바그보의 지지자들이 강력한 집회를 열 수 있는 이유나 정당성을 갖지 못했기 때문이다. 그들도 바그보가 선거에서 패배했다는 사실을 알고 있었다. 이들은 바그보를 지지하는 데 있어 미지근한 태도를 취할 수밖에 없었고 따라서 이들을 움직이게 하려면 돈이 필요했다.

그러는 동안 UNOCI의 상황은 점점 더 악화되었다. 바그보 측은

UNOCI와 적대적 관계에 있다고 보고 UNOCI와의 모든 대화 채널을 차단했다. 제제 대사만이 가끔씩 나와 UNOCI 부대표인 아부 무사와 대화를 할 수 있었다. UNOCI 군사령관인 하피즈 장군은 망고 참모총장과 전화로 간간이 얘기를 나눌 뿐이었고 이마저도 얼마 지나지 않아 차단되었다. 또한 바그보 측은 골프호텔에 보급되는 모든 물품을 3일 동안 완전히 차단했다. 애국청년단이 골프호텔에 이르는 도로를 점거하면서 보급 트럭이 통과하지 못하도록 막았던 것이다(그래서 UNOCI는 1,000개의 군용식량을 헬기를 통해 골프호텔로 운송했다). 바그보 측은 코트디부아르 내 모든 연료와 식량 판매시설에 UNOCI에는 아무것도 제공하지 말라는 지시를 강화했다.

우리는 아비장과 서쪽 지역에 약 일주일에 800회가 넘게 순찰대를 지속적으로 보냈다. 공식 성명도 발표해 인권 유린의 현장을 고발함과 동시에 바그보 측이 우리에 대해 자행하고 있는 공격과 적대적 행위도 널리 알렸다.

이때 바그보는 방송에 나와서 두 가지 주안점을 포함한 12분짜리 연설을 했다. 첫 번째 요점은 AU, ECOWAS, 서아프리카경제연합체, 아랍연합, 유엔, 미국, EU, 러시아, 중국과 코트디부아르 인사를 포함한 대표단으로 구성된 선거 후 위기 대처 위원회를 발족한다는 것이었다. 두 번째 요점은 골프호텔의 포위망을 풀겠다는 것으로 골프호텔에 머무르고 있는 사람들은 자유로이 호텔을 떠날 수 있으며 이를 통제하지 않겠다는 것이었다.

12월 22일 오후에 나는 제제 대사와 만나 바그보의 연설에 대해 논의를 나눴다. 그는 이 연설의 골자에 대해 설명했다. 설령 와타라 후보가 선거의 승자로 밝혀질 수 있는 증거가 나온다고 해도 바그보 측은 선거

바그보군이 아비장을 장악하자 사실상 포위된 UNOCI 본부,
장갑차가 아니고는 출입이 불가능했다.

결과에 대해 검증하고 이에 대해 논의할 의사가 있다고 했다. 만일 국제사회가 와타라를 대통령으로 인정한다는 원칙을 계속해서 주장한다면 추후 협상은 없다는 얘기였다. 회의를 하는 동안 제제 대사는 계속해서 미소를 띠며 얘기했지만 그의 태도에서 그가 극도로 긴장된 상태였으며 엄청난 압박감과 스트레스를 받고 있다는 것을 알 수 있었다. 그는 몇 번씩이나 바그보 대통령에 대한 "외부로부터의 암살 및 군사 공격 계획"을 언급했다. 그는 군사적 측면에서 바그보 측이 절대적으로 불리한 입장이지만 만약 일단 충돌하는 상황이 된다면 그 결과는 누구에게도 달갑지 않을 것이라고 말했다.

이에 나는 이렇게 대답했다. 바그보의 연설로 아비장 전반에 걸쳐 있던 긴장감이 많이 완화되었으며 특히 골프호텔의 분위기가 좋아졌다. 통행금지 시간이 풀렸고 아비장에는 다시 많은 차량이 거리를 통행하게 되었다. 정오를 기해서는 골프호텔 주요 도로에 있는 마리 테레사 초소는 아직이지만 푸토 초소는 완전히 개방되었다. 하지만 UNOCI와 바그보 측 사이에는 메울 수 없는 간극이 있었는데, 바그보 측은 모든 논의가 선거 결과를 재검토해야 한다는 것임에 반해 나는 어떤 논의든 와타라를 선거 승자로 받아들이는 것에 기초한다는 것이었다. 나는 제제 대사에게 서로가 이 견해 차이를 좁힐 수 있는 방법은 없을 것이라고 설명했다. 그도 이 생각에 동의했다. 그래서 우리는 서로 동의하지 않는다는 사실을 확인하면서 회의를 마쳤다.

바그보가 하고 싶었던 것은 게임의 본질을 바꾸고자 하는 것이었다. 바그보는 그가 선거에서 패배했다는 사실에서 누가 정말로 선거에서 승리했는지 알아보자는 쪽으로 게임의 본질을 옮기려고 했다. 이 논의가 지속되는 한 그는 계속해서 대통령으로 남아 있을 수 있기 때문이었다. 그의 궁극적인 목표 역시 권력 공유였다. 바그보는 잃을 것이 없었고 아마도 자신의 제안이 받아들여진다면 가장 좋은 방법이기도 하고 최소한 선거 이전의 상태로 돌아갈 수 있다고 생각한 것이다. 하지만 잃을 것이 없다고 생각했던 바그보의 생각은 그의 제안을 심각하게 받아들이는 사람이 아무도 없음에 따라 완전히 잘못된 것으로 드러났다. 아주 잠깐이나마 긴장 상태가 완화되었지만 골프호텔에 대한 포위망은 다시 견고해졌다. 바그보는 진심을 담지 않은 제안을 함으로써 다시 한번 신뢰를 잃게 되었다.

'집단 매장지' 방문 시도

바그보가 '평화적 해결 방안'을 제의했던 날에 나는 아비장 북쪽에 위치한 안야마에 있다고 소문이 난 '집단 매장지'를 방문하려고 했다. 바그보 측의 끊임없는 UNOCI 정찰 차단에 맞서 인권 유린에 대한 조사를 확고히 하고 민간인에 대한 보호를 강화하기 위해 집단 매장지를 방문하기로 결정한 것이었다.

초반에는 대부분의 UNOCI 직원들이 이러한 방문 계획에 대해 반대했다. 그들은 전례가 없었던 일이라고 입을 모아 얘기했다. 나는 직원들의 꺼림칙함을 극복하는 데 성공했고 오후 2시 30분경 UNOCI 인권 보호 국장, 경찰 책임자, 특별 보좌관, 사진 기자, 네 명의 경호원, 그리고 군인과 경찰 인원과 함께 네 대의 무장 차량을 타고 UNOCI 본부를 떠났다. 안야마에 도착한 시간은 대략 오후 3시 15분경이었고 입구에서 우리는 친바그보군(FDS)에 차단당했다.

입구에는 3명의 FDS 군인이 소총으로 무장하고 있었으며 도로는 나무 상자로 막혀 있었다. 우리는 강제로 진입하기로 결정했다. 그때 로켓 발사기를 탑재한 트럭 두 대가 도착했는데 각 차량에는 다섯 명의 특수부대원이 타고 있었다. 그중 둘은 스키 마스크를 쓴 채 로켓추진식 수류탄 발사기를 들고 있었다. 우리는 수류탄 발사기를 들고 있는 두 명의 대원을 죽이고 초소를 지나갈 수 있는 강경책을 쓸 수도 있었다. 하지만 규정상 우리가 먼저 총격을 가할 수 없었고 유혈 사태는 우리가 바라는 것이 아니었기 때문에 빠른 시일 내에 다시 방문하겠다는 다짐을 하면서 귀환할 수밖에 없었다. 다음 장에서 설명하겠지만 2011년 3월 우리는 안야마를 이틀 동안 방문했으며 집단 매장지라고 할 수 있는 것은 아무것도 발견하지 못했다.

케레쿠 선택과 바그보

바그보가 '평화적 해결 방안'의 제안을 통해서 사실상 권력 공유를 획책하고 있었기 때문에 나는 이러한 상황을 바꾸어 게임의 본질에 변화를 주기 위해 '케레쿠 선택(Kerekou Option)'이라는 개념을 공식적으로 발표했다. 그리고 '케레쿠 선택'을 여러 전문가와 외교단 회원에게도 알리고자 결심했다.

나는 이들에게 바그보 측이 국제사회의 압박과 이에 더하여 특수부대에 급여를 지급하지 못하게 되었을 경우 자멸의 길로 들어설 것이므로 권력 공유보다 훨씬 더 좋은 방법인 케레쿠 선택이 있다는 사실을 일깨워주고자 했다. 당시에 우리가 할 수 있었던 것은 케레쿠 선택이 실질적으로 바그보 측에 좋은 대안이 된다는 것을 알려 주는 것이었다. 그 이유는 아래와 같았다.

○ 바그보는 다음과 같은 점에서 볼 때 과거 10년의 집권 기간 동안 대통령직을 잘 수행했다고 주장할 수 있다. 그는 국가에 평화와 안정을 가져왔고 일반적인 통념과는 달리 선거를 늦추기보다는 신속하게 촉진하는 데 더 많은 노력을 쏟았다. 무엇보다도 개인이 국가 재산을 모두 착복하기보다는 20만 명에 해당하는 공무원들과 군요원들에게 규칙적으로 임금을 지급함으로써 나라의 안정을 기할 수 있는 초석이 마련되었다.

○ 바그보는 코트디부아르 여러 지역에서 그곳 출신의 국회의원들과 시장 및 여러 정치인들의 지지를 받고 있다. 그리고 자신의 고향인 마마(가뇨아)

지역에 안전하고 편안한 주택을 소유하고 있으며 지지자들이 그 주변에 살고 있다. 와타라 대통령은 바그보를 사면해 줄 용의도 있다고 이미 밝힌 바 있다.

○ 5년 내에 바그보는 베냉에서 마티외 케레쿠 대통령이 했던 것과 마찬가지로 다시 한번 대통령 선거에 도전할 수 있다.

나를 비롯한 UNOCI 지휘부는 바그보 측에 케레쿠 선택을 알리는 데 주력했다. 일례로 12월 22일 제제 대사와 가졌던 회의에서 나는 제제 대사에게 다음과 같은 방법으로 케레쿠 선택에 대해 설명했다. 당신이 주어진 권한 밖의 결정을 할 수 없다는 사실을 잘 알고 있다. 그런 만큼 우리가 어떤 일을 할 수 있는지에 초점을 맞춰 설명하겠다. 그런 다음 그가 나와의 협상에서 정직한 모습을 보이고 있다는 사실에 감사하다고 하면서 지난 3년 동안 나 역시 정직한 태도를 보였다는 사실에 대해 이견이 없을 것이라 생각한다고 했다. 그는 이 사실에 선뜻 동의를 표했다. 이를 기초로 나는 그에게 국제사회가 진정으로 어떻게 생각하고 있는지에 대해 알려 주고 싶다고 했다. 진실이 얼마나 불편하든지 간에 상대의 입장이나 생각을 정확히 아는 것이 그에게 유리할 것이라고 했다. 그는 이 말에도 역시 동의했다.

그래서 나는 제제 대사에게 케레쿠 선택을 설명한 서류를 넘기면서 바그보 측에 남은 시간이 정말 얼마 남지 않았기에 실질적으로 어떤 선택이 가능한지 생각해야 할 것이라고 말했다. 지난번 행진 계획 중에 발생한 희생자 수는 아주 위험한 정도였는데, 그 수가 조금만 높았어도 이러한 선택을 할 수 없었을 것이라고도 설명했다. 끝으로 만일 제제 대사가 개인적으로라도 케레쿠 선택에 대해 정말로 나와 대화를 나누고 싶다면 언제나 환영이라고 했다.

바그보 측은 아직 케레쿠 선택을 받아들일 준비가 되지 않은 것 같았다. 케레쿠 선택을 받아들이고 이에 대해 고려하는 것은 바그보 측이 합리적인 생각을 할 때나 가능한 것이다. 하지만 그럴 기미는 아직 보이지 않았다. 그러나 나는 계속 시도하는 것 외에는 방법이 없었고 케레쿠 선택을 계속 되풀이하는 것은 게임의 본질을 유일하게 바꿀 수 있는 방안이었다. 케레쿠 선택이라는 개념이 없다면 우리는 계속해서 바그보가 제시한 권력 공유라는 가면을 쓴 '평화로운 해결 방안' 제안에 대한 협의만 할 수 있었기 때문이다.

12월 23일까지 양측 사이에 제대로 된 대화는 오고 가지 않았다. 바그보가 키바키-오딩가(케냐), 무가베-츠방기라이(짐바브웨) 식의 권력 공유 계획을 내세웠다. 와타라-UNOCI 측은 베냉의 케레쿠 대통령의 올바른 선택과 니제르의 탄자 대통령의 잘못된 선택 중에서 케레쿠 선택을 권하고 있었다. 이런 선에서 양측의 교착 상태가 지속되었다. 바그보는 내가 제시한 케레쿠 선택이 적힌 서류를 읽어 볼 생각조차 하지 않는 것 같았고, 와타라는 바그보의 '평화적인 해결 방안' 제안을 또 다른 '바그보식' 책략이라고 여기고 이를 일축해 버렸다.

그러는 동안 골프호텔에 이르는 도로 위의 두 개 초소에 대한 강화가 이루어졌고 이에 따라 사람들과 차량의 통행이 심각하게 저해되기 시작했다. 초소 강화로 이틀 전에 바그보가 한 제안의 진실성 여부와 포위망 해소에 회의적인 의견들이 많아졌다. 또한 바그보 측은 며칠 전 UNOCI 에 대항해 착수한 여러 행동을 그대로 유지하거나 오히려 강화하는 모습을 보이고 있었고 그중에서도 유엔 차량 통행 방해, UNOCI 관련자에 대한 식품 판매 금지, 유엔 차량에 대한 연료 판매 금지 및 임대주들에게 UNOCI 직원들과의 임대 계약을 파기하도록 하는 일 등이 벌어졌다.

결국 UNOCI에 대한 포위는 계속되었고 바그보와 와타라 대통령 양측 사이의 교착 상태도 계속됨에 따라 아비장의 상황은 2010년 12월부터 2011년 3월까지 석 달 간의 신경전이 계속되는 상황에 접어들었다. 코트디부아르식 냉전에 들어서게 된 것이었다.

바그보 측은 12월 21일에 선거 후 위기를 검토할 위원회를 발족하자고 제안함에 따라 책략을 통한 권력 공유 외에는 다른 선택은 생각하고 있지 않은 듯 보였다. 케레쿠 선택을 통해 얻을 수 있는 좋은 미래는 전혀 생각하지 못하고 있었다. 바그보 측이 당면한 문제는 점차 시간이 지날수록 케레쿠 선택이라는 버스를 놓치게 되고 만약 인권 유린의 성격과 강도가 임계치를 넘어설 경우 케레쿠 선택이 없어진다는 사실을 깨닫지 못하고 있는 것이었다.

바그보 측에 의한 인권 유린은 계속되었다. 코트디부아르 인권 상황은 이미 사망자 수가 173명에 이르러서 12월 23일 제네바에 위치한 유엔 인권위원회에 보고되었다. UNOCI는 또한 같은 날 공식 성명을 발표해 바그보 측에 의한 인권 유린이 심각한 상황에 처해 있으며 UNOCI에 대한 적대 행위가 계속되고 있다고 강조했다.

불행히도 바그보 측 지지자들은 "국제사회의 압박이 높아져 가고 특수부대에 임금을 지불할 능력도 없어진 상황에서 유혈 사태도, 권력 유지도 선택하지 못하게 될 경우 어떻게 할 것인가?"와 같이 중요한 물음에 대한 대답도 전혀 준비하지 않은 것처럼 보였다. 이 관점에서 제대로 생각해 보지 않은 것이 분명했다. 당시에 수집 가능했던 모든 정보와 징후들을 바탕으로 했을 때 바그보 측 지지자들은 자기 위안을 하면서 자신들이 진정한 애국자이며 조국을 '외국인'의 손에 넘겨줄 수 없다는 신조 아래 결집한다면 어떻게든 권력을 유지할 수 있을 것이라고 믿고 있는 듯했다. 그들의 생각은 여기에서 멈춰 있었고 더 이상의 생각은 불필요한 것처럼 보였다.

당시 상황을 살펴보자면 바그보의 전략은 케냐 아니면 니제르였다. 권력을 공유하거나 모든 것을 잃는 선택 사이에 고민하는 것이었다. 나는 바그보가 케레쿠 선택이라는 좋은 선택지가 있었기 때문에 이러한 생각은 잘못된 것이라고 판단했다. 이 방법이 통하려면 바그보 측이 마음을 여는 것이 가장 중요했다. 바그보 측에 이런 가능성이 있다면 우리는 얼마든지 참을성 있게 적당한 시기를 기다릴 준비가 되어 있었고, 바그보 자신의 이해관계를 포함해 모두를 만족시키기 위해 바그보의 평화적인 퇴진을 협상할 마음도 있었다. 우리는 바그보 측이 더 이상 특수부대에 임금을 지불할 능력이 되지 않는다고 깨달았을 때가 케레쿠 선택을 협상할 수 있는 시기라 판단하고 부디 그가 인권 유린의 경계선만 넘지 않기를 바랐다. 하지만 그럴 가능성이 없을 경우에는 니제르의 마마두 탄자와 같은 운명에 처하게 될 것이었다. 선택은 오로지 바그보에게 달려 있었다.

와타라 대통령과 UNOCI를 포함한 국제사회는 민주적으로 진행된 선거 정신에 반하는 권력 공유라는 선택을 용인할 수 없으며 이에 따라 12월 21일에 바그보가 한 제안 역시 받아들일 수 없다는 입장이었다. 우리는 바그보에게 시간이 얼마나 걸리든 케레쿠 선택과 탄자(니제르) 선택 중 양자택일을 권할 수 있었지만 권력 공유는 논외였다. 양 진영이 각자의 입장을 고수하는 한 교착 상태는 피할 수 없었다. 논리적으로 얘기해서 이 복잡한 상황을 벗어날 수 있는 유일한 방법은 바그보 측이 케레쿠 선택에 대해 고려해 보는 것이었는데, 이렇게 한다면 양측 사이에 공통적인 타협 지점을 만들고 평화로운 해결이 가능할 수도 있었기 때문이다.

그러나 그러한 기미는 전혀 보이지 않았다. 게다가 양측 중 누구도 무력을 이용한 해결을 원하지 않았다. 이에 따른 자연스러운 결과로 코트디부아르식 냉전이 형성되었다. 과연 이러한 상황이 얼마나 지속될 것인가? 아무도 이에 대한 예측을 섣불리 할 수 없었다. 이것이 코트디부아르 선거 후 위기에 관련된 모든 사람들이 2010년 크리스마스 이브에 맞게 된 상황이었다.

5장

포위하고 포위된 아비장
2011년 1월

코트디부아르식 냉전을 맞은 모든 이들은 서로 포위하고 포위된 형국이었다. 와타라 대통령은 아비장을 통제하고 있는 바그보에 의해 골프호텔에 포위되어 있었고 UNOCI 역시 UNOCI 본부가 있는 세브로코에 포위되어 있었다. 그러나 바그보 또한 국제사회의 제재로 인해 아비장에 갇힌 꼴이었다. 모두들 자신이 원하는 것과 상대가 원하는 것을 알고 있었다. 바그보는 케냐-짐바브웨식 권력 공유를 꿈꾸면서 와타라를 보호하고 있는 UNOCI를 추방하려고 했다. 와타라와 UNOCI는 바그보에게 케레쿠 선택을 제시했다. 바그보가 케레쿠 선택을 받아들이지 않을 경우, 니제르의 탄자 전 대통령과 같은 비극적 결말이 기다리고 있을 것이었다.

이에 따라 한쪽에는 와타라와 바그보 사이의 불안정한 균형이, 다른 쪽에는 UNOCI와 바그보 사이의 불안한 균형이 이루어졌다. 이러한 힘의 균형 속에서 코트디부아르 민심과 여론, 국제사회의 지지를 얻거나 혹은 상대가 이러한 지지를 받지 못하도록 하면서 서로 우위에 서려는 시도가 계속되었다. 후자의 측면에서 AU의 입장이 아주 중요했는데 유엔과는 다르게 AU는 바그보에 대한 일말의 희망이나 여지를 남겨 두고 있었기 때문이다. 각자가 고립된 위치에서 많은 제약을 가지고 대처하게 되면서 상황은 각 관련 기관의 인내심과 담력을 심각하게 시험하는 계기가 되었다. 이런 관점에서 코트디부아르식 냉전은 신경전으로도 해석할 수 있었다.

포위 생활의 시작과 UNOCI의 사기 유지

나는 다른 진영이 어떤 식으로 이 힘든 4개월을 견뎌 냈는지 자세히 알지는 못한다. 골프호텔과 외교단은 바그보 측이 이들에 대한 적대적 행위의 수위를 높이면서 아주 힘든 시기를 겪어야 했다. 외교단은 정보 교환 및 분석, 검토를 위한 회의를 자주 가졌는데 이것은 꽤 유용한 제도였다. 그러나 세브로코에 있는 UNOCI 본부에서 가졌던 외교단의 월간 회의와 논의는 바그보 측이 외교관들의 UNOCI 시설에 대한 출입을 통제하면서 완전히 끊겼다. 바그보는 심지어 프랑스, 캐나다, 미국 대사를 포함한 여러 외교관들을 '기피인물'로 선포하면서 빠른 시간 내에 코트디부아르에서 출국할 것을 요구했다. 물론 그렇다고 해서 이들이 코트디부아르를 떠나지는 않았고 UNOCI와 와타라 측에 계속해서 정신적인 지지를 보냈다. 골프호텔에 육로로 접근하는 것이 무척 어려워지면서 대사들은 골프호텔에 가기 위해 UNOCI의 헬기를 사용하기 시작했다. 이들 역시 종종 바그보군에 의한 공격과 적대 행위의 목표가 되었다. 세브로코에 있는 우리와 마찬가지로 많은 외교관들이 자택으로 돌아가는 대신 사무실에서 머물게 되었다.

UNOCI 내부 회의. 임무단 요원들에게 어려운 상황이 벌어져 신변의 위험도
감수할 수밖에 없음을 알리고 유엔 임무에 충실할 것을 당부했다.

포위 기간 동안 UNOCI의 생활에는 세 가지 흥미 있는 일이 벌어졌다. 그 세 가지란 UNOCI의 전략관리팀(SMG) 내에서 의사 결정 과정은 어떻게 이루어지는가, 직원들의 사기를 높이기 위해 내가 할 일은 무엇인가, 그리고 마지막으로 포위된 상황에서 UNOCI 직원들이 실제로 어떻게 살았는지에 대한 것이다.

전략관리팀에서의 의사 결정

내가 코트디부아르 특별대표 임무를 맡게 되었을 때 이 자리는 1년 가까이 공석이었다. 자연스레 UNOCI의 기강도 일부 흐트러져 있었다. 이를 바로잡기 위해 여러 개혁을 진행했다. 크게는 유엔, 작게는 유엔 평화유지활동 임무단에서 볼 때 권력 구조는 중세 프랑스 왕국의 그것과 비슷했다. 평화유지활동 임무단 대표는 강력한 영주들, 다시 말해 각 부서 및 부문의 장들과 함께 일을 해야만 했다. 어떤 대표들은 반농담조로 영주들

전략관리팀 내부 회의. 4개월의 포위 상태 동안 사무실에서 지내며 유엔 임무를 완수한 요원들이다.

의 힘이 더 크다고 이야기하기도 했다. 그럴 수밖에 없었던 것이 대부분의 경우 영주들의 근무 기간이 유엔에서 평균적으로 3~4년 근무하는 임무단 대표보다 더 길고, 많은 이들이 평생을 유엔에서 근무하는 사례가 많았기 때문이다.

　　UNOCI에서 내가 진행한 개혁 중 하나를 고르자면 전략관리팀의 설치를 들 수 있다. 보통 평화유지임무단에서는 모든 부서와 분야를 아우르는 고위 전략관리팀이 존재한다. 하지만 이 그룹은 규모가 너무 커서 효율적인 의사 결정을 내리기 어렵다. 그래서 나는 여섯 개의 카테고리에 기초해 운용이 가능한 UNOCI 내부 조직도를 만들었다. 이 여섯 부서의 부서장들이 전략관리팀을 구성하게 될 것이었다. 먼저 사무총장 부특별대표(차드 출신의 아부 무사와 후임 베냉인 아날도 아코제노), 사무총장 제2부특별대표(핀란드인 게오르그 샤펜티어와 후임 콩고공화국 출신 도람 고케이), 군사령관(베냉인 페르난드 마르셀 아모소 장군과 후임 방글라데시 출신의 압둘 하피즈 장군, 토고인 바쿠데 베레나 장군), 경찰 책임자(프랑스인 장 마리 부리), 임무단 지원 팀장(미국인 월레스 디바인과 후임 이태리인 지아니 델리지아), 비서실장(기니인 마마두 투레와 후임 남아공 출신 조지 라우텐바흐)이 전략관리팀의 정회원을 구성하게 될 면면들이었다.

나의 대변인(말리 출신의 하마둔 투레)과 특별 보좌관(이태리인 엠마누엘라 칼라브리니), 그리고 보좌관(카메룬 출신 제임스 아지)은 정회원은 아니었지만 나와 함께 전략관리팀 회의에 참여했다. 여기에 선거 기간과 선거 이후의 위기 중에 선거 지원 국장(세네갈 출신의 아메두 섹), 선거 인증 국장(베냉인 베르나뎃 하운데칸지), 직원 안전 국장(세네갈인 이노센트 가브리엘), 인권 국장(카메룬 출신 시몬 먼즈와 후임 콩고공화국 출신 기욤 게파)이 합류했다.

초반에는 아침 8시 30분마다 약 30분 정도 매일같이 전략관리팀 회의를 한다는 의견에 아무도 손을 들어 주지 않았다. 이들의 주장은 이러한 전례가 없다는 것과 일주일에 한두 번이면 충분하다는 것, 그리고 30분짜리 회의는 의미가 없다는 것 등이었다. 그래서 나는 우선 한 달만 시험적으로 해보자고 했다. 만일 회의가 30분 안에 마치지 못하거나 전략관리팀 대다수가 이 회의를 시간 낭비라고 느낀다면 다른 방법을 찾겠다고 말했다. 시험적인 한 달이 지나자 모든 팀원이 이러한 형태의 회의를 선호하게 되었고 실질적으로 그 어떤 회의도 30분 이상 지속되는 일이 없게 되었다. 우리는 대부분의 시간을 의사 결정에 쏟아부었다. 복잡한 사항에 맞닥뜨릴 때에는 팀원 중 한 사람이 이 안건을 검토하고 다음 회의 시간에 선택 사항을 들고 와서 공동의 결정을 도출하도록 했다.

전략관리팀 개혁은 권한 대행 시스템의 개혁과 함께 이뤄졌다. 내가 임명받기 전, UNOCI의 관행은 (대부분의 유엔 기구가 그렇듯) 각 부서의 부서장(실질적으로는 영주들과 같은 권력자)이 UNOCI를 떠나 있을 동안 스스로 권한 대행을 임명하는 형태였다. 권한 대행은 당시에 임무단 수행이 가능한 직원들 중 가장 직책이 높은 사람이 맡았다. 그리고 유엔 평화유지임무단의 중요한 부서장들이 길게는 1년에 3개월까지 가족 방문, 사무 행정, 회의, 휴식과 회복을 위해 자리를 비웠기에 권한 대행 자리는 종종 여러 사람들이 돌아가면서 맡기 일쑤였다. 이렇게 되면 늘 다른 사람이 권한 대행을 맡기 때문에 효율적인 의사 결정을 내리기 힘들었다. 그래서 개혁을 단행하는 과정 중, 나는 각 UNOCI 부서가 믿음직한 시스템을 갖출 수 있도록 영구 권한 대행 제도를 도입했다. 이 개혁의 핵심은 권한 대행이 항상 같은 사람이 되도록 한다는 것과 책임자는 권한 대행과 동시에 UNOCI에서 자리를 비울 수 없다는 것이었다. 책임자들은 이 안에 그다지 찬성하지 않는 눈치였던 반면, 권한 대행들은 환영하는 모습이었다. 그 결과 UNOCI는 비로소 믿을 수 있으며 예측이 가능하고 영구적인 의사 결정 시스템을 갖추게 되었다.

하지만 초반에는 이 시스템이 효율적으로 진행되지 못했는데, 부서장과 담당자가 동시에 자리를 비워 회의에 참석하지 못하는 경우가 종종 발생했기 때문이다. 책임자들은 주어진 자유를 누림과 동시에 권한 대행과의 부재가 겹치지 않도록 하는 데 확실을 기했다. 만일 두 사람이 모두 자리를 비워야 하는 경우가 생기면 정식으로 내게 허가를 받도록 했다. 이 약속이 잘 이행되지 않았기 때문에 나는 엄한 규율을 세우고 약속을 지키지 못한 사람을 공개적으로 지적하는 것을 거리끼지 않았다. 그 결과, 개혁이 자리를 잡고 전략관리팀은 UNOCI 내에서 권위와 효율성을 장담하는 중심 의사 결정 기관이 되었다. 전략관리팀의 심사숙고와 결정들은 매일 UNOCI의 고위 간부들에게 짧은 회의 기록의 형태로 전달되었다.

선거 후 위기 상황 동안 나는 모든 결정을 전략관리팀과 함께했다. 사안이 위급하다는 사실과 코트디부아르 정치인들과 자주 연락해야 한다는 이유 때문에 나는 특별 보좌관과 함께 뉴욕 유엔 본부에 보낼 많은 초안과 보고서를 작성했다. 하지만 전략관리팀과 먼저 협의하지 않고 보낸 것은 없었다. 이렇게 해서 나는 전략관리팀원들을 사안의 핵심에 가까이 있게 함과 동시에 신뢰감 있는 조언자들에게 자문을 구함으로써 실수를 줄일 수 있었다. 넉 달의 위기 동안 많은 사건이 발생했고 전략관리팀은 사무실에서 기거했기 때문에 낮에도 몇 번씩 얼굴을 마주했고 밤에도 보는 일이 잦아졌다. 어떤 때에는 가끔씩 어려운 결정을 내려야 해서 격정적인 토론을 하는 경우도 생겼다. 특히 80퍼센트가 넘는 UNOCI 직원이 결부되는 군사 부서가 즉각적인 행동에 나서야 하는 경우가 그랬다. 그렇지만 종국에는 모두가 함께 이른 결론에 만족할 수 있었다. 이로써 전략관리팀은 UNOCI가 신경전을 버틸 수 있도록 하는 버팀목이 되었다.

UNOCI의 사기 유지

UNOCI가 평화유지임무단을 수행하는 국가에서 군부 세력의 퇴거 요구를 거절한 첫 사례가 되면서 우리 직원들은 온갖 협박과 적대적 행위, 공격의 대상이 되었다. 그렇기 때문에 직원들의 사기를 유지해야 하는 것이 무엇보다도 중요한 사안이 되었다. 그래서 나는 기자회견과 공식 성명 발표를 통해 바그보 측의 거짓 선전에 대항했다.

침착한 태도로 항상 진실을 말하려고 노력했다. 나는 직원들의 사기를 떨어뜨리지 않도록 하기 위해 "지옥을 통과하려면, 계속 가야만 한다" 같은 유명한 격언들을 사용했다. UNOCI는 바그보의 특수부대와 애국청년단 등의 언행에 겁을 먹어서는 안 되었다. 우리는 바그보 측의 협박에 대해 우리의 결연한 의지와 저항심을 보여 줘야 했다.

2011년 3월 말을 향해 가면서 UNOCI 본부의 보안 상황은 직원들이 더 이상 사무실에서 잠을 잘 수 없고 지하 벙커에서 잠을 자야 할 정도로 악화되었다. 대략 150명에 해당하는 UNOCI 직원들, 그들의 부서 요원과 가족들이 지하에서 생활했다. 우리 전략관리팀은 군용 식품을 나눠 먹으면서 "이제 암흑은 거의 다 끝나 가고 있다"라고 사람들을 독려했다. 다행스럽게도 결말은 4월 초순에 맞이하게 되었다.

포위 상황에서의 생활

직원들의 사기를 진작하는 것과 먹고 자는 것은 긴밀하게 연관된 사항이다. 만약 잘 먹지도, 잘 자지도 못한다면 넉 달이라는 긴 기간 동안 높은 사기를 유지하기란 불가능에 가깝다. 다행히 전략관리팀은 2차 대통령 선거 전에 위기 상황에 필요한 대비를 한 상태였기 때문에 사무실에서 지내는 것이 아주 어렵지는 않았다. 우리가 대비한 것에는 수백 개의 매트리스 준비와 더운 물 급수 시설 설치 등 직원들이 생활하기에 불편을 덜 수 있도록 하는 것들이 포함되어 있었다.

통행금지가 생기면서 UNOCI에서 일하는 코트디부아르 국적 직원들은 가택에 머무르거나 오후 일찍 사무실을 떠나야 했다. 이 말은 UNOCI

친바그보군의 포격으로 지하 벙커로 피신하고 있는 UNOCI 직원들

본부에서 저녁 식사 준비가 되지 않음을 뜻했다. 우리는 아침 식사로 비스킷을 먹고 점심과 저녁은 알아서 해결해야 했다. 일례로, 바그보 측이 통행 금지령을 발령하고 모든 UNOCI 직원들의 통행을 제약하기 시작한 2010년 12월에는 내 개인 보좌관인 마르탱 망가의 지혜로운 방법을 통해 전략관리팀이 매일 먹을 식사를 해결했다. 전략관리팀은 끼니를 챙길 여유가 없었다. 마르탱은 자택에 있는 자신의 개인 요리사에게 10인분의 식사를 준비하라고 지시하고 이를 택시로 세브로코까지 운반했다. 그녀는 여러 종류의 고기, 채소, 과일로 구성된 훌륭한 저녁을 매일같이 준비했다. 우리는 전략관리팀의 회의실을 저녁 식사 장소로 사용하면서 '셰 마르탱(마르탱 식당)'이라고 불렀다. 매일같이 피곤한 일과가 계속되었고 다음 날도 바그보의 특수부대에게 포위되어 괴롭힘을 당할 것을 알고 있었지만 우리는 고개를 숙이지 않았다. 어느 날 저녁에 셰 마르탱에서 전략관리팀과 식사를 하는 동안 문득 내가 가장 좋아하는 라틴어 격언이 떠올라 글로 써

동료들에게 나누어 주었다. "후일에는 이러한 힘든 상황을 되돌아보면 이 것도 즐겁게 추억할 수 있을 것이다."

3월 말을 향해 가면서 주도권을 잡은 와타라 대통령 측에서는 지금까지 바그보 측에서 써먹었던 통행 금지령을 자신이 공포하고자 했다. 또 바그보의 특수부대가 직접 UNOCI 본부를 공격함에 따라 상황이 크게 악화되었다. 우리는 헬기로 닭고기와 쌀을 공수해 왔고 많은 국제 요원들이 우리의 점심과 저녁을 준비하겠다고 자원했다. 메뉴는 대부분 쌀과 소스를 부은 닭고기로 통일되었다. 어떤 전략관리팀 사람들은 생애 가장 많은 쌀을 먹고 있다고 농담처럼 이야기하기도 했다. 어떤 날은 악천후 때문에 부아케에서 물자를 수송하는 헬기가 뜨지 못하기도 했다. 그런 날은 군용 식량에 기댈 수밖에 없었다. 우리는 이슬람식, 힌두식, 프랑스식 및 나토에서 사용하는 군용 식량을 선택할 수 있다는 사실을 알아냈다. 무엇을 먹든지 전략관리팀 중 누군가가 항상 와인 한두 병을 마련해 왔다. 위기 기간 동안, 특히 저녁 식사 시간에는 앞으로의 전망이 어떻든지에 상관없이 농담을 나눌 수 있었다. 바그보는 전략관리팀의 사기를 꺾지 못했다.

새해 전망과 UNOCI의 결의

UNOCI는 새해가 시작된 주말을 온 신경을 곤두세운 채로 보내야 했다. 하지만 애국청년단은 공격하겠다던 선언을 행동에 옮기지는 않았다. 오히려 그날은 아주 평온했고 애국청년단은 이 특별한 날에 UNOCI에 돌을 던지고 기치를 세우는 것보다 코트디부아르 전통 식당인 마퀴(maquis)에서 축제 기분을 내는 데 더 신이 나 있었다. 바그보는 텔레비전에 나와 재차 UNOCI에게 떠나 줄 것을 요구했다. 그러는 와중 바그보가 고용한 두 명의 프랑스 변호사, 자크 베르제와 롤랑 듀마가 아비장을 방문했다. 그 사이에 모든 사람들은 1월 3일에 방문할 계획인 AU-ECOWAS 대사들의 도착을 기다리고 있었다.

이 기간 동안 나는 전략관리팀 회원들과 함께 중장기적으로 아비장의 상황에 영향을 미칠 수 있는 핵심 요인에 대한 검토와 평가를 진행했다. 우리는 중장기적 상황이 다음 세 가지 요인에 달려 있다고 결론을 내렸다. 먼저 바그보에게 5만 5,000명의 특수부대 요원과 14만 명의 민간 직원들에게 임금을 지급할 수 있는 능력이 있는지의 여부와 코트디부아르 국내와 AU의 바그보에 대한 퇴진 압박의 강도 그리고 바그보 측에 대한 군사적 조치로 인한 문제 해결이 관건이었다.

위에서 나열한 사실들에서 알 수 있었던 가장 중요한 요점은 적어도 당분간은 교착 상태가 계속될 것이라는 점이었다. 그 이유는 다음과 같다.

○ 바그보 측의 재정적 상황은 우리가 예상했던 것보다 양호하다는 것이 드러났다. 이들은 아비장에 있는 재무부에 코코아를 수출함으로써 얻는 직접적인 수입과 연료 수출, 주요 산업에 대한 세금 징수, 바그보의 사유 재산 및 해외로부터 대출받은 자금 등으로 재정적 기반을 마련하고 있었다. 서아프리카중앙은행(BCEAO)의 압박이 강력하기는 했지만 효과가 나타나기까지는 시간이 걸렸다.

○ 안보리와 AU, ECOWAS가 바그보의 평화로운 퇴진을 위해 그에게 압력

을 가하기로 만장일치에 가까운 합의를 도출한 것은 전례 없는 일이었다. EU와 미국의 제재는 곧 효과가 나타났다. 12월 13일, EU 외무부에서는 코트디부아르에서 있었던 적법한 대통령 선거 결과를 위태롭게 하는 사람에 대한 표적 제재 조치를 취하겠다고 발표했다. 일주일 뒤인 12월 20일, EU 의회는 첫 표적 제재 조치를 승인했고 12월 21일과 22일에는 EU와 미국이 각각 바그보와 그의 부인 시몬느를 포함해 바그보 측 인사들의 비자 발급을 금지했다. 12월 23일 기니 비사우에서 열린 비공식 회의에서 서아프리카 경제통화연맹(WAEMU) 회원들은 와타라 대통령만이 코트디부아르 계좌에 접근할 수 있도록 결정했다. 같은 날, 세계은행도 코트디부아르에서 진행 중인 모든 프로그램에 정지 명령을 내리고 아비장에 있는 사무실을 폐쇄한다고 발표했다. 이로 인해 8억 달러에 이르는 지원금과 30억 달러의 채무 면제가 동결되었다. 바그보는 이런 강경책은 전혀 예상하지 못했다. 그 결과 심리적으로 위축되어 취약점과 두려움을 노출하게 되었다.

○ 이와 같은 불리한 상황 아래도 바그보 측은 군대에 대해 임금을 계속 지불할 수 있는 능력을 보임으로써 교착 상태로 이어졌다. 이번 교착 상태는 군사 개입을 하거나 군사 개입을 빌미로 바그보 측에 위협을 가해 쉽게 끝낼 수도 있었다. 하지만 바그보 측의 인사가 5만 명의 온건파(정규군 2만 명, 경찰 인원 1만 3,000명, 헌병대 1만 7,000명)와 5,000명의 강경파(공화국 수비대, 특수부대, 해병대, 의용군 및 용병)로 나뉘어져 있다는 것을 감안할 때 쉽지 않은 일이었다. 만약 군사적 개입이 가능하다면 사태의 연착륙(바그보가 퇴진을 받아들일 경우) 혹은 사태의 경착륙(바그보가 소수의 강경파를 동원해 저항하

려고 할 경우) 중 하나로 쉽게 귀결될 가능성을 예측할수 있었다.

이러한 분석을 토대로 우리는 현재의 교착 상태가 지속될 것이라고 예상했다. 이로 인해 UNOCI에서는 골프호텔이나 UNOCI 본부에 대한 위협에 지속적으로 대비하는 것 같은 중요한 사안에 집중해야 했다. 결국 "내가 여기에 있기 때문에 이곳에 계속 머무를 것이다"라는 UNOCI의 태도를 바그보 편에 확실히 알릴 필요가 있다고 확신하게 되었다. 골프호텔과 UNOCI를 보호하고 정기적으로 순찰대를 보내는 데 있어서 바그보군의 도발에 걸려들지 않도록 각별히 유의해야 했다. 이외에도 코트디부아르에 잔류하겠다는 UNOCI의 군건한 의사 표현, 코트디부아르 시민의 안전을 지키는 차원에서 UNOCI의 임무 행사, 행정 및 군수에 관련된 어려움을 헤쳐 나가는 것 등을 우리의 주요 임무로 삼았다.

2010년 12월 28-29일 아비장을 처음으로 방문했던 ECOWAS의 세 국가원수는 2011년 1월 3-4일에 걸쳐 두 번째로 아비장을 방문했다. 이번에는 ECOWAS 의장인 빅터 베호와 12월 27일에 AU의 특사로 임명된 케냐 수상 라일라 오딩가를 수행했다. 1월 4일에 바그보와 와타라를 만난 뒤, ECOWAS-AU 사절단은 코트디부아르 방문의 결과에 대한 다음과 같은 성명을 발표했다. "바그보는 위기를 끝낼 평화적 방안을 협의하는 데 동의했고 골프호텔의 포위망을 풀겠다고 했다."

2011년 1월 3일, AU 특사 오딩가 수상과의 만남

케냐 수상 라일라 오딩가는 이날 처음으로 아비장을 방문했다. 그래서 2011년 1월 3일 아침에 나는 그의 요청으로 풀먼호텔에서 그를 만났다. 나는 코트디부아르 상황에 대해 그전 주에 ECOWAS 국가원수들에게 했던 것과 마찬가지로 설명했다.

오딩가는 나의 방문에 고마움을 표시하면서, 아프리카에 '권력 공유'라는 위험한 바이러스가 나돌고 있다고 말해 주었다. 그는 케냐와 짐바브웨에서 권력 공유의 결점을 이미 경험했기 때문에 코트디부아르에서는 이러한 일이 절대 생겨서는 안 될 것이라고 했다. 아프리카의 여러 나라 지도부에 선거 결과 여부에 상관없이 원하기만 한다면 권력을 계속 잡을 수 있다는 잘못된 인상을 심어 주었을 뿐이었다고도 말했다. 그는 또한 케냐와 짐바브웨 모두 기존 세력이 선거를 조작했으며, 헌법위원회가 선거관리위원회에서 주장한 사실과 전혀 다른 선거 결과를 내밀면서 부정을 핑계 삼아 선거를 무효화했는데, 이와 똑같은 일이 코트디부아르에서도 자행되고 있는 것이라고 말했다.

대화를 마치고 ECOWAS 의장인 빅터 베호는 내게 코트디부아르 아부자에서 12월 7일에 열린 ECOWAS 각국 수뇌부 협의 의회에서 내가 했던 선거 인증 양식에 대해 설명해 줄 수 있는지 물었다. 그에 따라 나는 내가 선거 결과를 확실히 하기 위해 사용했던 세 가지 방법을 바탕으로 선거 인증에 대해 간명하게 설명하고, 헌법위원회가 주장했던 선거 결과는 사실에 근거한 것이 아니었다고 설명했다.

오딩가 수상은 케냐에서 경험했던 것을 우리와 함께 나누었다. 그는 2007년 케냐 대통령 선거 결과가 생방송으로 방송되었다고 말했다. 모든 집계 센터에는 기자들이 참관해서 선거 결과를 즉시 알 수 있었다. 라일라

AU 특사 오딩가와의 면담

오딩가 수상이 당시 므와이 키바키 대통령에 비해 100만 표 가까이 앞서자 키바키 대통령은 결과가 알려지기 전에 TV 방송을 중단하려고 개입했다. 선거관리위원회는 투표 집계를 조작해서 결과를 뒤엎으려고 했다. 선거관리위원회가 허위 결과를 조작하기 시작한 당일, 한 기자가 오딩가에게 이 사실을 알렸다. "좋은 소식은 선거에서 이겼다는 것이다. 나쁜 소식은 오늘 오후 키바키 대통령이 케냐의 대통령으로 취임식을 거행한다는 사실이다." 케냐 국민들은 거리로 나섰고 폭력 사태로 번졌으며 그 결과 1,300명이 목숨을 잃었다.

와타라 대통령의 분석

오딩가 수상과의 회의를 끝내고 나는 와타라 대통령을 만나기 위해 골프호텔로 향했다. 1월 3일 AU-ECOWAS 방문을 포함해 AU, ECOWAS의 사절단 및 대표단 방문과 관련해 와타라 대통령은 확고한 입장을 표명했다. 바그보가 권력 공유 협의를 주장하는 한, AU-ECOWAS 대표단의 방문에서 어떠한 긍정적인 결과도 바라보기 힘들다는 것이었다. 와타라 대통령은 바그보를 사면할 준비가 되어 있다는 사실을 대표단에게 되풀이해서 강조하려고 했다. 하지만 권력 공유는 국민의 의사에 반하는 것이기 때문에 위기 상황을 평화적으로 해결하고자 한다는 미명 아래 이러한 논의를 하는 것은 절대 용인할 수 없다고 했다.

와타라 대통령은 다음 주에 열리는 서아프리카 경제통화연맹(WAE-MU) 정상회담에 소로 총리나 본인이 참석하기를 희망했다. 나는 그에게 사전에 논의했던 바와 같이 리코른느 기지에 이르는 UNOCI의 항공로를 이용할 수 있을 것이라고 했다. 코트디부아르에 대한 ECOWAS의 군사적 개입 가능성에 대해서는 UNOCI 성격상 작전에 참가할 수 없음을 설명했다. 하지만 ECOWAS 위원장에게 서면으로 요청하는 것은 국가원수로서 와타라 대통령의 판단이며, 참고로 필요하다면 이 서면이 안보리에 전달될 수 있다고 말했다.

와타라 대통령은 골프호텔에 이르는 도로 위의 초소 해제, 코트디부아르에서 자행되고 있는 심각한 인권 유린 상황을 검토하기 위한 국제형사재판소의 사절단 파견, 안야마에 있다고 추정되는 집단 매장지 조사 및 대통령이 접근할 수 있는 TV/라디오 방송국 설립과 같은 여러 안건에 대해 관심을 보였다. 이에 대해 나는 사실과 함께 UNOCI의 권한과 입장에 대해 설명했다.

바그보의 심리 상태와 나이지리아 전 대통령 오바산죠의 방문

UNOCI에게 코트디부아르를 떠나라는 공식적인 요구 뒤, 바그보를 비롯한 바그보 측 정치인들은 UNOCI와의 직접적인 접촉을 피하고 있었다. 그러나 바그보는 자신의 지지자들과 함께 대부분의 시간을 보냈고, 이들 중에는 스스로 자청해서든, 바그보의 간접적이면서도 명백한 의사 표시에 의해서든 나를 만나러 오는 이들도 있었다. 그래서 바그보가 완고하게 나와의 만남을 거부하고 있기는 했지만 그가 어떤 심리 상태인지 어림잡을 수 있었다.

바그보의 동조자들에 따르면 바그보는 권력 공유 외에 다른 어떠한 제안도 받아들일 의향이 없었다. 그들은 와타라를 총리, 부통령, 혹은 공동 대통령으로 세우면서 바그보가 대통령직을 유지할 수 있는 여러 방안을 내놓았다. 동시에 내부적으로는 선거에서 졌다는 사실을 본인이 알고 있었으며, 고립에 의한 중압감에 따른 바그보 측의 동요도 엿볼 수 있었다.

바그보의 동조자들은 메시지를 전달하면서, 선거 인증을 통해 와타라에 힘을 실어 준 내게 바그보가 대통령직을 유지함과 동시에 와타라에게 총리, 부통령, 공동 대통령을 받아들이도록 요청해 줄 것을 제안했다. 그렇지 않으면 내전이 있을 것이라고 말했다. 이러한 제안에 나는 그들에게 나의 대답을 바그보에게 전달해 줄 것을 요청했다. 나는 2011년에는 아프리카 18개 국가가 선거를 앞둔 상황이며 이에 따라 국제사회는 국민의 의사를 반영하는 것 외에는 어떠한 선택도 하지 않을 것이라고 말했다. 국제사회는 이 국가들에 재임 중인 권력자가 설령 선거에서 패배하더라도 군사력을 동원해 언제든지 권력을 유지할 수 있으며 선거는 아무 의미 없다는 잘못된 인상을 줄 수 없기 때문이었다. 그러면서 나는 바그보에게는 권력에 집착하는 대신 선거 패배를 받아들이고 5년 후 다시 대선에 도전할 수 있는 좋은 선택지도 있다며, "바그보는 현재 국민 45퍼센트의 지지를 받고 있으며 이 중에는 여러 지역 출신의 국회의원들과 시장 및 정치인들도 있다. 그는 재임 기간 동안 주권을 보호하고 국가에 평화와 안녕을 가져왔으며 국민과 비국민 확인 절차를 실시해 지난 몇 년 동안 3퍼센트 이상의 경제 성장률을 보였다. 따라서 지난 10년의 집권 동안 대통령직을 잘 수행했다고 주장할 수 있다"고 말했다. 문제는 인권 유린의 정도가 심각해질 경우 이에 대한 책임이 커짐과 동시에 좋은 선택지를 놓칠 수도 있다는 점이었다. 일단 바그보가 전쟁 범죄를 일으키고 인권 유린을 자행하면 사면조차 박탈당하게 되는 것이다.

바그보의 동조자들은 가끔씩 아주 늦은 밤에 바그보 대통령에게 불려 가서 내가 한 선거 인증에 대해 두루 이야기를 나누곤 한다고 했다. 바그보는 선거관리위원회가 취했던 행동에는 대처할 수 있었지만 나의 선거 인증에 대해서는 모종의 배신이라고 믿는 듯했다. 그는 나의 선거 인증이 자신의 등에 칼을 꽂은 것으로 여겼으며 선거 인증자인 내가 사적으로는 배신을, 공적으로는 실망을 안겨 주었다고 했다. 바그보의 말을 직접 빌리자면, 그는 "선거 인증은 그 자체만으로도 나쁜데 아부자에서 있었던 ECOWAS 정상 회담을 비롯해 타보 음베키 대통령, 장 핑 대통령, 야이 보니 대통령, 페드로 피레스 대통령, 어네스트 코로마 대통령, 라일라 오딩가 수상 등에게 어째서 UNOCI 대표 최영진이 이를 계속해서 강조해야 하는지 모르겠다. 그들은 최에게서 내가 선거에서 패했다고 들었다고 했다. 왜 그는 계속해서 이 사실을 반복하고 또 반복하는가?"라고 질문했다.

내게 바그보의 메시지를 전달해 준 이들 대부분은 바그보 대통령이 나에게 강한 원한을 품고 있다고 했다. 몇몇은 내게 안전을 위해 골프나 테니스를 치지 말고 낯선 이들과의 접촉을 피하라고 경고했다. 확실한 것은 바그보가 선거 인증자를 배신자라고 맹렬히 비판할 때 그 자리에 있었던 강경파가 골프와 테니스를 포함해 나의 취미 및 일정을 논의했다는 것이었다. 그들은 분위기가 "좋지 않다"고 했다. 여담이지만 며칠 전, 제복을 갖춰 입고 무장한 청년 단체가 나의 거주지 내부를 시찰하려고 했다. 하지만 경비병들이 문을 걸어 잠그고 그들이 들어오지 못하도록 막아 냈다.

나이지리아의 전 대통령인 올루세군 오바산죠가 1월 9일부터 11일까지 ECOWAS의 특사로 아비장을 방문했다. 나는 그와 세 번의 회의를 가졌다. 오바산죠가 방문하는 동안 바그보 측은 자신들의 의도와 전략을 전에 있었던 다른 특사들과의 어떤 회의보다 더 세밀하게 밝혔다.

오바산죠와의 첫 번째 회의

오바산죠 전 대통령은 아비장에 1월 9일 저녁 8시 40분경에 도착했다. 나는 그를 풀먼호텔에서 1시간 뒤에 만날 수 있었다. 그의 요청에 따라 나는 예전에 ECOWAS와 AU 대표단의 방문 때와 마찬가지로 코트디부아르의 상황에 대해 설명했다. 그는 나의 선거 인증 방식은 어떠했는지, 그에 대한 바그보의 반응은 어떠했는지도 설명해 달라고 요청했다. 나는 선거 인증 방식에 대해 설명했고 바그보는 나의 인증 결과에 불만을 품고 UNOCI에게 코트디부아르를 떠나 달라는 요청까지 했다고 설명했다. 그리고 친바그보군에 의한 골프호텔 포위와 호텔에 상주하게 된 FAFN군에 대해서도 설명했다.

오바산죠 대통령은 아프리카 국민들에게 선거의 패배자의 권력 유지를 허용하는 그릇된 메시지를 전달해서는 안 된다는 것에 공감했다. 그리고 그는 자신의 방문 목적은 조정도, 협상도 아닌 탐색에 있다고 했다. 아직 아비장의 문제를 해결하기에는 시기상조라는 느낌이 든다면서 바그보, 와타라와 따로 만나 조금 더 탐색을 한 후에 해결책을 들고 다시 한번 방문하고 싶다고 했다. 그리고 나의 분석과 조언을 구하기 위해 내게 연락을 취하겠다고 했다. 이렇게 말하고 오바산죠는 몇 가지 구체적인 질문을 했고 나는 이에 대답했다. 다음은 이를 요약한 것이다.

Q: 바그보 대통령은 물러날 준비가 되어 있는가?

A: 아직 그런 징후는 보이지 않는다.

Q: 바그보 대통령은 어째서 물러나기를 거부하고 있는가?

A: 권력 공유를 바라고 있기 때문이다. 바그보가 5만 5,000명의 군사를 통제하고 이들에게 임금을 지급할 수 있는 한, 권력 공유에 대한 꿈을 접지 않을 것이다.

Q: 바그보의 자금을 동결할 수 있는가?

A: 잘 모르겠다. 지역 은행에서 조치를 취하는 것이 매우 시급하다. 하지만 당분간은 바그보가 임금 지급에 큰 무리는 없을 것으로 예상된다.

Q: 무장군의 대다수가 온건파라는 것은 무슨 뜻인가?

A: 우리가 순찰을 할 때나 아비장과 나라 서쪽의 도로 봉쇄 지역에서 5만

명에 달하는 정규군, 헌병대, 경찰 병력 등의 온건파와 마주했을 때, 거의 아무런 문제도 발생하지 않았다는 점에서 유추할 수 있다. 어떤 경우에는 심지어 협력적이기까지 했다. 그러나 특수부대, 공화국 수비대, 특수 보안 요원, 해병대, 용병을 포함한 5,000명의 군사는 우리를 위협했으며 애국청년단을 포함한 지원군 세력까지 활용했다.

Q: 바그보 대통령이 퇴진한다면 그가 얻는 이득은 어떤 것이 있는가?

A: 사면과 보호를 보장받는다는 사실이다.

Q: 와타라 대통령은 바그보를 사면할 생각이 있는가?

A: 그렇다.

Q: 유엔은 바그보 대통령에게 어떠한 보호 조치를 취할 수 있는가?

A: 그의 요청에 따라 그의 고향인 마마에서의 보호를 논의할 수 있다.

Q: 아비장에서 마마까지의 거리는 얼마나 되는가?

A: 약 150마일 정도 된다.

Q: 바그보가 물러날 수 있는 방법은 무엇인가?

A: 지난 10년간의 집권 기간이 성공적이었다는 것을 피력하면서 5년 뒤 재선을 노리는 것이다. 개인적으로 나는 지난 10년 동안 바그보가 코트디부아르 국민들에게 중요하고 긍정적인 업적을 이루었다고 보기 때문에 가능하다고 생각한다.

Q: 국민과 비국민 확인 절차는 완전히 해결된 것인가?

A: 그렇다. 바그보 대통령의 대범하고 정치가다운 면모 덕분에 국민과 비국민 확인 절차를 성공적으로 끝내는 것이 가능했다.

Q: 바그보 대통령은 당신에 대해 어떻게 생각하는가?

A: 선거 전까지만 해도 그는 내가 코트디부아르에 부임한 유엔 사무총장 특별대표 중 최고라고 이야기하곤 했다. 선거가 끝난 뒤에는 나와 UNOCI에게 코트디부아르를 떠나 달라고 요청했다. 내가 개인적으로 수집한 자료에 의하면, 그는 나를 배신자라고 말하면서 선거 인증으로 자신의 등에 칼을 꽂은 사람으로 표현하고 있다고 한다.

Q: 영부인의 중요성은 얼마나 되는가?

A: 영향력이 있다. 하지만 바그보 대통령 본인이 마지막 결정을 내린다.

Q: 증거는 확보하고 있는가?

A: 지난 3년 동안, 바그보 대통령은 영부인이 통일 이전에 하는 선거에 대해 일관적으로 반대를 해왔음에도 불구하고 선거와 통일 사이에 우선순위를 세 차례나 바꾼 사례가 있다.

오바산죠와의 두 번째 회의

오바산죠 대통령의 요청에 따라, 나는 1월 10일 저녁 6시에 풀먼호텔에서 그를 다시 만났다. 그는 전날 자정 즈음에 바그보를 만났다고 했다. 몇 가지 논의 후 바그보는 그에게 자신의 외교 자문인 제제 대사와 만나 달라고 했다고 말했다. 저녁 5시에 제제 대사가 '전진을 위한 길'이라는 제안을 가지고 등장했다. 제안은 세 가지로 요약되는데, 아마니 투레 대통령 주재 아래 서아프리카 중앙은행의 제제와 관련된 정상급 회담이 이루어져야 한다는 것, 와타라 대통령과 국제사회는 바그보가 임명한 코트디부아르 대사들을 추방하는 것을 당장 중지할 것, 와타라 대통령과 그 지원 무장 세력은 서쪽 지역에 대한 공격을 멈춰야 한다는 것이 골자였다.

이 이상한 제안을 들은 그는 제제 대사에게 더 이상의 논의는 필요 없으니 방에서 나가 달라고 요청했다. 오바산죠는 내게 바그보가 대체 무슨 꿍꿍이이며 이에 대해 자신은 어떻게 처신해야 할지 물었다. 나는 바그보가 군사적 통제권과 현금을 갖고 있는 한 물러서지 않을 것이라고 대답했다. 또한 바그보가 케레쿠 선택과 탄자 선택 중 양자택일을 해야만 할 것이며 권력 공유는 논의의 대상이 아니라고도 했다.

오바산죠와의 세 번째 회의

오바산죠 전 대통령은 내게 밤 11시 20분에 다시 만나자고 했다. 1월 11일 이른 아침에 귀국할 일정이었기 때문이다. 이번 회의는 캐나다, 프랑스, EU, 미국 대사들도 참석했다. 오바산죠 대통령은 우리에게 9시경 바그보와 2차 회의를 가졌는데, 그가 제제 대사의 제안을 개선한 새로운 제안을 제시했다고 했다. 새로운 제안이란, 코트디부아르 헌법을 개정해 와타라를 위한 부통령 자리를 만들겠다는 것, 어떠한 군사적 해결 방안도 바람직하지 않기 때문에 UNOCI와 리코른느는 당장 코트디부아르를 떠나야 하며 이 자리를 아프리카군이 채워야 한다는 것, 서아프리카 중앙은행의 제제가 해제되어야 한다는 것, 국제사회는 바그보의 집권 기간 중 임명되었던 코트디부아르 대사들의 추방을 중지할 것, 국가 서쪽 지역에 대한 와타라 지원 무장 세력의 공격을 중지할 것이 그 내용이었다.

새로운 제안을 들은 오바산죠는 바그보에게 너무 뻔히 보이는 수법이며 이러한 제안들을 선거 전에 했었더라면 훨씬 더 앞뒤가 맞았을 것이라고 했다고 했다. 그는 바그보가 승리에 대한 확신이 있을 때만 선거를 도

모했을 것이라고 생각했기 때문에 바그보가 이기기 위한 선거를 계획했음에도 결국 패배했다는 사실을 알게 되었다. 오바산죠는 바그보에게 진지하게 다른 제안을 하라고 요구했다. 바그보는 선거에서 패배했고, 그렇기 때문에 물러나는 것이 옳은 수순이었다. 사면만이 논의의 대상이 될 수 있었고, 또 사면을 받기 위해서는 인권에 반하는 범죄를 저지르지 말아야 한다고 했다. 이미 위험한 수준에 도달해 있었기 때문에 아주 조심해야 하는 부분이었다. 오바산죠는 좋지 못한 결과를 맞이하게 된 여러 지도자와 같은 전철을 밟지 않도록 바그보에게 주의를 줬다. 선을 넘는 순간, 그가 어디에 있든지 죗값을 치르게 될 것이라고 말이다. 오바산죠는 바그보가 자신의 제안을 숙고해 보겠다고 대답했다고 말했다.

그는 또한 와타라 대통령과의 회의에 대해서도 설명했는데, 와타라 대통령은 이미 바그보에 대한 사면을 논의할 준비가 되어 있었다고 했다. 바그보, 와타라와의 회의에 대해 나누고 난 뒤, 오바산죠는 "바그보가 버티려고 시도하겠지만 그리 오래가지는 않을 것이다"라고 예측했다. 바그보 측은 깊이도 없었고 전략도 없었으며 비현실적인 제안을 통해 약점을 드러냈다. 그는 아프리카의 많은 상황을 다루어 봤지만, 코트디부아르의 경우는 애매한 것 없이 아주 깔끔하다고 했다. 그 주된 이유로 UNOCI에서 진행한 이론의 여지가 없는 선거 인증 절차를 들었으며 그 덕분에 선거에서 승리한 와타라가 대통령임이 확실하다고 말했다.

오바산죠 전 대통령의 방문 기간 동안 바그보군의 UNOCI에 대한 적대 행위가 증가했다. 내가 그를 만나기 위해 풀먼호텔로 향하던 1월 10일 밤, 위험한 순간에 봉착했다. 호텔 근처에서 차량 통행이 차단을 당했다. 우리는 첫 번째 바리케이드를 무시하고 통과했다. 두 번째 바리케이드에서는 내가 오바산죠 대통령을 만나러 가는 길이라는 경호 요원의 설명에도 불구하고 소총으로 무장한 제복 차림의 청년 8명이 차를 에워싼 채 지나가지 못하도록 막았다. 그래서 나는 UNOCI의 사령관인 하피즈 장군에게 연락해 지원군을 기다리던 중 프랑스 대사와 미국 대사가 자신들의 보호 호송대와 함께 도착해 지나갈 수 있게 되었다.

1월 10일 이후, 바그보 측은 UNOCI에 대한 적대 행위의 수준을 언어적 선전에서 물리적 공격으로 전환했다. 1월 10일, UNOCI가 호위하던 식량 호송대가 골프호텔 근방에 바그보군이 설치한 바리케이드에서 애국 청년단에 의해 약탈당했다. 1월 10일과 11일 밤, UNOCI의 군경 합동 순찰대는 아보보 근처의 아비장 PK18 지역에서 귀환하던 중 도로 양측에서 총격을 받았고 유엔군은 응사할 수밖에 없었다. 1월 13일에는 바그보의 의용대와 정규군이 아비장에 있는 UNOCI 차량에 공격을 가하기 시작했다. 그 결과 UNOCI 차량 두 대가 불탔고 구급차를 포함해 세 대는 파손되었다. 구급차에 대한 공격이 가해지던 때에 병원으로 이송 중이었던 환자는 머리에 부상을 입기도 했다.

UNOCI의 굴욕

바그보 측은 UNOCI군이 호위하던 골프호텔로의 식량 호송대가 약탈당하는 모습을 필름에 담아 방송에 내보냈다. 이 때문에 UNOCI와 유엔에 대해 좋지 않은 이미지가 만방에 알려지게 되었다. 우리는 이미 2010년 12월 28일 아비장 요푸곤 지구에서 23명의 평화유지군이 친바그보 지역으로 길을 잘못 들어 굴욕을 당한 선례가 있었다. 그들은 공항으로 가던 중 실수로 바그보 진영으로 들어섰고 즉시 수많은 애국청년단 청년들에게 둘러싸여 심하게 구타를 당했다. 당시 이들은 무장된 상태가 아니었기 때문에 대응할 준비가 전혀 되어 있지 않았다. UNOCI 사령관인 하피즈 장군의 요청으로 망고 참모총장이 개입해 이들을 무사히 구출할 수 있었다. 하지만 이 사건이 전 세계적으로 전파를 탐으로써 '블루헬멧'의 이미지가 심하게 손상되었다.

긴급히 전략관리팀과 회의를 갖고 우리는 UNOCI가 더 이상 굴욕을 당하는 사건이 생겨서는 안 된다는 결정을 내렸다. 두 사건 모두 애국청년단에 의해 발생했다. 따라서 앞으로 모든 UNOCI 순찰대와 호송대는 군중 통제 능력이 있는 강력한 민간 경찰을 포함한 군경 합동 순찰대의 형태를 갖추도록 했다. 군인으로만 구성된 순찰대는 허용되지 않았다. 상황은 어려웠지만 우리는 UNOCI 군인이 군중을 향해 발포를 하는 최악의 상황은 피했다는 점에서 자위할 수 있었다. 만일 이러한 상황이 발생했더라면 UNOCI 임무단은 완전 실패로 돌아가고 그 즉시 종지부를 찍었을 것이다. 이것이 바로 바그보 측의 계략이었다.

우리는 또한 지속적인 공식 성명을 통해 진실을 알리기로 했다. 바그보 측이 UNOCI군이 코트디부아르 국민을 죽였다는 허위 선전을 함에 따라 1월 12일에 나는 공식 기자회견을 가졌다. "UNOCI는 1월 11일 밤 아비장 부근 아보보 지역에서 로랑 바그보 대통령의 무장 세력에 의해 자행된 평화유지군에 대한 기습을 개탄한다. UNOCI의 군경 합동 순찰대는 아보보의 PK18 지역 순찰에서 귀환하던 중 도로 양측에서 총격을 받았다.

UNOCI군은 대응 사격을 할 수밖에 없었다. UNOCI군 세 명이 이 과정에서 경상을 입었다. 우리는 식량 보급 호송대가 바그보 대통령 측이 설치한 바리케이드에서 차단당하고 약탈당한 다음 날 또 다른 기습이 자행되었다는 것을 지적하고자 한다. UNOCI의 교전 규칙은 무장 병력에 의한 총격을 받았을 때에 한 해 대응 사격을 허용하고 있다. UNOCI는 침착한 자세를 유지할 것과 동시에 모든 교전 당사자들에게 어떠한 폭력적 수단도 사용하지 않을 것을 재차 강조한다."

아보보 지역 민간인 학살 예방

2011년 1월 11일 오후, 바그보의 특수부대원 몇 명이 아보보의 PK18 지구에서 친와타라군에 의해 총격을 받아 사망한 사건이 발생했다. 사건이 있은 다음 날인 1월 12일, UNOCI는 바그보군이 즉시 복수하기로 결정을 내렸다는 정보를 입수했다. 오후 8시경, 망고 참모총장이 아보보와 인근 지역에 통행 금지령을 발표했다는 뉴스가 흘러나왔다. 이에 대비하기 위하여 UNOCI 순찰대가 아보보 지역에 도착했을 때 무장 차량에 탑승하고 있던 바그보군은 UNOCI 순찰대에 해당 지역에서 떠날 것을 요구했다. 이를 거절하자 바그보군은 병력과 무장 차량을 계속 늘려 가면서 재차 떠날 것을 요구했다. 하지만 우리는 이를 다시 거부했다. 바그보군의 병력 증강에 대비하여 UNOCI도 지원 병력을 배치했다. UNOCI에는 계속해서 공화국 수비대와 낙하산 부대를 포함한 바그보의 특수부대가 동료의 죽음에 대해 복수할 것이라는 정보가 속속 입수되었다.

상황이 악화됨에 따라 UNOCI는 PK18 지구에 여러 조치를 취했다.

2011년 1월 12일 당시 상황, 모든 도로가 바그보군과
애국청년단에 의하여 바리케이드로 통제되고 있다.

바그보군이 애국청년단을 동원할 경우에 대비해 최루탄을 준비하고 군경 합동 대비 태세를 강화했다. 나는 와타라 대통령과 여러 차례 전화 통화를 가졌다. 그는 이 지역의 위기 상황에 대해 잘 이해하고 있었다. 그는 아보보 지역의 민간인 학살을 예방하기 위하여 UNOCI가 바그보군에 강력하게 대처해 주기를 거듭 요청했다. 나는 제제 대사에게 연락을 취해 UNOCI의 순찰대가 현재 아보보에서 바그보군과 대치하고 있음을 설명하고, 우리는 교전 규칙에 따라 절대 먼저 발포하는 일은 없을 것이지만 만일 바그보군이 먼저 발포할 경우 이에 강력하게 대응할 것이라고 거듭 강조했다. 그리고 애국청년단이 비무장 상태로 위협한다면 그들을 해산시키기 위해 최루탄을 사용할 것이라고도 말했다. 어떻게든 민간인 학살을 방지할 결의를 분명히 했다. 리코른느 부대의 사령관도 휘하 지휘관과 부대에게 경계 태세를 발령하고 있었다.

바그보 특수부대의 아보보 지역 주민에 대해 공격이 임박했다는 징후가 늘어남에 따라 오후 8시경 나는 뉴욕 유엔 본부에 있는 평화유지활동 부국장인 아툴 카레, 사무총장 비서실장 비제이 남비아, 사무총장 군사 고문 바바카 게이 장군과 전화 회의를 가졌다. UNOCI의 하피즈 군사령관이 상황의 심각성과 PK18 지역에 지원 병력을 보낼 준비가 되어 있음을 보고했다. 그리고 우리의 건의에 따라 유엔 본부는 즉각 유엔 사무총장 명의로 바그보 측에 시민 학살 가능성에 대한 강력한 경고를 전달하는 성명을 발표했다.

오후 10시경, UNOCI 순찰 병력이 PK18 지역에 갑작스럽게 병력이 늘어난 바그보군과 맞닥뜨리면서 일촉즉발의 분위기가 형성되었다. 상황을 점검하던 나는 오후 10시 30분경 PK18 지역의 모든 UNOCI 군경 합동 부대가 퇴거해서 UNOCI 본부로 귀환했다는 보고를 접하고 충격을 받았다. 나는 즉시 상황실로 뛰어 내려가 PK18 지역에서 귀환한 순찰대 지휘관을 호출하고 긴급한 상황 점검과 대책 준비에 나섰다.

나는 해당 지역에 UNOCI의 군대가 있어야 시민 학살을 막을 수 있다고 판단하고 당장 개인적으로 PK18 지역으로 가기로 결정했다. 하지만 당시 상황실에 있던 모든 사람이 이 결정을 반대했고 아무도 나와 동행하려고 하지 않았다. 나는 내일 아침 CNN에서 코트디부아르에서 있었던 시민 학살 사건에 대해 듣느니 차라리 오늘 밤 아보보에서 명예롭게 죽겠다고 말했다. 나는 상황실에 있었던 사람들에게 나와 동행하기를 원치 않는다면 나와 함께 아보보에 가겠다고 해준 경호원과 함께 홀로 가겠노라고 '협박'했다. 어떻게 해서든지 다시 UNOCI 순찰대를 아보보 지역에 급히 보내는 것이 긴요했다.

UNOCI 요원들을 격려해 가면서 설득해 동행자를 확보한 나는 급히 아보보로 떠났다. 떠나기에 앞서 나는 유엔 본부에 다음과 같은 메시지를 보냈다. "상황이 심각하다. 나는 현재 동원 가능한 군경 합동대와 함께 아보보 PK18 지역으로 간다. UNOCI 군사령관인 하피즈 장군과 동행한다. 나는 UNOCI 부대표 아부 무사와 경찰 책임자인 장-마리 부리에게 UNOCI 본부를 맡겼다. 저지를 당할 가능성도 있다. 나는 PK18지역에 도착하기 위해 가능한 모든 수단을 동원할 것이다. 만일 내가 저지당한다면 UNOCI 지원 부대가 도착할 때까지 그 장소에 머무를 것이다."

　　이렇게 밤 11시경 하피즈 장군과 함께 UNOCI 본부를 뒤로하고 출발했다. 20분 뒤 UNOCI의 무장 군용 차량 8대와 순찰차 2대가 대열에 합류했다. 대열 정비를 마쳤지만 근처에 바그보 측 무장 병력이 있다는 보고 때문에 병력이 움직이기를 꺼려 하여 나는 계속해서 앞으로 나아갈 것을 요구했다. UNOCI 무장 순찰대가 움직이기 시작한 직후 어둠 속에서 우리는 바그보의 특수부대로 가득 차 있는 군용 트럭과 마주하게 되었다. 굳은 결의로 움직이기 시작한 우리 앞에서 그들은 발포하지 않고 아보보 지역으로 난 길을 내어 주었다.

　　아보보로 가는 동안 우리는 길 반대편에서 두 그룹의 무장세력을 지나쳤는데 각 그룹은 바그보의 특수부대 차량 5대로 구성되어 있었다. 그들도 우리에게 발포하지 않았다. 우리의 무장 순찰대는 이러한 군사적 장애물뿐만 아니라 나무 상자와 타이어로 만들어진 10여 개의 바리케이드도 부수면서 통과했다.

　　오전 12시 30분경 PK18 지역에 도착했다. 사방이 조용했다. 아마도

민간인 학살을 예방하기 위해 PK18 지역에 도착한 모습.
상황이 워낙 위험하여 경호원들의 조언에 따라 방탄조끼를 입었다.

오는 길에 마주친 특수부대 세 그룹이 아보보 지역에서 후퇴를 하고 있었던 핵심 부대였던 것 같았다. 우리는 순찰을 계속하면서 바그보 측 일부 잔여 차량과 마주치게 되었다. 우리의 무장 순찰대와 마주치자 그들은 모두 비켜 갔다.

순찰을 계속하면서 바그보군 병력이 대부분 철수한 것을 확인했다. 이때 비로소 안도할 수 있었다. 차에 동승하고 있던 하피즈 장군은 감정이 실린 어투로 말했다. "특별대표님, 당신은 오늘 UNOCI의 명예를 세웠습니다." 나는 "아닙니다. 당신과 병사들, 그리고 우리가 모두 함께 해낸 겁니다"라고 대답했다.

우리가 뉴욕 유엔 본부에 아보보 지역에 무사히 도착했고 시민 학살은 없을 것이라는 내용을 보고하자 전화선 너머로도 안도의 숨소리가 들렸다. UNOCI 본부에 남아 있는 요원들과 협의한 후 하피즈 장군을 남기고 나는 오전 1시 20분경 아보보 지역을 떠나 UNOCI 본부로 귀환했다.

하피즈 장군은 아무런 일이 발생하지 않았음을 확인한 뒤에야 오전 5시에 귀환했다. 아보보 지역을 떠나기 전 나는 소로 총리와 전화 통화를 하고 크게 우려하고 있던 그들을 안심시켰다. 그는 UNOCI의 이번 행동에 대해 누누이 감사를 표했다.

본부로 돌아오는 길에 나는 2010년 2월에 야당 지지 시위대와 정부 군경 병력이 충돌해 13명의 사망자가 발생한 사건과, 또 이와 관련하여 UNOCI가 겪었던 많은 회의와 힘들었던 시간들을 기억했다.

우리의 이 같은 활동에도 불구하고 아보보 주민들은 여전히 위험한 상황에 놓여 있었다. UNOCI는 매일같이 이 지역으로 순찰대를 보냈다. 우리는 후일인 2011년 3월에 다시 한번 비슷한 긴급 상황에 처하게 되었다. 이때는 내 비서실장 라우텐바흐와 군부사령관 쿠시 장군을 아보보 지역에 특별 순찰을 나가도록 해서 문제를 해결했다.

신이여, 내 친구들로부터 나를 보호하소서

1월 9일 월요일, UNOCI는 3일 동안 사하라 사막에서 불어닥치는 건조하고 먼지로 가득 찬 계절풍인 '하마탄' 때문에 시야 확보가 어려워져 골프호텔로 향하는 헬기를 띄울 수 없었다. 이 계절풍은 통상 12월과 2월 사이에 부는데, 이후로도 먼지바람 때문에 항공로는 자주 이착륙이 금지되었다.

그 결과 골프호텔의 상황이 급격하게 악화되었다. 골프호텔로 향하는 보급 차량과 이를 호송하던 UNOCI 차량이 바그보의 특수부대와 용병에게 강도를 당하는 사건이 있음에 따라 바그보에 대한 골프호텔 내부의 시선은 극도로 부정적이 되었으며 UNOCI에 대한 불만도 증가했다. 이 기간 동안, 소로 총리의 요청으로 UNOCI의 전략관리팀과 소로 총리의 내각이 정기적인 회의를 가졌다.

골프호텔과 UNOCI 간의 양자 회의

골프호텔과 UNOCI 본부 양측 다 바그보군에 의해 공격받고 있었기 때문에 근본적이고도 분명한 고립에 대한 감정을 가지고 있었다. 그런데 항공로를 이용하기가 어려워진 이 기간 동안 골프호텔 내 사람들은 더 우울해졌으며 가끔씩은 UNOCI 말고는 그들의 감정을 풀 대상이 없었다. 우리도 고립과 식량 부족 때문에 그들보다 나을 것이 하나도 없었지만 골프호텔에 갇혀 있는 사람들은 점차 떨어져 가는 식량 사정과 골프호텔 외부에 있는 가족들에 대한 바그보군의 협박 때문에 훨씬 더 고립감을 느꼈다.

이러한 상황에 대해 골프호텔에서는 소로 총리의 내각과 UNOCI의 전략관리팀이 나나 소로 총리가 주재하는 가운데 여러 번 회의를 가졌다. 유익한 논의가 펼쳐질 때도 있었지만 대부분의 경우는 소로의 각료들이 자신들의 기대만큼 도움을 주지 못하고 있는 UNOCI를 비판하고 불만을 토로하는 것이 대부분이었다. 가끔씩 어떤 각료들은 UNOCI가 임무를 제대로 수행하지 못하고 있다며 직설적으로 이야기하기도 했다. 내가 직접 소로 총리와 각료들에게 UNOCI의 임무와 교전 규칙에 대해 수차례 언급을 했음에도 그들은 골프호텔의 포위를 풀고 아비장에 있는 서아프리카 중앙은행 본부와 자신들의 거주지 근처에 있는 펠릭스 우푸에 부아니 공항을 탈환하기 위해 UNOCI가 군사적으로 개입해 줄 것을 끊임없이 요청했다. 절망에서 기인했든 무지에서 기인했든 그들은 UNOCI의 임무가 유엔 헌장 7조에 근거하고 있기 때문에 이러한 목적을 위해서라면 자동적으로 군사력을 동원할 수 있다고 억지 주장을 계속했다. 나는 계속해서 그들에게 그들이 원하는 결과를 얻기 위해 UNOCI의 의무를 평화유지활동에서 평화강제활동으로 변경하려면 안보리를 설득해야 한다고 설명했다.

내가 그들에게 안보리의 결의안을 나누어 주자, 태도가 조금 누그러졌다. 그들은 2010년 12월 20일에 안보리에서 UNOCI에 부여한 임무였던 결의안 1962의 규정, "코트디부아르의 평화를 유지하기 위해 코트디부아르에 있는 모든 지도자들과 정치적 대회를 적절하게 촉진할 것…"을 보고 깜짝 놀란 듯했다. "모든 지도자"에는 당연히 바그보도 포함되어 있었다. 소로 총리는 이 뜻을 알아차렸다. 그 후로 소로 총리는 각료들과 UNOCI 전략관리팀 멤버들의 참여로 이루어진 회의에 문제가 있다고 생각하고, 전체회의 대신 나와 함께 양자 회의를 갖는 것을 선호하게 되었다.

하지만 UNOCI에 대한 각료들의 부정적인 감정으로 인해 전략관리팀 멤버들도 신변의 위협을 감수하면서까지 보호하려고 했던 사람들에게 배신당한 듯한 느낌을 갖게 되었다. 세브로코로 돌아오는 전력관리팀의 발걸음은 무겁기만 했다. 한 전략관리팀 멤버가 이 무거운 분위기를 깨기 위해 "신이여, 내 친구들로부터 나를 보호하소서, 나는 내 적을 맡겠습니다"라고 소리쳤다. 라틴 속담이었는지 볼테르가 인용한 문구였는지 잘 모르겠지만 이 인용구는 코트디부아르의 첫 번째 대통령이었던 펠릭스 우푸에 부아니가 사용해서 많은 코트디부아르 사람들이 알고 있는 말이었다.

이 시기에 나는 공식적으로 "골프호텔에 UNOCI의 보호가 없이는 와타라 대통령 측 인사들이 머물 수 없다. 그들은 아비장을 떠나 부아케로 이동해야 할 것이다. 따라서 이는 실질적으로 국가의 분단을 의미하며 내전이 불가피함을 의미한다"라고 발표했다. 이러한 관점을 주지시키고자 했던 것은 UNOCI 평화유지군이 바그보군에 의해 굴욕적인 순간을 경험해야 했던 장면들에도 불구하고 UNOCI가 코트디부아르의 평화와 안정을 위해 중요한 임무를 담당하고 있다는 인식을 심어 주는 데 아주 유용했기 때문이다.

나는 소로 총리와 내각에 바그보에 대항해 취할 수 있는 당신들의 전략은 무엇인지 묻기 시작했다. "우리 전략은 UNOCI다"라고 할 정도로 UNOCI에 의지하는 입장도 있었는데, 나는 그들에게 UNOCI는 그들의 전략 시행에 직접적인 영향력을 행사하는 것이 아니라 보조적인 역할을 할 뿐이며 그렇게 해야 UNOCI의 임무와도 합치하고 장기적인 시선으로 바라봤을 때 더욱 견고한 평화를 얻게 될 것이라고 설명했다.

2011년 3월부터 와타라-소로 팀은 승리를 위한 그들의 전략에 시동을 걸기 시작했고 결국 이로 인해 한 달 뒤 위기는 종식되었다. 이와 더불어 골프호텔과 UNOCI의 역할에 대한 쓸데없는 논의도 쑥 들어갔다. 그렇지만 특히 각료들이 골프호텔에 고립되어 압박을 받던 기간 동안 형성된 골프호텔과 세브로코 사이의 간극은 쉽게 사그라지지 않았다. 와타라 대통령이 이미 형성되어 있는 까칠한 관계를 완화하기 위해 직접 개입하지 않았더라면 이 상황이 외부에 누설되었을 것이고 바그보는 이 소식을 기쁘게 받아들였을 것이다.

골프호텔에 배로 접근하다

기후 상황으로 인해 헬기를 띄울 수 없게 되고 바그보군이 애국청년 단을 이용해 UNOCI 차량을 공격하고 불태우는 일이 지속되던 어느 날 나는 와타라 대통령과의 회의를 위해 골프호텔로 가는 방법으로 UNOCI 의 순찰정을 사용해야만 했다. 프랑스 대사와 미국 대사도 참석하는 회의 였다. 나는 부사령관과 비서실장대리, 특별 보좌관과 함께 이동했다. 우리 는 골프호텔에서 긴급히 필요로 하는 의약품 상자를 함께 가지고 갔다. 목적지에 도착하는 데는 40여 분이 걸렸다. 이동하는 동안 우리는 여객선 세 대, 낚싯배 몇 정과 마주쳤으며 유엔 깃발을 보고 우리에게 손을 흔들 고 박수를 쳐주는 사람들을 보면서 바그보가 코트디부아르 국민들의 민 심을 잃고 있다는 데 확신을 갖게 되었다.

와타라 대통령과 회의하는 동안 그는 내게 유엔 사무총장에게 메시 지를 전해 달라면서 언론에서든 누구에게든 어떤 소식을 듣게 되더라도 주의를 기울이지 말 것과 유엔과 UNOCI에 대해 감사하는 마음과 믿음을 갖게 되었다는 것을 말했다. 와타라 대통령은 바그보 측과의 전투 중 바 그보가 전력에 심각한 손상을 입었으며, 이는 코트디부아르 국민의 바그 보에 대한 지지도가 떨어지고 있다는 것을 의미한다고 말했다. 그리고 국 제사회도 점차 자신을 선거의 승자로 확실히 인식하게 되었다고 언급했다. 와타라 대통령은 바그보를 축출하기 위한 마지막 단계에는 아직 도달하지 못했지만 1월 말에 아디스아바바에서 열리는 AU 회담에 참석해서 자신 이 바그보 측과 맞설 수 있다고 했다. 왜냐하면 바그보를 지지하는 아프리 카 국가들이 바그보를 승리자로 주장하거나 선거를 재검토 또는 재개표해

프랑스 대사, 미국 대사와 함께 와타라 대통령과 회의를 가졌다.

야 한다고 주장할 수 있었기 때문이다. 이러한 관점에서 와타라 대통령은 UNOCI가 계속해서 자신의 승리를 강력하게 지지해야 한다고 요청했다.

회의에서 우리는 골프호텔의 물자 수급에 대해서도 논의했다. 나는 일기가 고르지 못한 날에도 골프호텔로 물자 수급이 가능한 군용 헬기를 준비하는 것을 포함한 UNOCI의 여러 조치에 대해 설명했다(군용 헬기는 악천후를 견뎌 내는 측면에서 민간 헬기보다 가용성이 더 컸다). 와타라 대통령은 UNOCI가 바그보의 도발에 강력하게 대응했어야 했고 또 그렇게 해야 한다는 측면에서 UNOCI에 쓴소리했다. 유엔 차량을 불태우고 평화유지군을 마구잡이로 다루는 장면이 방송된 것은 유엔의 굴욕일 뿐 아니라 코트디부아르 국민에게 지울 수 없는 UNOCI의 이미지를 심어 주었다는 것이었다. 나는 바그보군과의 교전 중 시민 희생자가 나올 경우 UNOCI는 바그보의 손에 놀아나는 결과가 되며 이러한 위험한 줄타기는 하지 않도록 주의해야 한다고 대답하며, 그렇지만 그의 요점은 알겠다고 했다. 나

는 그에게 바그보의 도발에 대한 우리의 대응 방법을 개선할 계획이라고
말했다.

와타라 대통령을 만나기 전, 나는 골프호텔에 있던 기동대 지휘관인
탈라 니앙 장군으로부터 와타라 대통령의 내부 인사 보호에 물리적 지원
이 더욱 활발해야 함을 촉구받았고, 와타라의 개인 경호원과 FAFN군도
같은 입장을 취했다. 그래서 전략관리팀과의 회의 중 나는 나의 안전을
위해 UNOCI 본부 4층에 설치되어 있던 금속 탐지기와 수하물 검색대를
와타라 대통령에게 대여하기로 결정했다. 세브로코는 군부대이기 때문에
정문에서 견고한 보호를 받고 있어서 금속 탐지기와 수하물 검색대가 거
의 사용되고 있지 않았기 때문이다. 나는 골프호텔에서 와타라 대통령의
경호에 그 장비들이 유용하게 사용될 것이라고 판단해 설치를 진행했다.

말라위 대통령과의 만남

말라위 대통령인 빙구 와 무타리카가 1월 25일 이른 오후 바그보와
와타라 대통령을 만나기 위해 아비장에 왔다가 늦은 오후에 떠났다. 나는
말라위 대통령과의 회의가 오후 12시에 잡혀 있었지만 도착이 지연되어
회의는 취소되었다. 바그보의 요청에 따라 말라위 대사만이 바그보와 만
날 수 있었는데 바그보는 선거 후 위기 상황을 검토할 수 있는 위원회 설립
에 대해 제안했다. 와타라 대통령과의 회의에는 코트디부아르에 있는 AU
대표단인 암브로이즈 논사바, ECOWAS 대사인 아브라함 두쿠레가 각기
말라위 대표단으로 참석했다. 코트디부아르를 떠나기 전에 가졌던 기자회
견에서 무타리카 대통령은 이번 방문은 며칠 후 아디스아바바에서 열릴

코트디부아르 사태를 해결하고자 많은 사절단이 아비장에 방문하였다.
그중에는 코피 아난 전 사무총장과 남아공의 데스먼드 투투 신부도 있었다
(오른쪽 두 번째가 투투 신부, 세 번째가 코피 아난 전 사무총장).

AU 회담에 필요한 정보를 수집하기 위한 방문이었다고 언급했다.

위기를 해결하려는 노력의 일환으로 코트디부아르에 여러 대사를 보내는 등 ECOWAS와 AU의 갖은 노력에도 불구하고 문제 해결의 돌파구는 좀처럼 보이지 않았다. 이런 상황에 맞닥뜨려 AU에서는 1월 29-30일 양일에 걸쳐 아디스아바바에서 열린 회담에서 한 달 안에 코트디부아르의 위기 상황을 종식시키기 위한 목적으로 고위 대표단이 구성되었다. 이 회담에 참석하러 가는 동안 펠릭스 우푸에 부아니 공항에 있는 바그보군의 저지를 피하기 위해 UNOCI 항공기를 타고 아크라로 먼저 갔다가 아크라에서 민항기를 타고 아디스아바바로 갔다. 나는 코트디부아르 선거에서 내가 했던 선거 인증 방식을 설명할 완벽한 준비를 하고 아디스아바바로 갔다. 하지만 회의에서 아무도 내게 설명을 요청하지 않았다.

고위 대표단을 어떻게 구성할 것인지 많은 이야기가 오갔다. AU는 패

널이 다섯 국가의 원수로 구성되어야 한다는 최종 결론을 내렸다. 이 다섯 국가란 부르키나파소, 차드, 모리타니, 남아공, 탄자니아였고, 이 중 모리타니의 대통령이 대표를 맡는 것으로 결정되었다. 이 패널을 AU 평화 안보 위원장인 람탄 라맘라가 이끄는 전문가 그룹이 지원하기로 했다.

이에 따라 2월 19-23일로 예정된 고위 대표단의 방문에 앞서 2월 6-10일에 전문가 그룹이 사실 확인의 임무를 가지고 아비장에 방문했다. 패널은 초반에 합의했던 시간인 3월 10일 이내에 코트디부아르의 위기를 해결할 수 없었고 이에 AU에서는 패널의 기간을 한 달 더 연장했다. 하지만 2011년 3월 10일 국가원수급 AU 평화 안보 위원회 회의에서는 패널의 건의를 지지하는 성명을 발표했는데, 바그보가 물러나야 할 필요성과 이러한 목적을 달성하기 위해 필요한 것은 무엇이든 제공할 것을 보장한다는 내용이 포함되어 있었다. 다시 말해, 정확히 콕 집어서 말한 것은 아니었지만 바그보에게 케레쿠 선택을 권고한 것이었다. 다음 장에서 설명하겠지만 이것은 권력 공유만을 고수하고 자주권과 민족주의라는 이념을 기반으로 아프리카의 지지를 기대하고 있던 바그보에게 심각한 타격을 입혔다.

6장

먼저 실수하는 자가 진다
2011년 2월

냉전이 2월로 접어들었다. 바그보와 와타라 모두 AU가 어떠한 조치를 취하는지 기다리고 있었다. 동시에 군사 면에서 우위를 점하기 위한 행동들을 보이면서 아비장에서의 계속되는 데모와 이에 대한 처리 방식이 두 진영의 커다란 관심사가 되었다. UNOCI에서는 결국은 코트디부아르 사태는 코트디부아르인들이 해결할 수밖에 없다는 철학을 가지고 있었기 때문에, 양측에서 먼저 실수하여 인명 살상을 몰고 오는 쪽이 결국은 패할 것이라는 결론을 내리고 있었다.

아비장 냉전

코트디부아르 위기에 적어도 한 달 정도의 문제 해결 기간을 갖게 될 고위 대표단을 구성하기로 한 AU의 결정은 바그보가 최소한 한 달 동안은 평화롭게 물러나지 않을 것이라는 사실을 전제로 하고 있었다. 이로 인해서 나와 전략관리팀은 앞으로 다가올 날들에 대한 UNOCI의 시각을 재검토하게 되었다. 다음은 심사숙고를 거쳐 우리가 도달한 결론이다.

    ○ 아비장은 당분간 UNOCI군이 보호하고 있는 UNOCI 본부와 골프호텔을 제외하고 바그보 측의 통제하에 있을 것이다. 이러한 전망은 코트디부아르의 대통령 선거 이후 아비장에 만연한 위험하고 혼란스러운 교착 상태를 대단히 잘 보여 준다. 부분적으로는 바그보 측의 지속적인 정치 선전 때문에 친바그보 진영에서는 코트디부아르의 위기를 해결하기 위해서는 개표를 다시 해야 한다고 계속해서 주장하고 있다. 하지만 그들의 이러한 주장은 자신들의 무지함을 보여 주는 것일 뿐이다. 코트디부아르 선거 시스템은 투표 집계표를 투표용지보다 중점적으로 다루고 있었기 때문에 선거 당일 2만 개에 달하는 투표소에서 개표가 끝나자마자 투표용지는 모두 폐기되었다. UNOCI는 2만 장의 투표 집계표를 받아 하나하나 분석한 뒤 결과를 작성했다. 이 지리한 작업이 끝난 다음에야 나는 선거 결과를 인증했다. 따라서 재개표는 어불성설이다.

    ○ 친와타라 집단과 UNOCI에 대해 친바그보 애국청년단 및 특수부대의 적대적 행위가 자행됨에 따라 코트디부아르 국내 상황은 시민들에게 고통스러움을 안겨 줬을 뿐 아니라 UNOCI가 임무를 수행하는 데 방해요소가 되면서 상황이 급격히 악화되었다. 1월 말경, UNOCI 인권 전문가는 12월 17일 행진 이후 270명 이상이 사망했고 많은 사람이 심각한 인권 침해를 경험했다고 밝혔다. 인권 침해는 대부분 아비장과 국가 서쪽 지역에서 이루어

졌는데 이로 인해 3만 3,000명의 코트디부아르 국민이 라이베리아로 피난을 갔고 2만 명은 내부적 난민이 되었다.

○ UNOCI는 시민의 안전이라는 측면에서 다음 두 가지 사항에 집중할 것이다. 먼저 인권 침해, 학대 현장을 조사하고 이러한 행위에 관련된 사람들은 그 책임을 묻게 될 것이라는 점을 확실히 하는 것이었다. 또한 이러한 행위의 피해자에게 직간접적으로 다양한 지원을 할 것이다. 코트디부아르를 떠나 달라고 했던 바그보 측의 공공연한 압박과 적대적 행위에도 불구하고 우리가 코트디부아르에 존재하는 것만으로도 억제력을 형성하는 데 중요한 역할을 했다. UNOCI 역시 군중 통제 능력이 있는 강력한 군경 합동 순찰대를 형성하기 시작했다. 군경 합동 순찰대는 1월 12-13일 사이에 발생한 바그보군과 시민 사이의 충돌을 방지할 때 보여 준 것처럼 아주 효과적인 것으로 드러났다.

○ UNOCI군이 집중적으로 모여 있는 골프호텔에 대한 포위 행위는 계속될 것이다. UNOCI군의 절반과 아비장에서 동원 가능한 경찰 부대가 골프호텔을 지키는 데 전력을 다하고 있다. 호텔 공격을 감행하겠다는 협박과 시도들이 계속되고 있지만 우리는 UNOCI가 어떠한 공격도 막아 낼 수 있을 것이라고 자신한다. 아비장에 있는 전문가 대다수 역시 와타라 대통령에 대한 UNOCI의 보호 조치가 국가를 분단의 위험에서 구하고 내전으로 이어질 수 있었던 상황을 방지하는 데 큰 역할을 했다는 의견이 주를 이뤘다. UNOCI의 보호가 없었다면 와타라 대통령 측이 부아케로 거점을 옮겨

야 했기 때문이다.

○ UNOCI는 UNOCI의 군경 합동 순찰대에 대해 적대적이고 폭력적인 행위의 수위를 계속해서 높이고 있는 체류 국가의 실질적인 군사력을 통솔하는 권력의 출국 요청을 거절한 첫 번째 유엔 평화유지임무단이 되었다. 이에 따라 유엔의 UNOCI에 대한 군경 차원의 지원이 필요하게 되었다. 안보리는 1967 결의안(2011)에 따라 UNOCI의 군사력에 병력 2,000명 및 무장 헬기 3대를 추가로 지원하고 경찰 인력 60명을 동수의 전투경찰대로 전환하는 것에 인가했다. 이 새로운 배치는 다른 모든 것을 포함해 시민을 보호하고 골프호텔을 보호하는 UNOCI의 임무를 수행하는 데 필수적인 것이었다.

○ 한편, 바그보 측은 군사력을 이용해 권력을 유지하려는 모습을 보이면서 극도의 스트레스와 약점을 노출하고 있는 것으로 보였다. 그들은 자신들에게 유리한 격한 정치 선전을 하고 있음에도 불구하고 대중의 지지를 얻지 못하고 있는 것으로 드러났는데, 이는 대중이 바그보가 선거에서 패했다는 사실을 알고 있기 때문이었다. 이는 애국청년단도 마찬가지여서 바그보에게 명분이나 정의가 없기 때문에 이들을 움직일 수 있는 동기나 열정이 부족했다. 바그보 전력의 주축을 이루고 있는 군사 조직은 2만 명의 정규군, 1만 3,000명의 경찰, 1만 7,000명의 헌병으로 구성된 5만 명의 온건파와 공화국 수비대, 특수부대, 해군, 용병을 포함한 5,000명의 강경파로 이루어져 있다. UNOCI와 국제사회에 대해 온건파는 점잖고 부드러운 태도를 견지한 것에 비해 강경파는 강력하고 적대적인 태도를 유지했다.

○ 바그보 측이 군대를 통솔하고 이들에게 임금을 줄 수 있는 재정적 자원이 충분히 있는 한, 2010년 11월 28일에 표현된 국민의 의사를 받아들일 생각은 전혀 없는 것으로 보인다.

이 모든 사실에 대한 중요한 분석을 통해 예상치 못했던 일이 발생하지 않는다는 전제하에 교착 상태가 당분간 지속될 것이라는 결론에 이르게 되었다. 이러한 맥락에서 UNOCI는 "내가 여기에 있기 때문에 이곳에 계속 머무를 것이다"라는 태도를 견지하면서 다음의 중요한 임무를 수행하는 데 집중했다. UNOCI가 계속해서 머무르면서 임무를 수행하는 데 있어 특히 시민을 보호하고 이동의 자유를 확보하기 위해 활발한 순찰 활동을 하는 등 업무를 소홀히 하지 않을 것, 골프호텔과 세브로코에 감행될 수 있는 공격이나 이에 관한 협박에 항상 모든 준비를 갖추고 있을 것, 골프호텔과 세브로코에 연료와 보급품을 수급하는 데 지속적으로 확신을 기할 것, 최선의 결과를 바라되 신중한 계획을 세워 어떠한 상황에도 UNOCI가 준비된 자세를 취할 수 있도록 할 것이 그 골자였다.

AU 평화 안보 위원회 위원장인 라맘라가 이끄는 전문가팀이 2월 6일 아비장에 도착했다. 이 팀은 소로 총리, 헌법위원회 위원장, 선거관리위원회 위원장, 경찰 당국, UNOCI와 민간단체, 외교단을 포함한 코트디부아르의 상황에 관련된 모든 사람과 협의를 가졌다. 또한 2월 10일 아비장을 떠나기 전 바그보와 와타라 대통령을 따로 만나기도 했다. 이 팀의 임무는 차후에 고위 대표단의 방문에 대비해 사실 확인을 하는 것으로 어떠한 협상이나 성명도 발표하지 않았다.

2월이 되면서 사태는 태풍의 눈처럼 조용해졌다. 그러나 친와타라 데모 군중과 친바그보 군인 사이에 충돌이 계속되었다. 사진은 데모 군중의 진격에 자리를 피하고 있는 친바그보 군인들

2월 첫 3주 동안 코트디부아르의 상황은 놀라우리만치 평온했다. 바그보 측은 바그보가 교회에 가는 것을 제외하고는 일절 공식 석상에 모습을 드러내지 않음과 동시에 현저하게 활동이 줄어든 모습이었다. 애국청년단도 아비장 바로 외곽에서 가졌던 회의를 제외하고는 어떠한 모임도 갖지 않았으며 그들의 지도자인 찰스 블레 구데는 와타라 대통령 측과의 면담을 요구한다는 기자회견을 제외하고는 이상할 정도로 조용했다. 매일같이 하는 오후 8시 방송에서 UNOCI와 국제사회에 대한 언어적 공격과 정치 선전이 줄면서 RTI의 어조가 확연히 부드러워진 것을 알 수 있었다. UNOCI의 순찰대는 예전만큼 이동이 어렵지 않았다. 골프호텔에 수급하는 보급품 역시 별 어려움 없이 조달 가능했다.

이 기간 동안 바그보 측은 여러 문제에 봉착했던 것으로 보였는데 특히 재정적인 부문에서 어려움을 겪게 된 것 같았다. 국제사회가 발령한 경제 제재가 심각한 손실을 입히고 있는 것이었다. 아비장에서는 이미

2월에 상황이 조용해지자 애국청년단 대표인 블레 구데가 찾아와서 상황을 협의하고 있다.

주방용 연료나 차량용 연료와 같은 주요 원자재 부족이 나타나고 있었다. 코코아 수출은 사실상 막힌 것이나 다름없었다. 1월 22일, 서아프리카 중앙은행은 더 이상 바그보에게 권한이 없음을 인정하기로 했다고 밝혔다. 3일 뒤, 중앙은행의 임시 행장이 앞으로 또 다른 언급이 있기까지 코트디부아르에 있는 모든 지점을 폐쇄하기로 결정했다고 밝혔다. 1월 26일, 바그보 측은 군대를 동원해서 아비장에 있는 중앙은행 지점에 쳐들어가 돈을 갈취했고 이로 인해 코트디부아르에 있는 다른 주요 은행들도 문을 닫는 사태가 발생했다.

이로 인해 바그보 측은 군부대와 민간 업체에 대한 급여 지급에 심각한 영향을 받게 되었다. 코트디부아르은행(Banque Nationale Ivorienne, BNI, 바그보의 부인인 시몬느의 통제 아래에 있는 것으로 알려졌다)처럼 여전히 영업을 하고 있으면서 자금에 접근이 가능한 은행은 이 상황을 전부 해결할 만한 능력이 되지 않는 것 같았다. 설령 유동 자산을 모두 처리한다고 해도 매

달 군대와 민간 기업에 지불하기 위해 수천만 달러에 이르는 현금을 직접 처리한다는 것은 상상할 수 없는 위험과 문제를 안고 있었다.

이제 와서 생각해 보면, UNOCI를 코트디부아르에서 추방시키려 했던 노력은 1월에 정점을 찍었고, 2월에 소강상태에 접어들었으며, 3월 말과 4월 초에 세브로코에 직접적인 공격을 감행하면서 다시 한번 최고점에 달했다. 그래서 UNOCI 직원들과 아비장 시민들에게 2월은 폭풍 전야의 고요함으로 기억된다. UNOCI 직원들은 휴식과 자원 수급을 위해 사무실을 떠나 집으로 돌아가기도 했다. 나를 포함한 전략관리팀 멤버들은 조심스럽게 주말을 집에서 보내기 시작하는 정도였다. 세브로코에 12월과 1월 사이에 물 공급이 간간이 끊겨 하루 중 특정 시간에만 수도 공급이 이뤄지던 그 두 달 동안 많은 어려움을 겪어야 했다. 가끔씩은 마실 물이 모자라서 사무실 밖에 있는 우물에서 물을 떠와 정제해서 마셔야 하기도 했다. 판매용 생수가 얼마나 소중한 것인지 이때 깨닫게 되었다.

이 기간 동안 나는 바그보 측 지지자들이 평화와 안녕을 얼마나 원하고 또 이 때문에 지쳐 있는지를 보여 주는 흥미로운 상황을 접하게 되었다. 2월 20일 오후 풀먼호텔에 도착했을 때 젊은이들로 구성된 무리가 내가 호텔에 들어서는 것을 보고 박수를 쳐주었다. 이 상황이 매우 흥미로웠던 까닭은 호텔이 전략적인 요충지라 바그보 지지자들이 단단히 지키고 있었던 곳이었기 때문이다. 와타라 지지자라면 이곳에 있을 수조차 없었기에 이들을 와타라 지지자로 보기는 어려웠다. AU 고위 대표단 멤버들과의 회의를 마치고 풀먼호텔을 떠날 때 그 젊은이들이 누구인지 물었다. 그들은 바그보 지지자들인데 나를 환영하고 박수를 쳤다는 이유로 상급자들에게 문책을 받았다는 대답을 들었다. 다음 날 아침, 세브로코에 애국청년단에 의해 오랜 기간 기다렸던 행동이 처음으로 감행되었다. 대략 20여 명의 젊은이들이 버스를 이용해 세브로코 정문으로 이송되었고 이들은 떠나기 전까지 약 한 시간가량 반(反) UNOCI 구호를 외쳤다. 그들은 전날 내가 풀먼호텔에 들어설 때 환호를 했던 젊은이들일 것이라고 짐작했다. 이 사건으로 인해 나는 애국청년단이 2004년이나 2006년처럼 세브로코를 직접 공격하는 일은 없을 것이라는 확신을 갖게 되었다. 그들 역시 자신들에게 정당한 명분이 없다는 사실을 알고 있었다. 그들은 이 위기를 종식시킬 평화와 안녕을 원하고 있었다.

바그보 측이 2011년 2월에 어려움을 겪으면서 마지못해 케레쿠 선택을 일부 검토한 것일 수도 있었다. 익명의 제보를 통해 바그보 측이 우방국에 바그보가 퇴진에 동의할 경우 제시할 수 있는 조건과 이를 통해 얻을 수 있는 것이 무엇인지 아주 주저하는 태도로 물어보았다는 사실을 알게 되었다. 이것이 2011년 2월 중 있었던 잠깐의 평화를 설명할 수 있는 부분적 이유다. 이 모든 사실이 매우 흥미롭기는 하지만 이러한 시도들이 실제로 성공으로 이어졌다고 하더라도 기꺼이 한 것이 아니며 극도로 소심한 자세였기 때문에 명백한 차이를 만들어 내기에는 부족함이 많았을 것이다. 자신 진영에 있는 현실주의자들의 권고를 받은 바그보가 케레쿠 선택의 가능성을 점쳐 보려 했으나 강경파에 의해 곧 묵살당했다는 것이 일반적인 해석이었다.

AU 고위 대표단의 방문

바그보는 AU 고위 대표단이 아비장을 방문한다는 사실에 많은 기대를 걸고 있었는데, 당시 바그보 측의 권력 공유 제안에 대해 어느 정도 희망을 걸고 있었던 유일한 기구였기 때문이다. 이에 바그보는 방문하는 고위 대표단들에게 깊은 인상을 심어 주기 위해 지지자들을 동원했다. 이러한 움직임에 친와타라 집단도 움직이기 시작했다.

AU 고위 대표단 방문을 둘러싼 긴장감 고조

AU 고위 대표단 멤버였던 콤파오레 대통령은 안전상의 이유로 아비장 방문을 취소했다. 2월 20일 저녁, 수백 명의 친바그보 시위단이 아비장 공항에 모여 그의 방문에 대한 반대 시위를 벌였다. 나머지 네 명의 대표단이었던 차드 대통령 이드리스 데비, 모리타니 대통령 모하메드 울드 압델 엘 아지즈, 남아공 대통령 제이콥 주마, 탄자니아 대통령 자카야 키크웨테를 비롯해 AU 위원회 위원장 장 핑, AU 평화 안전 위원회 위원장 람탄 라맘라는 2월 19일 오후 아비장에 도착해 풀먼호텔에 머무르고 있었다.

아비장 시내 전반에 걸쳐 민간인으로 구성된 친와타라 시위대와 친바그보 군대의 충돌이 산발적으로 일어났고, 가끔씩은 실탄이 날아다니기도 했다. 친바그보군은 아비장 트리쉬빌 지역에서 로켓 추진 수류탄까지 사용했다. 쿠마시와 트리쉬빌 지역에서 시위대의 희생자 소식도 들려왔다. 바그보군에서는 세 명의 사망자가 발생했다고 했다. 전략관리팀과의 열띤 회의 끝에 나는 호위대 없이 풀먼호텔로 가서 AU 대표단과 만나기로 했다. 이러한 선택을 하기까지는 우여곡절이 많았다. '만일 내가 호위대

AU 장 핑 위원장과 평화 안전 위원회 위원장인 라맘라 등
AU 고위 대표단에게 '진실백서'를 설명하기 전에 찍은 사진

와 함께 가게 되면 안전하겠지만 UNOCI군이 풀먼호텔 바로 근처에 있는 중앙은행 본부를 공격할 것이라는 자신들이 만들어 낸 소문을 믿고 있었던 바그보의 특수부대를 도발하는 것일 수 있었다. 바그보군과 맞닥뜨리게 되면 목적지에 도착할 수 없을 것이고, 이에 따라 호위대를 동원한 명분도 사라지게 되는 것이었다. 반면 호위대 없이 이동하면 그들에게 공격당할 수 있었다. 하지만 나는 바그보군에 자극을 주고 싶지 않았고 목적지에 도착할 수 있는 확률을 높이고 싶었다. 회의 중에 세 번째 방법으로 나왔던 것은 호위대를 먼저 보내자는 것이었다. 나는 이것이 첫 번째 방법과 별 다를 것이 없는 결과를 불러올 것이기에 이 안을 기각했다.

대표단과의 회의

대표단의 요청에 따라 2월 20일 오후 나는 네 명의 국가원수와 AU 대사들로 구성된 AU 고위 대표단과 만나게 되었다. 그 자리에서 AU 위원장과 모리타니 대통령이 서두에 나에게 설명을 요청했고, 이에 따라 다음과 같이 회의를 시작했다.

○ 코트디부아르는 선거 후 위기 상황에 대한 해결점을 찾는다는 점에 있어 갈림길에 서 있다. 이 위기는 3개월째 지속되고 있다. 이로 인해 320명 이상의 사망자와 수백 명에 이르는 중상자가 생겼다. 코트디부아르 국민들은 경제적, 재정적 위기 상황으로 고통받고 있다. 이제 위기는 정점에 달해 있다. 만일 AU 고위 대표단이 이번 코트디부아르 위기 상황에 대한 해결 방안을 찾지 못한다면 평화적 해결 방안을 제시할 수 있는 기회는 사라질지도 모른다.

○ 하지만 '진실과 화해'라는 원칙을 따르는 분명한 해결 방법이 있다. 만일 진실을 받아들인다면 해결책을 찾고 모든 사람이 화해할 수 있을 것이다. 반대로 여전히 진실에 대해 의구심을 갖는다면 해결책과 화해, 그 어떤 것도 불가능할 것이다. 그 대신 잔인한 폭력이 난무하면서 코트디부아르 국민에게 가늠할 수 없는 고통을 가져올 것이며 국가의 발전을 저해하게 될 것이다.

○ 내 보좌관인 제임스 아지가 네 가지의 선거 지도를 포함한 회의 자료를 나눠 주었고 나는 코트디부아르 선거에 관한 '진실 브리핑'에 10분의 시간을 요청했다. 이 자료에는 두 장의 사진이 포함되어 있는데, 각 사진은 2010년 12월 8일 나의 선거 인증 성명과 함께 투표장 모습과 개표지의 모습을 담

고 있었다.

○ 결론을 말하자면, 나는 국제사회에 코트디부아르를 포기하지 말라는 메시지를 전달하고 싶었다. 2011년 아프리카 18개 국가에서 선거가 있을 예정인데 코트디부아르의 실패는 아프리카 여러 나라의 국민들이 자신들의 지도자를 자신의 의사 표현과 함께 민주적인 방법으로 선출하고자 하는 도구로써의 선거의 의미가 퇴색될 것이며 아프리카 내에서 그 유용성과 신용성을 잃게 될 것이기 때문이었다.

나의 설명이 있은 뒤 질의응답 시간을 가졌다. 남아공 주마 대통령의 질문에 대한 나의 답변은 다음과 같았다.

Q: 어느 시점에서 선거 인증을 하게 되었는가?
A: 모든 과정이 완료된 뒤, 다시 말해 선거관리위원회와 헌법위원회가 마지막 투표 결과를 발표한 뒤에 했다. 이것은 코트디부아르의 모든 정치권이 합의한 원칙이었다. 이 원칙은 1차 대통령 선거 결과 발표와 최종 투표자 명단 확정 과정에서 아무런 이의 없이 이미 받아들여진 바 있다. 코트디부아르의 선거는 유엔에서 먼저 선거 인증을 하겠다고 나선 것이 아니었다. 우리는 2005년 프레토리아협약과 2007년 와가두구정치협약에 따라 선거 인증을 요청받은 것이었다.
Q: 선거관리위원회에서 발표한 선거 결과를 인증한 것은 무엇 때문인가?
A: 나는 코트디부아르 국민의 의사 표현 결과를 인증한 것이다. 선거관리위

원회도, 헌법위원회도 이와는 아무 관련이 없다. 내가 인증한 선거 결과가 선거관리위원회의 결과와 비슷했다는 사실은 그저 우연일 뿐이다. 1차 투표에 따르면 내가 인증한 선거 결과는 선거관리위원회와 헌법위원회 모두 비슷했다. 서두에서 설명했지만 나는 2010년 11월 28일 대통령 선거의 진실을 찾아내기 위해 선거관리위원회, 헌법위원회와 독립적으로 선거 인증을 위한 세 가지 방법을 사용했다.

Q: 선거관리위원회의 많은 위원들이 유세프 바카요코 위원장이 선거관리위원회의 협의 결과나 선거관리위원회 내부의 결정에 부합되지 않는 의견을 냈다고 하는 것 같은데.

A: 코트디부아르 선거법에 따르면 선거관리위원회 위원장은 잠정 결과를 발표해야 하는 것으로 되어 있다. 선거관리위원회 협의 결과나 내부 결정에 대한 부가적 설명은 어디에도 없다. 나는 이 일이 법적 공방에 들어가는 것을 원하지 않는다. 사실 선거관리위원회의 발표에 대한 또 다른 주장으로 법적 효력을 갖는 3일 이내에 하지 않았다는 말도 있다. 이 점에 있어서도 법적으로 규정하고 있는 것은 선거관리위원회가 헌법위원회에 선거 후 3일 이내에 투표 집계표를 제출해야 한다는 규정뿐이다. 나의 선거 인증 과정은 선거관리위원회의 결과 발표와는 독립적으로 이루어졌기 때문에 이와 관련해 법적 공방을 벌이는 것은 맞지 않다고 본다.

Q: 전문가 그룹의 설명을 들은 후 내가 내릴 수 있었던 코트디부아르 선거에 대한 결론은 '미확정'이었다. 이에 대해서는 어떻게 할 수 있겠는가?

A: 코트디부아르 선거에서 투표 집계표가 완료된 후 2만 곳의 투표소에 있었던 모든 투표용지는 전부 소각되었다. 선거 인증자로서 나는 120명의 훈

런된 UNOCI 전문가들과 함께 투표 집계표에 기록된 모든 사항을 재검토했다. 우리가 유엔의 공명성, 진실성, 객관성, 중립성을 인정하지 않는다면 과연 양 후보 진영의 이익을 대변하면서 동시에 공명성을 보장할 수 있는 단체가 존재하겠는가?

모리타니 대통령은 헌법위원회가 그들의 결론에 도달한 과정과 방법에 대해 질문했다. 나는 헌법위원회가 국가 북쪽 지방의 여러 지역에 있는 투표를 무효화했으며 이로 인해 총투표의 10퍼센트에 영향을 미치게 되었다고 설명했다. 실제로 무효화된 60만 건의 투표로 와타라는 55만 표를, 바그보는 5만 표를 잃게 되었다. 이것이 바그보에 유리한 결과로 뒤바뀌게 된 결정적인 원인이었다.

탄자니아 대통령은 선거관리위원회나 헌법위원회와는 다른 방법으로 접근한 내 방식에 대해 질문을 던졌다. 나는 선거 인증을 위해 각기 다른 세 가지 방식을 사용했음을 설명했다. 이것은 3교대를 해가며 3일 밤낮으로 120명의 UNOCI 전문가들이 2만 개의 투표 집계표를 분석한 노력이 없었다면 불가능했을 것이다. 선거관리위원회는 단순히 투표 집계표를 19개 구역으로 나누기만 했고 헌법위원회는 70개 지역으로 구분했을 뿐이었다. 그렇기 때문에 선거관리위원회의 결과는 구역을 기준으로 하고 헌법위원회의 결과는 지역을 기반으로 하고 있었다.

차드 대통령은 나의 설명과 대답으로 인해 지난 이틀 동안 얻은 것보다 많은 것을 알게 되었다고 말했다. 그는 유엔이 칭찬받을 만한 행동을 했다고 했다. 유엔의 선거 인증 결과는 진실로 받아들여져야 한다고도 했다.

그는 이제 해결책을 찾고 이 진실을 기반으로 해서 화해의 실마리를 잡아야 할 시기라고 말했다.

ECOWAS 베호 위원장은 '진실과 화해'라는 개념을 뒷받침하면서 AU 고위 대표단이 유엔의 선거 인증 결과를 이론의 여지가 없는 진실로 받아들일 것과 이에 기반해 해결책을 찾고 화해의 기반을 구축할 것을 촉구했다.

회의가 끝나 갈 무렵, 나는 짧은 마무리 인사를 하면서 선거 기간 내내 국제사회가 반드시 선거의 승자만이 승자가 되도록 할 것이라는 약속으로 코트디부아르 국민의 용기를 북돋웠다는 사실을 언급했다. 코트디부아르 국민은 2010년 11월 28일 81퍼센트라는 경이적인 투표율을 보이면서 사실상 미미한 약간의 부정이나 변칙을 제외하고는 아주 모범적인 사례를 보여 주었다. 이제는 국제사회가 이 일을 마무리 짓는 차원에서 여론이 승리한다는 것을 보여 줘야 할 차례라고 말했다.

바그보, 와타라 대통령을 만난 AU 고위 대표단 사이의 회의

AU 고위 대표단 멤버들은 아비장에서 머무는 동안 바그보, 헌법위원회 위원장과 위원들, 와타라 대통령과 만남을 가졌다. 그들의 주된 목적은 대통령 선거 결과에 대부분 초점이 맞춰져 있었다. 대표단은 아비장에서 머무는 동안 해결책을 반드시 마련해야 한다는 의무에 묶여 있지는 않았다. 그들은 2월 23일 코트디부아르의 선거 후 위기를 해결할 수 있는 방안을 모리타니에서 다음에 열리는 회의 때까지 꼭 찾아오겠다는 약속과 함께 아비장을 떠났다.

와타라 대통령의 시각

AU 고위 대표단의 방문 후 와타라 대통령을 만났을 때, 그는 내게 AU의 전문가 그룹에 따르면 남아공 전문가들까지 합해 그들 모두가 자신을 선거의 승자로 인정하고 있다고 말해 주었다. 하지만 어떠한 행동을 해야 이것을 제대로 인정받을 수 있을지는 아직 명확하지 않다고도 했다. 남아공이 이에 있어 핵심적인 요인으로 남아 있었다. AU 대표단은 코트디부아르가 바그보에 맞서 민중저항을 일으키기 전에 가질 수 있는 마지막 희망일지도 몰랐다.

친와타라 대통령 무장세력의 결성

회상해 보면, 2월은 바그보 측이 피로를 느끼고 있었던 시기였다. 그들은 점차 희망을 잃어 가고 있었고 싸움에 대한 의지도 약해지고 있었다. UNOCI에 대한 방대한 반대 선전을 포함해 갖은 적대 행위와 공격에도 불구하고 우리가 코트디부아르를 떠날 기미를 보이지 않았던 것이다. 골프호텔은 사기충천한 FAFN군과 UNOCI의 보호 아래 굳건히 버티고 있었다. 바그보 측이 애국청년단을 비롯한 군 세력을 동원해 심각한 공격을 감행할 수 있는 가능성은 낮아 보였다. 바그보 측 지지자들은 자신들이 아비장 외부로 돌아다닐 수 없다는 사실을 깨닫고 있었다. 자신들뿐 아니라 가족들도 발이 묶인 상태였다.

가장 중요한 점은 바그보 측이 아보보에서 활동하던 친와타라 무장세력인 '보이지 않는 부대'가 주도하는 저항 세력에 더 이상 맞설 수 있는 능력이 없다는 데 있었다. '보이지 않는 부대'는 아주 강했으며 바그보군

은 이 세력과 맞닥뜨리는 것을 눈에 띄게 피하게 되었고 덕분에 UNOCI
의 순찰대는 아보보 지역에서 바그보군에 의한 공격이 점차 감소하는 것
을 느끼게 되었다.

많은 참관자들 사이에서 2월 중에 맞게 된 침착하고 정돈된 분위기
가 선거 후 위기를 마무리 짓게 될 폭풍 전야의 고요함이라는 의견이 많
았다. 그들은 AU 고위 대표단의 방문 이후 와타라 대통령 측이 교착 상
태를 해결하기 위해 바그보 측이 보이고 있는 사기 저하와 피로를 집중
공략할 것으로 보았다. 이러한 측면에서 바그보 측은 이미 신경전에서 지
고 있었다. 그들은 더 이상 명분도 없었고 실질적으로 재정적으로나 군사
적으로도 자원이 바닥난 상태였으며 신경전에서 버틸 수 있을 만한 끈기
도 없었다.

그중에서도 가장 눈에 띄는 태도의 변화는 양측의 무장 세력인 남측
의 FDS와 북측의 FAFN에서 나타났다. FAFN과 와타라 대통령 측은 아비
장뿐만 아니라 서쪽의 달로아, 두쿠에를 비롯해 북쪽에서 다각적인 작전
을 펼칠 것으로 알려졌다. 아비장에서는 친와타라군이 대통령궁에서 매우
가까운 아비장 중앙에 위치한 아테쿠베 지역을 포함해 전투 지역을 확장
했다. 2월 24일에는 무장 세력이 군데군데 포함된 친와타라 지지 단체와
해군 및 공화국 수비대가 포함된 친바그보 특수부대 사이에 소규모 접전
이 하루 종일 계속되었고 그러는 사이 바그보 측은 서쪽과 북쪽 및 아비
장 중앙에서 수비적인 자세로 돌아서게 되었다.

선거 후 위기가 시작되었을 당시에는 ECOWAS에서 코트디부아르
에 군사적 개입을 할 수도 있다는 입장이 강했다. 실제로 ECOWAS에서는

이 가능성에 대해 논의했고 코트디부아르에 민주주의를 회복한다는 명분 아래 이 가능성에 대한 공식 성명을 발표하기도 했다. 종국적으로는 코트디부아르 자국민들 스스로가 상황을 군사적으로 마무리 짓게 되었지만 ECOWAS와 AU, 유엔을 포함한 국제사회가 코트디부아르 국민이 스스로 운명을 개척할 수 있도록 필요한 노선을 제시했다고 해도 무방할 것이다.

소로 총리는 북쪽과 서쪽 지역을 비롯해 부르키나파소를 포함한 주변국들을 방문해서 남측에 대한 군사 작전을 세우고 이를 준비하기 위해 오랜 기간 골프호텔을 비웠다. 소로 총리는 와가두구에서부터 코트디부아르 서쪽에 있는 만에 이르기까지 다니면서 해당 지역에 있는 FAFN군을 지휘하고 사기를 북돋았다.

와타라군이 아테쿠베로 전선을 끌어오다

UNOCI 본부인 세브로코가 아테쿠베 지역에 위치하고 있었기 때문에 나를 포함한 UNOCI 직원들은 전투가 어떻게 진행되었는지 볼 수 있는 기회가 많았다. 다음은 2월 24일에 일어난 일이다.

○ 아테쿠베 지역의 소규모 접전은 친와타라 청년 단체가 친바그보 특수부대에서 조금 떨어진 주도로를 따라 불이 붙은 타이어로 바리케이드를 설치하면서 시작되었다. 친와타라군은 친바그보군이 반응이 없거나 후퇴를 할 때마다 불붙은 타이어로 새로운 바리케이드를 설치하면서 전진했다. 친바그보군에 지원군이 도착했을 때 친와타라군은 후퇴했다.

○ 친바그보 특수부대는 도로 주변에 있는 상점으로 불붙은 타이어를 다시 던지기 시작했다. 도심에 있는 작은 골목까지 진출하지는 않았는데 친와타라 청년 단체가 통신과 모임의 집합 및 해산에 자주 이용하던 곳이 바로 이 골목들이었다.

○ UNOCI는 친와타라 청년 단체도 없고 친바그보 특수부대도 없을 때 가끔씩 전투 부대 차량과 함께 순찰대를 보냈다. 이렇게 함으로써 UNOCI는 양측에 존재감을 어필하고 자중할 것을 촉구했다.

○ UNOCI 본부에 7명의 부상자가 실려 왔고 이들은 UNOCI의 의사들이 치료를 맡았다. 미디어에서 다룬 대중 봉기라 할 수 있었던 튀니스와 카이로에서 일어난 사건과는 달리 아비장에서는 대중 봉기라기보다 도시 게릴라전이라 할 만한 상황이 지속되었다. 작은 규모의 시민 단체가 돌과 막대기로 된 무기를 들고 나와 바그보의 특수부대와 맞섰다. 바그보의 특수부대는 주로 공중에 공포탄을 쏘았지만 필요한 경우에는 망설이지 않고 실탄을 쐈다.

이러는 동안, 2월 24일 코트디부아르 서쪽에 있는 주인 후난에서는 FAFN군이 기관총을 탑재한 차량을 포로로 잡으면서 FDS와 FAFN 사이에 처음으로 직접적인 무장 충돌이 발생했다. 당시 양군은 전장에서 후퇴하는 형태를 취했다. 이날 이전에는 친와타라군과 친바그보군 사이의 소규모 접전은 많았지만 무장한 시민과 민병대 사이의 대리전과 같은 형태를 취하기만 했지, 이와 같이 직접적인 교전은 처음 있는 일이었다.

아비장과 서쪽에서 후퇴할 수밖에 없었던 바그보 측은 애국청년단을 움직이기 시작했다. 2월 24일 밤, 블레 구데는 애국청년단을 동원해 아비장 내에서 UNOCI의 움직임을 봉쇄하도록 선동했다. 하지만 이러한 선동은 UNOCI가 특별한 장애 없이 순찰대를 보낼 수 있게 되면서 큰 효과를 보지 못했다. 2월 25일 아침, 애국청년단은 아비장 리비에라 지역에 있는 UNOCI의 토고 병영 주변과 4지구에 있는 요르단 특수부대 기지 주변에 모였지만 그 이상의 행동은 취하지 않았다. 리비에라에서 돌에 맞아 두 대의 UNOCI 차량이 파손되는 일만 있었을 뿐이다.

서쪽의 달로아에서는 애국청년단이 UNOCI의 요르단 군사 기지를 공격하려 했으나 성공하지 못했다. 당시 그들은 도시로 가서 UNOCI 직원들이 살고 있는 20여 채의 집을 뒤엎었다. 이 사건에 대해 바그보 측 RTI 방송국은 오후 8시 뉴스에서 UNOCI가 코트디부아르 경찰을 죽였다는 거짓 정보를 전파하기 시작했다. 이 정보를 입수한 우리는 같은 날 저녁 다른 채널을 통해 이에 대응했다.

중국인 기술자 구출 작업

2월 25일 하루 종일, UNOCI는 아비장 아보보 지구에 발생한 문제에 대해 연락을 받고 다음 행동을 취했다.

○ 아침 늦은 시간, 나는 내 직원들과 함께 헬기를 타고 아보보에 정찰 임무를 수행하기 위해 떠났다. 정찰 임무는 아보보에서 친와타라 시민단체와 친바그보군 사이에 4일 동안 갇혀 있었던 15명의 중국인 기술자를 구출하는

것이었는데, 무사히 성공했다. 이들은 친바그보 지지자들 지역에 갇혀 있었다. 코트디부아르 중국 대사였던 웨이 원화도 헬기에 타고 있었는데 UNOCI의 임무 수행에 대해 깊은 감사를 표했다.

○ 오후에는 UNOCI 지도부가 와타라 대통령 측 및 바그보 측에게 자제를 요하는 연락을 여러 차례 취했다. 와타라 대통령과의 전화 통화에서 그는 전날 내가 이끌었던 정찰 임무와 더불어 UNOCI가 헬기로 정찰 임무를 수행해 준 것에 감사를 표했다.

○ 저녁에는 임시 군사령관인 벤자민 쿠시 장군과 나의 비서실장 조지 라우텐바흐가 아보보에서 적극적인 정찰 활동에 나섰다. 그들은 21시경에 아보보 지역에 도착했다. 당시 상황은 친와타라 시민단체가 바그보 특수부대가 감행할 수 있는 장갑차량(APC) 공격에 대응하기 위한 준비가 한창이라 무척 긴장된 상태였다. 하지만 우리 정찰대는 해당 지역에서 바그보군의 존재를 확인할 수 없었다.

바그보 측은 2월 26일 금요일부터 2월 27일 일요일까지 통행 금지령을 발령했고 UNOCI에는 아비장 내의 이동 금지령을 내렸다. 통행 금지령은 새로울 것이 없었다. 하지만 한 가지 특이사항이 있었는데, 2월 24일 애국청년단 지도자였던 블레 구데가 실수를 저지른 것이다. 그는 애국청년단에게 아비장 내에서 UNOCI와 주변 지역에 살고 있는 외국인들의 자유로운 행동을 막을 것을 명령했다. 평소 블레 구데는 폭력 사용에 온건한 입장을 취하는 것으로 알려져 있었다. 예를 들자면 이날까지도 그는 "빈손으로 골프호텔을 탈환하자"는 구호를 내걸고 있었고 "폭력이 아닌 명예를 갖고 싸우자"라는 기치 아래 대화와 평화 협상을 더욱 선호한다고 했던 것이다. 하지만 이날은 모든 균형을 잃어버리고 어떠한 구호에도 기대지 않은 채 애국청년단에 UNOCI와 외국인들을 공격하라고 명령한 것이다. 이 명령을 내린 지 얼마 지나지 않아 그는 자신의 실수를 깨달은 것이 분명했는데 처음으로 그가 UNOCI 임시 군사령관인 쿠시 장군에게 면담을 요청했기 때문이다. 바로 다음 날 쿠시 장군의 자택에서 회담이 열렸고 이곳에서 블레 구데는 자신의 '진짜 의도' 즉 명예를 가지고 싸우자는 것이 진심이라고 반복해서 설명했다.

　나는 이러한 블레 구데의 실수도 바그보 측이 신경전에서 패배하고 있는 신호의 하나로 해석했다. 친와타라군에 접근한 것을 포함해 바그보 측에서는 국제적으로나 국내적으로 거세지고 있는 압박감에 블레 구데에게 압력을 가해 평소의 그답지 않은 큰 실수를 범하게 만든 것이다.

추측과 소문의 난무

　우리는 선거 기간 동안 얼마나 쉽게 추측과 소문이 한 나라를 뒤덮을 수 있는지 목격했다. 이러한 격동의 시기에는 각종 추측과 소문이 자유로이 퍼진다. 예를 들어 3월 12일에는 바그보 측이 중장비와 헬기를 동원해 아보보에서 이 모든 상황을 마무리 지을 작전을 펼칠 것이라는 소문이 온 나라를 떠들썩하게 했다.

　실상은 친바그보 측과 친와타라군 간의 예전과 비슷한 소규모 접전이 있었을 뿐이었다. 이 전투에 중장비나 헬기는 동원되지 않았다. 소문은 다음과 같은 억측에서 시작되어 퍼진 것으로 보였다.

○ 3월 12일 아침, 친바그보군 대변인은 중장비와 헬기를 동원한 최종적인 작전이 아보보에서 펼쳐질 것이라고 발표했다. 우리는 바그보가 '보이지 않는 부대'를 공격하기 위해 UNOCI 차량으로 변장한 전투 차량을 보낼 것이라는 허위 정보를 입수하게 되었다. 이에 대해 상반된 의견이 대두되었다. 한편에서는 친와타라 지지자 측에서 두려움에 만들어 낸 소문이라는 의견이었고, 다른 한편에서는 바그보 측의 책략가가 '보이지 않는 부대'로 하여금 UNOCI 순찰 차량을 바그보군의 변장 차량으로 오인하도록 한 유인책이라는 의견이었다.

○ 한 해외 특파원이 이에 대한 확인 작업 없이 본부에 보고했고, 이는 아침에 바그보 측이 한 발표에 무게를 실어 주었다. 아보보 남부 지역에서 몇 차례 소규모 접전이 일어나자, 다른 해외 특파원도 앞다퉈 전문 보고를 보내기 시작했다. 어떤 특파원은 와타라 대통령 측에 접촉해 의견을 물었고 최종 작전이나 고의적인 살인 행위는 절대 받아들여지지 않을 것이라는 대답을 받아 소문에 박차를 가하게 되었다. 소규모 접전이 벌어지게 되었을 때 UNOCI는 아보보에서 헬기와 무장 차량을 포함해 왕성하게 순찰 활동을 하고 있었는데 많은 기자들과 참관자들이 이를 바그보군으로 오인했다. 어떤 외교관들은 이 '정보'를 뉴욕에 있는 동료들에게 넘기기도 했다. 이 때문에 유엔 본부의 우리 동료들도 소식을 듣고 UNOCI에 최종 작전과 민간 피

해 상황에 대해 묻기 시작했다.

○ 늦은 오후를 향해 가면서 마치 온 세상이 아보보에서 일어나고 있는 '최종 작전을 직접 목격하고 있는 것 같다'는 느낌을 받게 되었다. 날이 저물 때가 되어서야 소문이 잦아들기 시작했다. UNOCI는 해외 특파원과 대사관에 상황을 직접 설명하면서 UNOCI가 아보보에 순찰대를 보냈고 사무총장 특별대표 본인이 직접 헬기를 타고 해당 지역을 순찰했으며 최종 작전 같은 것은 없었다고 말했다.

○ 그러는 와중 바그보 측은 애초에 허위 정보를 의도한 것이었기 때문에 최종 작전을 시행에 옮기지 않았다. RTI 뉴스에서는 그 이후에도 이 사건에 대한 언급은 전혀 없었다.

몇 가지 사실을 반추하고서 나는 이번 일련의 사건들이 바그보 측의 약점을 드러낸다는 결론을 내리게 되었다. 그들은 심각한 압박감 속에 최소한 말이라도 아보보에서 최종 작전에 들어간다는 모습을 보여야 했던 것이다.

침착성을 잃기 시작한 바그보 진영

2011년 3월 초, 바그보 측이 침착성을 잃기 시작했다고 볼 수 있는 세 가지 결정적인 단서를 파악했다. 그 단서들이란 민간 동원 능력, 재정 동원 능력, 군사 동원 능력이었다. AU 고위 대표단의 의사 결정 능력에 대해 바그보 측과 와타라 측 모두 회의적인 입장을 갖고 있었다. 대표단이 코트디부아르의 위기 상황에서 주어진 시간 안에 해결책을 제시할 확률은 지극히 낮았다. 그렇기 때문에 대표단의 방문 이후 양측 모두 자체적인 해결 방안을 밀어붙이기로 작정한 듯한 행동을 취했다. 이러한 행동은 와타라 대통령 측에서 특히 더 강하게 나타났다.

이 기간 동안 와타라 대통령, 소로 총리 및 장관들과 연락을 취할 때 나는 그들의 바그보를 이기기 위한 전략이 다음에 근거하고 있음을 알아냈다. 첫 번째로는 재정적, 경제적 제제 조치를 통해 바그보가 보안팀과 수비대에 임금을 지불할 수 있는 경로를 차단하는 재정적 전략, 두 번째로 아비장에 있는 친와타라 청년단체를 활성화하여 바그보군에 맞서는 전략이었다. 그러나 RHDP가 청년단체의 무장에 관여하고 있는지에 대해 묻자 와타라 대통령 측에서는 부인했다. 그러나 아비장의 여러 지역, 특히 아보보 지역과 서쪽 지역에서 친와타라 민간단체가 자체적으로 무장을 증강하고 있는 것은 명백했다. 와타라 측은 적절한 시기에 FAFN군을 활용하기로 했다. 남쪽으로 진군하기 위해 북쪽의 FAFN군을 움직여야 한다면 와타라 대통령과 소로 총리로서는 직접적인 군사 행동을 취하는 것이다. 이를 위하여 와타라 대통령 측에서 이 군사 행동이 정치적으로 어떤 영향을 미치는지에 대한 중대한 결정을 먼저 해야 할 것이라고 알려 주었다.

한편, 바그보 측도 다음 세 가지에 의지하여 전략을 펴나가고 있었다. 무엇보다도 보안팀과 수비대를 포함한 공무원들에게 보수를 지급할 수 있는 유동적 자산과 금융 기관을 갖춘 재정적 자원을 확보하는 것, 애국청년단과 바그보군에 맞서는 아비장 내 친와타라 시위 세력을 제압하는 것, FAFN군이 나라의 남쪽, 서쪽, 특히 부아케-야무수크로 축을 따라 이동하는 경로를 확실히 방어하는 것이 주축이었다.

민간 동원, 재정 동원 및 군사 동원 측면에서 UNOCI의 전략관리팀이 한 분석 및 예측은 다음과 같았다.

민간 동원

친바그보군과 애국청년단은 아비장 내의 RHDP 청년 단체의 확산을 막기 위해 노력했다. 친와타라 민간 시위대가 갑자기 강력한 힘을 발휘할 가능성은 여전히 낮다고 볼 수 있다. 하지만 친와타라 세력이 우위를 얻어가고 있었다. 바그보 측의 재정 악화 및 FAFN의 활성화와 함께 이와 같은 민간단체의 행동은 아주 중요한 역할을 하게 될 것이다.

인구 180만 명이 넘는 아비장 북측의 인구가 가장 밀집된 지역인 아보보에서는 아직도 친와타라 민간 부대와 친바그보 특수부대 간에 싸움이 계속되고 있다. 아비장 남쪽인 트리쉬빌, 쿠마시, 포트 부에 지역에서 친와타라 측의 시위가 진행 중이다. 하지만 이들은 친바그보 연합 부대에 의해 무자비하게 진압되었다. 쿠마시에서는 양측이 무장하고 있다는 여러 징후 속에서 직접적으로 대적하기도 했다. 아비장 중앙 지구에서는 대통령궁 인근이라는 지리적 이유로 아테쿠베 지역에서의 소규모 접전이 중요하게 남아 있다.

재정 동원

바그보 측이 어려움을 겪고 있다는 여러 징후들이 보였다. 은행들이 문을 닫고 남아 있는 은행들도 보수를 지급할 수 있는 여력이 없음을 보이고 있었다. 이 시기에 아비장에서는 서아프리카 중앙은행이 1월 22일에 바그보의 권한을 박탈한다는 중대한 결정을 내리면서 와타라 측으로 모멘텀이 옮겨졌음이 확연해졌다. 바그보 측은 2010년 12월 16일 와타라와 소로 측의 반바그보 '행진'이 실패로 돌아감에 따라 자신에 유리한 강한 모멘텀을 갖게 되었는데 이것이 끝나 가고 있었다. 국내적으로도, 국제적으로도 동조를 얻을 수 있는 구실을 찾지 못하고 재정적인 자원도 처리할 수 없게 되면서 지지를 잃게 되었다.

군사 동원

와타라 대통령 측은 FAFN군의 남쪽으로의 진군이라는 마지막 수단을 가지고 있었다. 3월 초, FAFN군의 아비장 접근 능력에 대해서는 의견이 분분했다. 어떤 이들은 FAFN군이 바그보군보다 더 나은 군인이고 더 나은 동기를 가졌기 때문에 더 빠르게 움직일 수 있다고 했고, 어떤 이들은 FAFN군이 지난 수 년간 바그보군이 축적해 온 중화기에 대항할 만한 무기나 장비를 갖추고 있지 못하다고 믿었다. 하지만 모두 FAFN군이 야무수크로를 점령할 수만 있다면 와타라 측에 엄청난 이득이 될 것이며 바그보의 세력을 아비장 안에 가둘 수 있을 것이라고 생각했다.

대체적으로 신경전에서 지는 것 같았던 와타라 대통령 측에 3월 초부터 힘이 실리고 있다는 것이 확실해지고 있었다. 이러한 분위기 속에서 가장 중요한 목표는 코트디부아르 국민들의 민심과 여론을 얻는 것이었다.

바그보는 민간인, 친와타라 단체, 국제사회와 UNOCI를 향한 극단적 조치로 민심과 여론을 잃고 있었다. 바그보군은 민간인을 향해 발포하거나 북측 지역에 전기와 수도 공급을 끊고 대부분의 신문 발간을 저지하는 등 극단적인 행동을 하고 있었다. 이러한 행동 중에는 블루헬멧을 향한 직접적인 발포, UNOCI 직원 납치, UNOCI 직원 사택 약탈 및 차량 납치도 포함되어 있었다. 바그보 측은 군을 통제하지 못하고 있었고 2010년 12월부터 해왔던 신경전에서 침착성을 잃어 가고 있었다.

2월 24일 주안-후니안에서 있었던 첫 번째 소규모 접전 이후 FAFN군은 3월 9일까지 주안-후니안, 티에플루, 빈-후예, 투플루를 포함해 서쪽의 여러 지역을 점령했다. FAFN군은 해당 지역 주민의 지원을 받을 수 있었으며 이때까지만 해도 바그보에게 충직한 보안군에 맞닥뜨리지 않고 직접적인 전투 없이 점령이 가능했다.

와타라 대통령의 지원 무장 세력이 서쪽을 전장으로 선택한 데에는 여러 이유가 있었다. 2010년 11월 28일 대통령 선거 결과를 놓고 봤을 때 서쪽은 친와타라 세력과 친바그보 세력이 혼잡하게 섞여 있는 지역이었다. 따라서 혼란이 뒤따를 수밖에 없었다. 선거가 있은 후로 두 달 동안 이 혼란은 양측 군대의 개입 없이 각 측의 무장 세력과 비정규군 간의 대리전 양상을 띠게 되었다. 얼마 지나지 않아 군대의 개입이 불가피할 것이었다. 이 지역은 바그보 측에서 모집한 해외 용병들이 군집하는 장소였다. 그렇기 때문에 코트디부아르-라이베리아 국경 주변에 있는 도시를 점령함으로써 와타라 무장 세력은 용병들의 코트디부아르 입국 저지를 노렸다. 만일 아비장에서의 친와타라 시위와 바그보에 대한 재정적 압박이 원하는 결과를 불러오지 못했을 경우 와타라 무장 세력은 마지막 수단으로 남측 진군이라는 카드를 남겨 두고 있었다. 와타라 대통령으로서는 야무수크로를 두고 하는 전투는 위험 감수가 너무 컸다. 무혈입성이 가장 좋은 시나리오였다.

FAFN군은 서쪽 지방의 전투에 많은 병력을 투입하고 있었다. 그들의 총병력은 대략 1,500명이었다. FAFN에 대한 FDS의 저항은 비교적 약한 수준이었는데 각 도시에서 FAFN이 체포한 총 FDS 인원은 소대 규모에 그쳤다. 서쪽에 주둔한 FDS군 중에 특수부대가 없었다는 사실 또한 FAFN이 쉽게 성공할 수 있었던 이유다. FAFN이 서쪽을 통제하게 됨으로써 항구를 사용해 산 페드로를 통한 전략을 시작할 수 있게 되었고 야무수크로로 가는 거점을 만들게 되었다. 여기서부터 FAFN군은 아비장으로 가면서 바그보군과 마지막 전투를 치를 계획이었다.

AU, 바그보에게 선거 패배 인정 요구

아비장을 포함해 남부 지역으로 친와타라군이 거꾸로 밀고 내려오는 전략과 마주하게 되었을 때 바그보 측은 아디스아바바에 있는 AU 외교단으로부터 아래와 같이 또 다른 심각한 뉴스를 듣게 되었다. 이 때문에 바그보 측은 사기가 꺾였고 최종적으로 코트디부아르 공화군(the Republican Forces of Cote d'Ivoire, FRCI)이 밀고 들어오면서 마무리 펀치를 맞게 되었다. 이 두 가지가 합해져 바그보 측은 불명예스러운 종말을 고했다. 이는 곧 바그보가 코트디부아르 선거 후 위기의 대단원의 막을 내려가는 그 순간까지도 자진 사퇴라는 케레쿠 선택을 받아들이지 못했음을 의미했다.

아디스아바바에서 개최된 AU 평화 안보 위원회는 코트디부아르 사태에 결정적인
영향을 미칠 수 있는 회의였다. 회의장에서 와타라 대통령을 만나 상황을 설명하고 있다.

　　AU는 2011년 3월 10일에 국가 수반급 평화 안보 위원회의를 개최하
고 성명을 발표했다. 성명의 주안점은 AU 평화 안보 위원회에서 승인한 고
위 대표단이 제안한 방안이 제대로 시행되도록 하기 위해 AU 위원회 위원
장이 코트디부아르 내 정당 간의 협상을 담당할 고위 대표를 내정하겠다
는 것이었다. AU에서 제안한 조항에는 "책임자 모두, 특히 전 대통령 로랑
바그보가 물러나는 것을 전제로 한다"고 명시되어 있었다.

　　성명에는 고위 대표단이 제출한 제안의 내용은 담겨 있지 않았다. 하
지만 AU 평화 안보 위원장 람탄 라맘라가 이끄는 전문가들이 준비한 훌륭
한 보고서가 없었더라면 이 제안은 존재하지 못했을 것이다. 전문가 보고
서에는 다른 무엇보다도 유엔의 코트디부아르 선거 인증 절차가 코트디부
아르 측의 초대로 이루어졌다는 사실과 유엔의 인증 결과가 독자적으로
도출되었다는 것, 이것이 선거관리위원회의 주장과 일치한 것은 우연이라
는 사실, 그리고 헌법위원회가 주장한 바에는 문제가 있었다는 것, 바그보

가 코트디부아르에서 헌법에서 명시한 최대 기간인 10년 동안 대통령직을 수행했다는 것, 따라서 와타라 대통령이 통일된 정부를 수립하는 것이 자연스럽다는 사실을 담고 있었다. 전문가팀에 친바그보 측과 친와타라 측이 골고루 참여하고 있다는 것을 고려했을 때 보고서의 내용이 이렇게 확실한 태도를 명시하고 있다는 사실은 매우 인상적이었으며 특히 위원장인 라마라의 노력을 엿볼 수 있는 대목이었다.

이 보고서는 AU가 성명을 발표하면서, 이를 통해 "바그보가 모든 보장을 받고 반드시 물러나야 한다"라고 밝혔기 때문에 바그보로서는 아주 절망적이었을 것이다. 와타라 대통령은 AU의 결정을 환영했던 반면, AU 회의에 참석한 바그보 측 FPI 회장인 아피 응구산은 이를 거부했다. 이 사건은 3개월 전이었던 12월 18일에 UNOCI에서 일어났던 일을 떠오르게 했다. 즉 바그보가 UNOCI에게 코트디부아르를 떠나라고 요구하고 UNOCI는 이를 거부하고 남아 있기로 했던 때의 상황이 되새겨졌다.

아디스아바바에서 아피 응구산은 극단적인 표현을 해가며 AU 고위대표단의 결정을 맹렬히 비난했다. 그 자신이 3월 9일 밤 회의에 참석했었기에 대표단의 제의가 어떤 것인지 분명 잘 알았을 것이다. 비록 바그보 측이 공항에서 응구산의 귀환을 대대적으로 맞이했지만 응구산은 풀이 죽은 채로 아비장으로 돌아왔고 기자회견장에서 유엔의 인증 역할에 대해 여러 번 비난을 퍼부었다. 바그보는 AU 회의 결과를 듣고 무척 의기소침해졌다. 들리는 바에 따르면 체념했다는 투로 당시 우연찮게 함께 있었던 코트디부아르 국회의원장인 마마두 쿨리발리에게 "내가 떠나면 헌법에 따라 자네가 나라의 수장이 될 걸세"라고 했다고 한다.

ECOWAS와 달리 AU는 코트디부아르의 상황에 대해 애매한 태도를 견지했는데, AU가 애매한 태도를 벗고 바그보에게 명예롭게 물러나라고 요구하기까지 약 3개월의 시간이 걸렸다. 문제는 이런 요구에도 불구하고 바그보 측이 이미 현실감각을 잃어버렸다는 데 있었다. 바그보 측은 종교집단화되어 아비장 하늘에 뜬 무지개를 보고 바그보에게 하늘이 승리를 가져다주려는 '계시'로 해석하고는 했다. RTI 방송국도 이런 선전을 끊임없이 내보냈다.

어떤 분석가들은 그가 3월 중순에 모든 보장을 받고 물러날 수 있었던 황금 같던 기회를 저버리고 고작 한 달 뒤에 불명예스럽게 위기를 마무리 짓기로 결정한 것에 의아해하기도 했다. 이를 가장 잘 설명할 수 있는 것은 그가 지쳤다는 데 있을 것이다. 그 증거로 여러 일화가 있는데 심지어 선거 전부터도 바그보는 이미 지친 상태였다. 바그보는 다음 둘 중의 하나를 선택한 것으로 보였다. 하나는 지지자 중에서 강경파를 내보내 자신을 대신해 결정하도록 하는 것, 다른 하나는 강경파와 현실주의자들 모두를 이용하면서 최종 결정은 본인이 내리는 것이다.

총체적으로 봤을 때 바그보 측은 강경파에 의해 좌지우지되거나, 이성적인 사고가 마비된 바그보가 무엇이 옳고 그른지 판단할 수 없는 상태에서 행동했다고 볼 수 있다. 그는 쓸 수 있는 좋은 카드는 다 버리고 나쁜 카드만 움켜쥐고 있는 아마추어 도박사처럼 행동했다. 그가 2010년 12월에 선거 결과를 받아들이기만 했어도 국가적으로든 국제적으로든 영웅 대접을 받았을 것이다. 2011년 1월에만 받아들였어도 명예롭게 물러날 수 있었을 것이며 코트디부아르 정치사에 중요한 인물로 남게 되었을 것이다.

심지어 2011년 2월에만 받아들였어도 품위 있게 퇴진할 수 있었다. AU 고위 대표단이 제시한 최종 제안만 받아들였어도 국제사회가 제시한 방안을 받아들였다고 자위할 수 있었을 것이다. 그리고 은퇴 후 고향에 돌아가 자신의 지지층과 함께 다시 충분한 정치 기반을 만들 수 있을 터였다.

이 모든 기회를 허비해 버렸기 때문에 그에게 남은 것이라고는 보수를 지불함으로써 충성을 살 수 있는 보안군에게 기대는 것밖에 없었다. 하지만 그마저도 더 이상 유지될 수 없었고 2011년 4월 11일 아침을 기해 니제르의 마마두 탄자와 같이 완전히 고립된 운명을 맞이하게 되었다.

바그보는 AU에서 바그보의 퇴진 결의안을 내는 것을 막도록 자신을 지지하는 아프리카 국가들이 도와줄 것이라 강력하게 믿고 있었다. 그 때문에 AU의 반바그보 입장은 그야말로 바그보에게 잔인한 터닝포인트였을 것이다. 한편, 와타라 대통령은 100일 만에 처음으로 골프호텔에서 벗어나 첫 해외 일정에 나섰는데, 그는 국내 상황이 무척 편안하다고 느꼈으며 자신에 차 있었다.

아디스아바바를 향한 와타라 대통령의 여행은 아부자 방문도 포함하고 있었는데 AU 위원장인 장 펑이 제안한 것이다. 사실 장 펑이 2011년 3월 5일에 아비장을 방문했을 때 와타라 대통령과 바그보를 3월 10일 아디스아바바에서 열리는 AU 고위 대표단 회의에 초대했고, 두 사람 모두 초대에 응했다. 헌법위원회 위원장인 폴 야오 은드레 역시 아디스아바바 회의에 초대되었다.

와타라 대통령은 아비장 공항에서 아디스아바바까지 공식적으로 여행할 수 있도록 바그보 측으로부터의 보호를 제공해 달라고 AU에 요청했다. AU 코트디부아르 대사인 암브로이즈 니온사바와는 UNOCI와 접촉했다. 만일 바그보가 와타라 대통령이 아비장 공항을 이용하지 못하도록 막는다면 UNOCI에서 와타라 대통령을 도와 골프호텔 측에 필요한 차량과 보안을 제공해 줄 수 있는지 알고 싶어 했다. 또 같은 입장을 프랑스에도 전달하였다.

여러 차례의 회의와 협의 끝에 와타라 대통령의 비서실장 아마두 곤 쿨리발리가 적극적으로 나서 프랑스 리코른느군과 UNOCI가 함께 와타라 대통령과 대표단을 아비장에서 부아케까지 헬기로 수송하는 방법이 결정되었다. 부아케부터는 와타라 대통령과 대표단이 방법을 찾아 직접 이동하기로 결정되었다. 귀환하는 길도 같은 방법을 취하기로 했다.

와타라 대통령의 해외 방문을 막을 방도가 없자 바그보 측은 두 가지 조치를 취했다. 하나는 와타라 대통령이 떠난 다음 날 코트디부아르 내 모든 UNOCI와 리코른느 항공기의 비행을 금지한 것이었고, 다른 하나는 와타라 대통령이 돌아온 다음 날 골프호텔의 전기 공급을 끊는다는 것이었다.

2011년 3월 9일, UNOCI와 리코른느의 비행을 금지하다

UNOCI와 리코른느의 도움으로 와타라 대통령이 아디스아바바를 방문한 것이 마음에 들지 않았던 바그보는 3월 9일 코트디부아르 내 모든 UNOCI와 리코른느 항공기의 비행을 금지했다. 그러나 이 금지는 바그보 측에서 실천에 옮길 능력이 없었기 때문에 효력도 없었다. 우리는 아무런 제제 없이 자유로이 움직일 수 있었다.

그러나 한 가지 걱정은 세브로코와 골프호텔 사이에 있는 항공로에 사용되는 헬기를 바그보 측이 적극적으로 공격할 것인가 하는 문제였다. 사실 UNOCI의 항공로는 이번 금지 명령이 내려지기 전부터 항상 공격 가능 대상으로 언급되는 장소였다. 우리에게는 이 항공로를 지키기 위한 효과적인 방어 수단도 딱히 없었기 때문에 더욱 걱정스러운 사안이었다.

아비장 공군 기지에 위치한 UNOCI의 비행 자원에 대한 실질적인 고려 사항은 한 가지밖에 없었다. 바그보의 비협조적 자세에도 불구하고 UNOCI는 그날까지 아비장 항공 기지를 유지하고 있었다. 이번에는 바그보 측이 우리의 비행기 이륙을 지연시키거나 허가를 내주지 않을 가능성도 있었고 이럴 경우 위험 때문에 우리 파일럿들이 운전을 거부할 수도 있었다. 결국 바그보 측에서는 차츰 허가를 내주지 않는 방향으로 움직이기 시작했다.

이렇듯 쫓고 쫓기는 게임 속에서 UNOCI는 아비장 항공 기지에 계속 헬리콥터 대신 고정익 항공기 운항 허가를 요청했다. 가끔씩 이륙을 하려는 찰나에 허가가 철회되기도 했다. 결국 우리 항공기는 바그보군이 물러나고 UNOCI가 아비장 공항의 보안을 맡게 된 3월 31일이 되어서야 다시 이륙할 수 있게 되었다.

2011년 3월 12일, 골프호텔의 전기 공급을 끊다

선거 후 위기가 시작된 이래 처음으로 3월 11일 저녁 10시경에 골프호텔의 전기가 끊겼다. UNOCI가 호텔에 설치해 두었던 대체 발전기를 작동해 중앙 냉방 시스템을 제외하고는 골프호텔에 필요한 모든 전기를 공급할 수 있었다. 동시에 UNOCI는 골프호텔 지배인실을 통한 전기 공급 회사 기술자들과의 협력으로 다른 전선을 연결하는 방식을 사용해 호텔에 전기를 재공급하려고 총력을 기울였다. 이 방법은 성공적이어서 3월 12일 10시경 다시 전기 공급이 시작되었고 중앙 냉방 시스템도 완전히 작동하기 시작했다. 같은 팀이 와타라 대통령 사저에도 강력한 발전기를 설치한 뒤였기에, 와타라 대통령 사저의 전기 공급에도 아무런 문제가 없었다.

전기 공급 차단은 바그보 측에서 정치적으로 계획한 것이었기 때문에(UNOCI는 3월 11일 늦은 오후 이에 관한 정보를 입수했다) 이러한 비인도적인 행동을 규탄할 강력한 성명을 발표할 준비를 했다.

비록 UNOCI와 리코른느의 항공기 운항에 대한 강력한 금지 명령을 발표하고 골프호텔의 전기 공급을 차단했지만, 바그보 측이 아비장 아보보 지역의 통제권을 잃어 가고 있는 것이 눈에 보였다. 그래서 나는 UNOCI에서 아보보 북쪽 지역의 두 마을인 은도트레와 안야마에 있다고 추정되는 집단 매장지를 방문하는 데 어려움이 덜하겠다고 판단을 내렸다. 이 지역 방문에 한 번 실패했기 때문에 늘 마음 한 구석에 남아 있었다. 그래서 3월 12일 아침, 나는 헬기를 포함한 UNOCI군과 경찰 호위대를 이끌고 집단 매장지를 확인하기 위해 은도트레와 안야마를 방문했다. 인권위원회 위원장 기욤 응게파, 경찰 책임자 장-마리 부리, 내 보좌관 칼라브리니도 동행했다.

은도트레에서 우리는 절반 정도 지어진 건축물인 '영안실'과 소위 '집단 매장지'라는 곳을 방문했다. 우리는 그곳에 어떤 시체도 없다는 사실을 확인했다. 과거에 집단 매장된 흔적이 있었는지도 알아봐야 하겠지만 육안으로 확인할 수 있는 한 그곳에는 어떠한 흔적도 남아 있지 않았다. 추론하자면 만약 대학살이 이곳에서 벌어졌다면 실제 영안실이 없으므로 부패한 시체를 암매장했어야 했다.

두 개의 집단 매장지 존재 혐의에 대한 수사를 마무리하기 위해 2011년 3월 14일, 응게파는 UNOCI 인권 위원들, 경찰, 군인들과 함께 현장 조사에 나섰다.

UNOCI의 인권 조사팀은 은도트레에서 시민들과 목격자들을 인터뷰해서 추가적인 정보를 수집했다. 2008년부터 이 지역에서 살고 있는 한 마을 주민은 자신의 농장 주변에 집단 매장지 같은 것은 없다고 부정했다. 그는 우리 팀이 은도트레에 있는 반코 숲 골짜기를 조사하러 가기 전에 주변 지역에 대해 설명해 주었다. 조사팀은 사체의 흔적을 찾을 수 있는 어떠한 증거라도 있는지 골짜기를 뒤졌다. 이 조사를 통해 이 지역에는 집단 매장지의 존재를 입증할 수 있는 어떠한 증거도 없음이 밝혀졌다.

'보이지 않는 부대'의 도움을 받아 UNOCI의 팀은 반코 숲 가까이에 있는 또 다른 지역을 방문했는데, 이곳은 사체를 골짜기에 던져 버리기 전에 모아둔 곳이라고 알려져 있었다. 이곳을 철저히 조사한 후 어떤 것도 발견되지 않는다고 결론 내렸다. 이 범죄 현장을 목격했다고 한 '보이지 않는 부대'의 부대원은 이 장소에서 사체를 본 사람은 아무도 없지만 프랑스 TV 방송국인 프랑스24에서 촬영한 혈흔이 있다고 말했다. 게다가 UNOCI의 팀은 은도트레에 있는 '영안실'에 돌아왔지만 이때에도 어떠한 증거도 찾을 수 없었다.

인권 조사팀은 은도트레 지역에는 집단 매장지에 대한 증거가 아무 것도 없다고 여러 자료를 통해 결론을 내렸다. 하지만 '영안실' 담당자의 증언이 은도트레/안야마 지역에 있는 사체와 일치하는 면이 있기 때문에 조사팀은 수 명의 사람이 죽임을 당했으며 그들의 사체가 불에 태워졌거나 매장을 통해 처리되었을 것이라고 결론을 내렸다.

은도트레와 안야마에 있다는 집단 매장지에 대한 커다란 소문에도 불구하고 이렇게 결론을 내리고 난 뒤, 나는 왜 바그보 측이 우리가 이곳에 들어가지 못하도록 그렇게 막았는지 의구심이 들기 시작했다. UNOCI와 국제사회에 그런 집단 매장지가 없다고 증명하는 것이 훨씬 더 이득이었을 텐데 말이다. 이 지역에 들어가지 못하도록 철저하게 막았던 행동이 결국은 소문을 키웠고 자신들에게 독이 되어 돌아왔던 것이다. 그래서 내가 내린 결론은 바그보 측이 이성적인 사고를 하지 못하고 있다는 것이었다. 바그보 측은 각종 소문과 억측을 만들어 내고 있었다. 예를 들자면 미국 특수부대가 바그보를 납치하기 위해 코트디부아르에 들어왔다거나, 바그보를 없애기 위한 청부 살인업자가 아비장에 도착했다거나, 중립군(Impartial Forces)이 크리스마스 이브에 바그보군을 공격할 계획을 하고 있다거나, UNOCI가 비밀리에 FAFN에 군사 지원을 하고 있다는 것 등이었다. 이러한 행동으로 볼 때 바그보 측이 UNOCI가 은도트레와 안야마에 가면 존재하지도 않는 집단 매장지가 있다는 것을 증명하기 위해 거짓 증거물을 만들어 두었을 것이라고 의심했을 가능성도 있다.

이러한 논리는 현실성이 전혀 없었지만 그들은 현실이 아닌 환상의 세계에서 살고 있었다. 나는 이때 즈음에 바그보 측이 현실 감각을 잃어

가고 있다고 공개적으로 언급하고 다니기 시작했다. 은도트레와 안야마를 방문한 다음 이러한 나의 생각이 확실해졌다. 결국 바그보 측이 현실 감각을 잃어가기 시작하면서 3월 중순이 이르기 전에 신경전은 마무리되었다. 이제 선거 후 위기의 종식 단계에 들어선 것이다.

7장

계속되는 전투와 민간인 보호
2011년 3월

돌아보면, 조용하면서도 한숨을 돌렸던 신경전으로 이어진 몇 주로 기록된 2월은 바그보 측이 비록 희미하기는 해도 정치적으로 케레쿠 선택을 검토할 가능성이 있다는 마지막 징후가 보였던 순간이었다. 이 시기를 넘어서는 그저 대통령궁에 틀어박혀서 전략적 구상은 전혀 하지 않고 종교적 열정에 휩싸여 신의 개입만을 기다렸다. 바그보 측에게 2011년 3월 중순은 4월 11일 아침 불명예스러운 대단원의 막을 내리기까지 내리막의 시작일 뿐이었다.

UNOCI의 임무 재천명: 민간인 보호와 선거 결과 보호

3월 14일 아침, 나는 골프호텔에서 와타라 대통령과 회의를 가졌다. 그는 아주 활기차고 유쾌했는데 3월 10일 아디스아바바에서 있었던 AU 평화 안보 위원회 회의가 성공적으로 끝났기 때문인 것 같았다. 좁은 골프호텔을 벗어난 그의 첫 해외 방문이었다.

우리는 다음에 대해 의견을 같이했다.

○ 코트디부아르 선거 후 위기의 첫 번째 장은 바그보가 특히 재정적으로 어려움을 겪으면서 막을 내리게 되었다.

○ 바그보는 코트디부아르 국민의 여론과 민심을 잃고 있다. 군대도 그를 위해 싸우지 않을 것이다.

○ 아비장 북측 아보보와 라이베리아와 국경을 맞대고 있는 서쪽에서 바그보가 영향력을 잃은 것은 되돌릴 수 없다.

○ 바그보가 지지자들에게 보수를 주는 데 겪었던 어려움과 무능력은 부정할 수 없는 사실이다.

와타라 대통령은 '내전 없는 승리'를 원칙으로 삼고 있었으며 코트디부아르의 민주주의가 바그보의 권력 다툼에 휩싸이지 않도록 하려 했다. 그는 코트디부아르의 모든 군대를 아우르는 공화군을 만들려고 했으며 이를 위해 장교로 구성된 참모 위원회를 만들고자 했다. 또한 그는 지금까지 선거 결과를 받아들이지 않은 도지사와 경찰 책임자들을 용서할 준비도 되어 있었다. 와타라 대통령은 내게 다음 날 저녁 이러한 원칙을 발표할 것이라고 말했다.

나는 그에게 3월 초 UNOCI에 지원된 무장한 Mi-24 헬기 세 대가 부아케에 도착해 있으며 당장이라도 출동 가능한 군인 2,000명이 아비장 아보보와 요푸곤 지구 UNOCI 군부대에 주둔 중임을 알렸다. 와타라 대통령은 특히 아보보와 요푸곤 지역이 기본적으로 친바그보 지역이었기 때문에 그 지역에 UNOCI 군부대가 주둔하고 있다는 사실을 기쁘게 받아들였다. 나는 그에게 UNOCI가 은도트레와 안야마 지구의 '집단 매장지'에 방문한 것과 그곳에 대한 예비 조사에 대해서도 이야기를 나눴다. 그는 나의 방문에 감사를 표했다. 그러나 그는 사체가 모두 화장되었을 것이라고 말했다.

와타라 대통령은 내게 아디스아바바 회의에 참석한 결과를 자세히 설명해 주었다. 그는 AU 평화 안보 위원회의 결정이 안보리에 중요한 역할을 하기 바란다고 했다. 왜냐하면 안보리가 이번 위기에 책임이 큰 바그보 측 사람들에 대해 제제를 가할 가능성이 컸기 때문이다. 이러한 관점에서 그는 안보리 회원국인 중국과 러시아에 특히 필요한 접촉을 취할 용의가 있다고 했다. 아부자로 갔던 여행에서 와타라 대통령은 또한 ECOWAS의 정전 감시 그룹(ECOMOG)을 코트디부아르-라이베리아 경계 지역에 보낼 수 있는지 알아보려고 했지만 이에 대해 긍정적인 대답을 받지는 못한 것 같았다.

바그보 측이 비정규군과 보안팀에 보수를 지급할 수 없을 것이라던 와타라 대통령의 예측은 정확했다. 2월 말경부터 그들은 비정규군과 보안군에 보수를 지급할 수 없게 되었다. 그리고 이것은 전략적인 의미를 갖게 되었다. 1월 22일 서아프리카 중앙은행이 바그보의 권한을 더 이상 인정하지 않겠다고 한 것에 대응해 바그보 측이 동 은행에 대한 기물 파손 행위를 자행한 것은 명백히 자멸적인 행위였으며 이에 대한 결과로 2월 중순부터 대부분의 은행이 보안상의 이유를 들어 업무 정지에 들어갔다. 바그보 측은 자체 처분이 가능한 유동 자산이 있었다고 해도 더 이상 20만 명이 넘는 비정규군과 보안군, 그리고 공무원에게 보수를 지급한다는 것은 불가능해졌다.

UNOCI에서는 우리에게 일어난 일을 바탕으로 바그보 측이 맞이하게 된 문제의 심각성을 가늠할 수 있었다. 사실 2월 후반부에 들어서면서 코트디부아르에 주재하는 UN의 각종 팀은 UNOCI에 유엔 직원들의 급여 지급을 위한 현금 수송을 요청했다. 여러 차례 협의 끝에 UNOCI 전략회의팀은 약간의 위험성은 있지만 가장 안전한 다음 방법을 채택했다. UNOCI의 보안팀장인 이노센트 가브리엘 다사누와 임무지원팀장인 지아니 델리지아가 수십만 US 달러 수송에 관한 이 비밀 업무를 담당하게 되었다. 먼저 비행기로 다카르에서 아비장으로, 그런 다음 육로를 이용해 임대 차량의 화물로 모든 유엔 건물에 도착하는 것이 목적이었다. 이 일이 알려지기라도 하면 바그보군이 이 차량들을 노릴 것은 불을 보듯 뻔한 일이었다. 지아니는 또한 UNOCI 직원들의 급여로 사용될 수백만 달러를 저장하도록 UNOCI 본부 가장 안전한 장소에 특수 금고를 설치했다. 우리는 1990년대 초반, 무장 강도들에 의해 200만 달러를 약탈당했던 소말리아 유엔 평화유지임무단의 교훈을 잘 기억하고 있었다.

아비장 내의 정치적 분위기는 다시 한번 빠르게 변화하고 있었다. UNOCI는 이에 적응해야 했다. 이러한 상황에서 나는 새로이 떠오르는 코트디부아르의 정치-군사 상황에서 UNOCI의 역할을 명확하게 알려야 할 필요가 있음을 깨달았다. 이 역할에는 중요한 세 가지가 포함되어 있었다. 시민 보호, 골프호텔 보호, 마지막으로 대통령 선거 결과 보호였다. 3월 14일, 나는 다음과 같은 사실을 공개하기 위해 기자회견을 가졌다.

○ 시민 보호: UNOCI는 특히 시민들이 위험에 처할 수 있는 지역에 대해 지속적으로 순찰대를 보낼 것이다. 바그보 대통령이 2010년 12월 18일, UNOCI에 대해 코트디부아르를 떠나 달라고 요구한 이래, UNOCI 직원과 군인들에 대한 공격 및 적대 행위는 점점 더 심해졌다. 그렇기 때문에 UNOCI는 사실상의 군사력을 쥐고 있는 정권의 떠나라는 요구에도 불구하고 이를 거부한 최초의 평화유지임무단이 되었다. 시민들의 안전을 보호하기 위해 UNOCI군은 안보리의 승인을 받아 2,000명의 블루헬멧과 세 대의 헬기를 증강하기로 했다. 이 증원은 중립성의 원칙에 따라 평화를 수호하는 군대로 활용하게 될 것이다. 시민 보호 차원에 있어서는 안보리 결의안 1962(2010)에 명시되어 있는 바와 같이 "코트디부아르 지도자들은 코트디부아르 국민의 평화와 안녕을 추구하는 것을 최우선한다"는 것에 기초한다. 시민들이 위험에 처했을 때 UNOCI 순찰대가 직접 개입하는 경우뿐만 아니라 인권 남용과 인권 침해의 책임이 있는 자는 벌을 받아야 하고 이를 조사할 의무가 UNOCI에 있다.

○ 골프호텔 보호: UNOCI는 아비장에 기반을 두고 있는 군대의 상당수를 골프호텔에 지속적으로 배치해야 한다. 우리가 호텔을 지키지 않는다면 우리의 보호를 받고 있는 사람들은 부아케로 이동하지 않을 수 없을 것이다. 그러면 나라가 분열되고 내전으로 이어질 수 있다. 이것이 골프호텔을 지켜야 하는 중요성이다. UNOCI가 코트디부아르의 평화 유지에 기여하고 있는 중요성에도 불구하고 바그보 측은 UNOCI 보호군과 골프호텔에 있는 와타라 무장 지원 세력 사이에 공모가 있다며 온갖 모함을 일삼았다. UNOCI군

의 중립성은 의심의 여지가 없다. 골프호텔에 있는 와타라 무장 지원 세력을 포함해 그 어떠한 세력에도 UNOCI의 수송이나 무장 지원은 금지되어 있다. 골프호텔에 있는 와타라 무장 지원 세력은 FDS와 무장 지원 세력 간의 자체적 협의 결과에 의해 도출된 것이다. 따라서 바그보 측은 UNOCI를 끌어들일 것이 아니라 자신들이 이번 사태를 자초했음을 받아들여야 할 것이다. UNOCI의 중립성은 코트디부아르에서 UNOCI 존재의 초석으로 남아 있다.

○ 대통령 선거 결과 보호: 바그보 측이 결과를 거부하기로 결정한 이래로 코트디부아르 선거 결과를 인증하는 나의 역할 중 결과를 보호하는 것이 아주 중요한 임무로 남게 되었다. 국민의 여론을 존중하는 것은 여느 정치적 게임에서든 민주주의의 가장 근본적인 원칙이다. UNOCI와 선거 인증자로서 본인은 선거 결과를 반드시 지켜야만 했다. 불행하게도 이 점에 있어서 혼란과 비현실적인 기대들이 많이 있었다. UNOCI의 모든 업무는 반드시 군사적 중립성에 기초하고 있어야 한다는 것이 그 첫 번째였다. 다시 말해, 코트디부아르 내 어떤 시설이나 지역에 대한 공격, 점령도 고려 사항이 아니라는 뜻이다. "사실은 정확히 지적하되 행동은 중립성에 근거한다"는 말로 UNOCI의 입장을 요약할 수 있었는데, 이는 코트디부아르 정치인들에게 꽤 어려운 과제로 다가오게 되었다. 왜냐하면 서로 다른 위기 상황을 맞이한 정당들이 UNOCI가 각기 다른 입장을 취하기를 바랐기 때문이다. 한쪽에서는 UNOCI가 "진실을 말하고 이 진실에 근거해 편파적으로 움직이기"를 바랐고, 다른 쪽에서는 "공정하게 움직이되 진실을 말하지 않기"를 바랐기 때문이다.

○ 바그보가 휘하 군대에 대한 통제력을 잃다: 최근에 바그보의 특수부대가 시민들에 대해 기관총과 박격포와 같은 중무기를 사용해 공격한 사례를 보게 되었다. 같은 맥락에서 UNOCI에 대한 직접적이고도 적대적인 행위도 점차 증가 추세에 있다. 우리는 블루헬멧이 직접 총격을 당하고, UNOCI 직원 납치, 거주 지역 약탈, 차량 강도 등과 같은 극단적인 조치와 마주하고 있다. 이러한 극단적 조치들은 바그보 측이 자체적으로 만들어 낸 선전에 기반하고 있으며 동기 부여되고 있다. 역사는 우리에게 절제력이 힘의 근원이라고 가르치고 있다. 그들이 절제력을 잃고 극단적인 행동을 취하고 있다는 것은 다시 말해 그가 군에 대해 통제력을 잃고 있다는 말과도 일맥상통할 것이다.

선을 넘은 친바그보 무장 세력

이때를 기해서 나는 공개적으로 상황의 종료가 생각보다 일찍 올 것이라고 말하고 다니기 시작했다. 바그보가 극단적인 조치를 취하는 것이 그 징후였다. 바그보가 명령을 내렸든 아니든, 그가 이 사태를 인지하고 있든 아니든 대단원의 막이 다가오고 있다는 사실에는 크게 다를 바가 없었다. 그는 상황을 통제할 능력도, 군을 통제할 능력도 없었다.

아비장의 상황은 3월 중순에 들어서면서 아보보 전 지역과 아쟈메의 중요 지구를 포함한 지역이 친와타라군의 지휘권 아래 들어오게 되면서 친와타라 측과 친바그보 측 간의 소규모 접전은 마무리를 짓게 되었다. 위기 상황이 마무리되기까지 이 지역에서 친와타라군의 우세는 계속해서 유지되었다. '보이지 않는 부대'는 유탄 발사체를 사용하여 친바그보군의 장갑차를 무력화시키기까지 했다. 소규모 접전지는 이제 윌리엄스빌, 요푸곤, 아테쿠베와 코코디 북쪽 지구를 포함한 아비장 중심지로 향하게 되었다. 접전지가 바그보의 집권지에 점차 가까워지면서 애국청년단 단원이 지나가는 차량으로부터 공격을 당해 죽는 일이 발생했고 공공장소에서 수류탄을 사용한 공격이 자행되고 군대가 민간인에 대해 박격포를 사용하는 등 전투는 더욱 격렬해졌다.

이 시기에 새로 나타난 현상으로 바그보군의 중화기 사용 급증을 들수 있었는데, 3월 3일에는 아보보에서 평화롭게 시위하던 여성 7명에게 기관총을 발포하는 사건이 벌어졌다. 2주 후인 3월 17일, 바그보군은 자신들의 막사에서 아보보 시장 쪽으로 적어도 6발의 박격포를 발사해 최소한 100여 명의 사상자가 발생했다. 이 두 사건으로 바그보 측은 세계적인 공분을 사게 되었다. 이 사건은 또한 시민에 대한 중화기 사용을 막기위한 목적으로 UNOCI가 공습을 결정하도록 하는 데 중요한 요인을 제공하기도 했다.

병원 시설이 부족한 가운데 사상자가 발생했기 때문에 부상자들은 세브로코에 있는 UNOCI 본부로 이송되어 오기 시작했다. 3월 15일 밤에 우리는 18명의 부상자를 받았는데 대부분은 아테쿠베 지역에서 애국청년단 단원이 죽은 것에 대한 보복으로 친바그보군이 발사한 것이 분명한 수류탄의 피해자들이었다.

UNOCI는 이러한 위험 지역에 순찰을 늘리고 시민에 대한 공격을 규탄하는 성명을 발표하면서 양 진영 모두에 자제를 촉구했다. 동시에 급격히 악화되는 직원들의 안전을 고려해 UNOCI는 유엔 자원봉사자들을 포

아비장의 아보보 시장 지역에서 사상자가 발생하자 종교계 대표단과 회의를 하고 있다.
기독교와 이슬람 등의 종교단체가 자신들의 종교를 이용하여 상황을 악화시키지 않도록 설득하는 것이 중요했다.

함해 아비장 내 민간 직원 수를 더욱 줄일 수 있는지 검토하기 시작했다.

3월 17일, 와타라 대통령은 기존의 와타라 무장 지원 세력과 코트디부아르 안보군(FDS)을 모두 포함하는 코트디부아르 공화군(Forces Republicaines de Cote d'Ivoire, FRCI)을 창설했다.

이때 보안군에 보수를 지급할 수 없는 여러 가지 어려운 상황 속에서 바그보 측은 점점 더 사기를 잃어 갔다. UNOCI 직원과 ECOWAS 시민에 대한 산발적인 공격 외에 애국청년단은 몇 주 동안 별다른 움직임을 보이지 않았다. 대다수의 바그보군(5만 명의 정규군과 경찰 병력)은 바그보를 위해 싸울 결의가 전혀 없었다. 선거 후 위기 상황이 발생한 후 석 달 동안 그들은 친와타라군과의 모든 소규모 접전에서 패배했던 것이다.

서쪽 지역에서는 FRCI가 조후안 후니엔부터 툴레플루까지 라이베리아-코트디부아르 간 경계를 공고히 함으로써 라이베리아에서 유입될 수 있는 용병을 효과적으로 차단했다. 아비장에서는 이제 친와타라 무장군이 아보보와 아쟈메의 중요 지구를 모두 통제하고 있었다. 친와타라군은 계속해서 친바그보군에게 승리를 얻고 있었고 가끔씩은 친바그보군의 차량과 무기를 빼앗기도 했다. 코트디부아르 국민의 여론이 승리하도록 노력한 국제사회의 견고하고도 변함없는 결의가 드디어 결실을 맺고 있었다. 대부분의 코트디부아르 국민들도 선거 결과의 진실을 알고 있었다.

말하자면 아비장에서 친와타라군인 FRCI의 남쪽으로의 진군, 국제사회의 재정적 압박이 3월 중에 눈에 띄는 효과를 보이게 된 것이다. 양 진영 모두 선거 후 위기 상황을 마무리 짓는 단계에 들어간 것으로 보였다.

당시에 불확실한 요인은 아비장 중심지에서 FRCI의 진군을 바그보군이 얼마나 저항할 수 있는지 여부였다. 아보보와 아쟈메에서 친와타라군의 중요한 성공은 바그보의 특수부대가 없었던 아비장 내 친와타라 지역과 서쪽 지역에서 일어난 전투였기 때문이다. 친와타라 성향이 약한 아비장 중심 지역에서도 손쉽게 진격할 수 있을지가 중요한 요인이었다.

아비장 내 아보보 지역에서 친와타라군의 진군은 도심과 북쪽 지역 간의 단층선을 따라 멈춘 상태였다. 3월 3주차 내내 아보보에 기지를 둔 친와타라군은 국방부를 포함한 도심 지역에 산발적으로 특공부대를 보냈는데 바그보군은 이들을 성공적으로 무력화시켰다.

이와 같은 실패가 반드시 바그보 측의 성공을 뜻하지는 않았다. 다시 말해, 바그보 측은 여전히 재정적으로 어려운 상황에 놓여 있었다. 그들은 아비장 북쪽 지역에 대한 통제권을 잃었고 5대 도시인 서쪽 지역의 블로레퀸에 대한 통제권도 잃어버렸다.

좌절감 속에서 바그보 측은 두 가지 전략을 택했는데 하나는 시민들을 상대로 한 중화기 사용의 지속이었고 다른 하나는 애국청년단을 불러들여 정치 집회를 하는 것이었다. 3월 18일에 열렸던 한 집회에서 블레 구데는 애국청년단이 조국의 방위를 담당할 군대에 대량 입대하게 될 것이라고 약속했다. 그는 "맨손으로 하는 저항"의 시간이 끝났으며 이제는 조국의 "무력 해방" 시기가 도래했음을 강조했다. 그의 부름에 응해 국방부 앞에 수천 명의 젊은이들이 모여들었다. 하지만 그들은 이들의 입대를 도와줄 수 없었을 뿐만 아니라 무기나 보수도 지급할 수 없었다. 바그보 측이 할 수 있었던 것은 미래에 그들을 입대시켜 주겠다는 지킬 수 없는 약속뿐이었다.

3월 중순에 들어서면서 일정한 행동 패턴이 보이기 시작했다. 친와타라 시민들은 직접적으로 바그보군에 저항하기 시작했고, 친바그보 측은 보수에 의해 움직이는 애국청년단들로 국한되어 있었다. 바그보 측은 더 이상 사람들에게서 지지를 얻을 수도, 애국청년단을 이끌고 친와타라 무장 단체에 대항할 능력도 없었다. 이 패턴은 곧 민심과 여론이 바그보를 떠났으며 선거에서 승리한 와타라 대통령을 지지하는 측으로 돌아섰음을 확실히 의미했다.

바그보가 행동을 취하지 못하다

AU 고위 대표단의 퇴진 요구와 아비장 도심에서의 폭력 수위가 높아져 가는 가운데 바그보 측은 바그보 본인이 연설을 해야 할 필요성을 느꼈다. 바그보의 RTI를 통한 연설은 원래 3월 18일로 계획되어 있었고, 많은 사람들이 바그보의 연설에 기대를 가졌다. 만일 바그보가 대통령 선거 결과와 AU 고위 대표단의 협의 조건을 받아들인다면 폭력 사태가 줄어들 터였다. 만일 그가 선거에서 승리했으며 '외국인들'에게 국가를 넘겨줄 수 없다는 입장을 고수한다면 폭력 사태는 계속 증가하여 국민들이 고통을 받게 될 것이었다. 그렇다면 FRCI가 아비장으로 진격하게 되어 UNOCI로서는 특히 직원들의 안전이라는 측면에서 큰 난국을 맞을 수도 있었다.

UNOCI에서 입수한 많은 정보에 따르면 바그보 측은 바그보의 패배에 기초한 협의안을 받아들이자는 현실주의자들과 현재의 입장을 고수하자는 강경파들로 확연히 나뉘어져 있었다. 이러한 자중지란의 상황은 바그보 측이 군대에 보수를 지급하지 못하는 어려운 상황과 함께 바그보를 아주 어렵게 만들었다.

UNOCI 전략관리팀은 다음과 같은 결론에 도달했다. 바그보 측이 어떤 논리적인 사고도 하지 않는 것으로 보아 쓸데없이 추측하기보다는 "최악의 상황에 대비하면서 최상을 바라는 것"이라는 원칙에 근거해 움직이는 것이 현명하겠다는 것이었다. 엄밀히 이야기해서 UNOCI는 더 많은 직원들을 반줄로 임시 재배치하는 수순을 밟기 시작했지만 바그보가 회유적 연설을 할 경우에 대비해 실질적인 재배치는 미루고 있는 상황이었다.

그러나 기대가 높았던 바그보의 연설은 막상 실현되지 않았다. "이것은 바그보가 사고 능력을 잃어 가고 있다는 또 다른 징후다. 그는 더 이상 생각을 못하고 갈팡질팡하고 있다. 평화로운 퇴진은 그의 사고방식에 자리잡고 있지 못한 것 같다. 우리는 어디로 가고 있는가? 결국 참사를 맞이하게 될까, 아니면 바그보의 불명예스러운 마지막을 보게 될까?" 이것이 잠자리에 들기 전 들었던 생각들이다.

혼란의 징후를 보이는 바그보 측

3월 18일 저녁, 나는 제제 대사와 전화로 대화를 나누면서 3월 10일 AU 평화 안보 위원회의 결정에 대한 바그보 측의 접근 방법에 대해 논의 했다. 즉, 기관총과 박격포를 사용한 시민에 대한 무차별 살인을 포함한 코트디부아르 내 바그보 측의 인권 유린 상황에 대하여 책임이 바그보 측에 돌아갈 것이라는 것을 지적했다. 제제 대사는 "바그보가 가까운 시일 내에 연설할 것이며 AU 고위 대표단과 대화를 나누고 싶다고 했다"고 말했다. 바그보군이 자행한 인권 유린에 관해서 특히 나는 전날 일어났던 아보보 시장에서의 박격포 발사에 대해 경고를 했는데 그는 이 사건을 전혀 모르고 있었으며 이 사실에 대해 알아보겠노라고 했다. 바그보 측 인사들이 인권 유린에 대한 범죄로 기소될 수 있음을 언급하자, 그는 사과나 항의의 언사도 없이 그저 정말로 몰랐던 일이며 이러한 일에 신경 쓸 여력이 없었다고 반복해서 말했다. 이러한 인권사항 외에 나는 제제 대사와 바그보 측이 수리 중인 Mi-24 헬기를 사용하려고 한다는 징후에 대하여도 논의했다. 우리의 관심 사항에 대하여 그는 무관심으로 일관했다.

대화를 하는 내내, 제제 대사는 예의를 지켰고 내 말에 집중했지만 마치 자신이 포함된 바그보 체제의 미래에 대한 고민에 사로잡혀 있기라도 한 듯 정신은 다른 곳에 가 있는 듯했다. UNOCI 지휘부에서 접촉한 다른 바그보 측 인사들도 싸우려는 결의나 의지보다는 자신들의 미래와 안전에 대한 두려움에 극도로 집착하고 있었다. 항간에는 바그보가 코트디부아르에서 무슨 일이 벌어지고 있는지 전혀 모르고 있다는 소문과 이를 뒷받침하는 징후가 많이 보였다. 바그보 측은 중심적인 결정권 없이 여러 사람이 동시에 지휘하고 있는 것처럼 보였다. 비서실장 데지레, 바그보의 부인인 시몬느 바그보, 공화군 지휘관인 브루노 도그보 블레 등이 각종 사태에 대하여 일관성 없이 각자 행동하고 있었다.

제제 대사와의 전화 통화 이후, 나는 전략관리팀과 예비 토론을 나누었다. 다음은 이때 토의된 골자들이다. 바그보 측의 중심 세력이 없다고 추측했을 때, 바그보는 자신이 주요 결정을 하지 않은 채 강경파들에게 결정을 대신하도록 할 가능성이 있었다. 이것은 시민들에 대한 기관총 난사와 같은 극단적 조치가 계속된다는 전제하의 이야기였다. 바그보가 통제력을 잃는 것이 더욱 가속화되어 재정적인 어려움 속에서 아비장과 서쪽지역의 통제권을 와타라 대통령 측에 계속해서 넘겨주면서 바그보 측 중추 세력이 와해될 수도 있었다. 바그보가 계속해서 옴짝달싹 못하게 되면 소규모 접전지가 북쪽 지역에서 도심으로 옮겨 올 것이며 와타라 대통령 측은 새로운 전략으로 아비장 도심에서의 소규모 접전을 증가함으로써 무력으로 문제를 해결하려 할 수도 있었기 때문에 아비장 시민과 UNOCI의 어려움이 커질 것으로 예상되었다.

친와타라 무장 세력은 아비장 북쪽 지역에서 입지를 공고히 하고 도심으로 진격하고 있었다. 3월 21일 이후로 주요 소규모 접전은 세브로코와 대통령궁에서 얼마 떨어지지 않은 윌리엄스빌과 아테쿠베에서 벌어졌다. 바그보군은 시민을 포함한 친와타라 세력에 대해 중화기 사용을 증가시켰다. 그로 인해 부상당한 사람 대부분이 UNOCI 본부의 병원으로 호송되었다. 3월 21일에는 25명의 피해자가 이송되었는데 대부분이 총상을 입은 사람들이었다. 그중 세 명은 병원에 도착함과 동시에 사망했고, 세 명은 중상을 입어 병원에서 수술을 받았으며 다섯 명은 입원 치료를 받았고 나머지는 치료를 받고 귀가 조치되었다. 접전의 규모는 점차 강력해져서 친와타라 시민 단체가 친바그보 군대 본부 가까이에서 그들이 전초기지로 사용하고 있던 주유소를 약탈하고 불태우는 수준으로까지 번졌다.

급속히 증가하는 저항으로 인해 전략관리팀은 바그보군이 두 가지 중화기를 사용할 수 있다는 가능성을 검토했다. 하나는 Mi-24 헬기였고 (UNOCI군에 Mi-24 세 대가 있었고, 바그보 측에는 한 대의 수리 중인 Mi-24 가 있었다) 다른 하나는 '스탈린의 오르간'이라 불리는 BM-21 다중 로켓 발사기였다. 당시 아비장 공군 기지는 바그보 특수부대에 의해 엄중히 경비를 받고 있었는데 우리 분석가들은 바그보군이 여기에 세워 둔 Mi-24 헬기를 수리해 사용할 가능성이 있다고 보았다. 또한 총 세 대 내지 네 대의 BM-21 발사기와 수백 발의 로켓도 가지고 있었다. 그중 아비장에 있는 아쿠에도 군기지에 두 대 내지 세 대의 발사기를 숨겨 놓았기 때문에, 그것을 사용할 가능성이 있다고 가정했다.

만일 바그보 측이 민간인에 기관총이나 유탄 발사기나 박격포를 사용할 만큼 절망적이었다면, 더욱 수세에 몰렸을 때 Mi-24나 BM-21을 사용하는 것을 주저할 것인가? 3월 22일에 UNOCI는 바그보 측의 중화기 사용에 대해 강력하고도 직접적으로 경고하는 공식 성명을 발표했다. "UNOCI는 바그보 측의 특수부대가 아비장 내 민간인에 대해 기관총과 박격포를 포함한 공격을 서슴지 않고 있다는 사실이 대단히 염려스럽다. 최근 들어 UNOCI는 아비장 공항 군사기지에서 Mi-24 헬기가 수리 중임을 목격했으며 BM-21가 준비되었다는 소식도 들었다. UNOCI는 민간 안전에 심각한 위해를 가할 수 있는 이러한 중화기에 대해 근접 감시 중이다. 우리는 바그보 측의 중화기 사용을 묵인하지 않을 것이며 적극적으로 대항할 것이다." 동시에 우리는 바그보 측의 Mi-24와 BM-21의 사용에 대항해 우리의 Mi-24 헬기를 선제 공습으로 사용할 수 있는지에 대해서도 지속적으로 검토했다.

와타라 대통령 측이 UNOCI에 평화 강제 활동을 요청하다

바그보 측이 중화기를 사용할 수 있다는 가능성을 목전에 두고, 와타라 대통령 측은 UNOCI가 보다 적극적으로 바그보 측에 대항해 주기를 원했다. 탱크와 무장 차량을 포함한 바그보 측의 저항에 대항하기 위해 친와타라 측으로서는 도움이 필요했을 것이다. UNOCI 지도부와 와타라 대통령의 장관들이 함께한 여러 차례 회의를 통해 특히 국방부 장관(겸 총리) 기욤 소로와 내무부 장관인 아메드 바카요코는 UNOCI가 평화유지임무단에서 평화강제임무단으로 성격을 변모하기를 원하고 있다는 사실을 알게 되었다.

사실 3월 19일 RHDP에서 발표한 공식 성명에서 UNOCI의 임무를 평화유지임무단에서 평화강제임무단으로 정정해 달라는 요청이 있었으며, 안보리에 수반되는 사항에 대해 필요한 조치를 취하려는 움직임도 있었다. RHDP에 따르면 UNOCI의 임무가 평화 강제가 될 경우 코트디부아르 내에서 벌어지고 있는 인권 유린의 비극을 바로잡을 수 있는 법적 권한을 갖게 된다는 것이었다. 이에 따라 3월 21일, 와타라 대통령 측은 UNOCI에 몇 가지 구체적인 조치를 시행해 주길 요청했다. 그들의 요청 사항에 대해 UNOCI 전략관리팀이 검토한 결과는 다음과 같았다.

○ 와타라 측이 요청한 UNOCI의 특수부대는 UNOCI가 긴급 수송 수단과 무기를 가지게 될 때만 특수부대 형식으로 구성될 것이다. 그러나 UNOCI는 자체 능력으로 순찰대를 더욱 활성화하고 기민한 대응력을 보유할 수 있다. 당시에 우리는 하루에 원하는 시간에 아무 때라도 아비장에 여섯 번의 순찰대를 보낼 수 있었다.

○ 아비장 내에 UNOCI의 초소를 세우는 것은 아비장 중심을 장악하고 있는 애국청년단과 용병에 대항할 수 있는 주둔군 병영을 세울 수 있을 때에만 가능한 것이다.

○ 아비장을 포함해 코트디부아르 남쪽 지역에 난민을 위한 안전한 피난처를 만드는 것은 해당 지역이 바그보군의 통제권 아래에 남아 있다는 것을 고려할 때 UNOCI의 병영을 세울 때만 가능한 것이다.

○ 인도주의적 통로를 만드는 것 역시 해당 지역이 해외 용병들을 포함한 친바그보군에 의해 점령당하고 있기 때문에 자체 병영을 세우는 것만큼 어려운 일이다. 한편, UNOCI는 필요한 때에는 시간과 장소를 가리지 않고 인도주의적 호송단을 호위하는 능력을 보유해야 한다.

○ 바그보 측의 무기고를 파괴하는 것은 UNOCI의 임무가 평화유지임무단

에서 평화강제임무단으로 정정되고 나서야 가능하다. 그러나 UNOCI는 바그보 측이 Mi-24와 BM-21을 포함한 중화기를 민간에 사용할 경우 이를 무력화시킬 준비가 되어 있어야 한다.

바그보군이 갖고 있는 중화기의 규모를 생각하면 와타라 측의 이러한 요청은 이해할 만한 것이었다. 결국 바그보군과 아비장에서 최종 결전을 벌여야 할 군대는 FRCI였기 때문이다. 이 결전이 2010년 12월부터 코트디부아르가 겪어 오던 복잡한 드라마의 마지막 챕터를 결정하게 될 것이었다. 하지만 안보리에서 부여한 UNOCI의 임무와 능력은 이러한 요청을 받아들일 수 없도록 했으며, 코트디부아르 내 교전 상태에 대해 군사적 중립성을 유지한다는 근본적인 원칙을 따라야 했기에 불가능한 일이었다.

이러한 상황에서 나의 직무는 와타라 측에 인내심을 갖고 반복해서 UNOCI의 상황과 입장을 설명하고 그와 동시에 골프호텔 보호, 민간인 보호, 선거 결과 보호라는 세 가지 임무를 수행하는 것이었다. 평화 수호자로서 블루헬멧은 "남을 다치게 하기보다는 스스로 다치는 것이 낫다"라는 원칙을 지킬 수밖에 없다. UNOCI가 군사적 행동에서 별로 적극적이지 못하다는 거센 비난을 받던 어느 날 새벽 1시경, 사무실 겸 침실에서 창밖을 내다보고 있었다. 그날은 열대 지방의 비가 그렇듯이 장대비가 쏟아지고 있었다. 그때 흐릿한 불빛 속에서 세 대의 UNOCI 순찰 호송대가 임무를 마치고 세브로코로 돌아오는 것을 보았다. 거센 빗줄기 속에서 UNOCI의 블루헬멧은 무장 차량 위에 꼿꼿하게 서 있었다. 블루헬멧에 대한 바그보군의 직접적인 공격이 증가하던 시기였기 때문에 분명 위험한 상황이었을 텐데도 꼿꼿하게 서 있는 그들을 보면서 감동을 받았다. 거센 저항과 빗속에서도 그들은 민간인을 보호한다는 임무를 다하고 있었다. "남을 다치게 하기보다는 스스로 다치는 것이 낫다"라는 원칙에 입각해, 2010년 12월 28일 요푸곤에서 정치적으로 선동된 무리에게 맞고 차이면서도 빠져나갈 길을 열 수 있게 발포하지 못하고 눈물을 흘리는 블루헬멧을 본 기억도 떠올랐다. 이 사건은 UNOCI의 가장 굴욕적인 사건으로 묘사되기도 했다. 하지만 이들의 감내 덕분에 UNOCI는 민간인을 다치게 하는 최악의 상황을 피할 수 있었다. 그들은 이름 없는 영웅이었다. 이를 깨닫고 나는 마음속으로 다짐한 바를 다시 한번 되뇌었다. '그들이 적극적이지 못하다고 비난받을 때면 언제고 나서서 그들을 변호할 것이다'라고.

와타라 측 군대에 아비장 북쪽 지역과 국가 서쪽 지역까지 내어 주게 되어 바그보 측이 느끼는 좌절감은 더욱 깊어졌으며 그 결과로 그들은 더 이상 와타라 측을 군사적으로 뒤엎을 수 있는 영향력도, 정치적으로 직접적으로 맞설 수 있는 방법도 없는 듯했다. 추측컨대 바그보 측은 와타라 군에 대한 UNOCI의 비밀스러운 군사적 조력 때문에 자신들이 패배하게 되었다고 믿었거나, 혹은 그렇게 믿고 싶었을 것이다. 우리의 강력한 경고에도 불구하고 3월 후반기에는 단 하루도 아비장에서 UNOCI에 대한 바그보 측의 혐오 메시지가 공식적으로든 사적으로든 나오지 않은 적이 없었다(가끔씩은 프랑스와 미국에 대한 혐오 메시지도 있었다).

블레 구데가 특히 나를 타깃으로 삼아 UNOCI에 대한 악담을 늘어놓고, 아비장 공항에서의 유엔 직원 입국 거부 증가, 아비장 공군 기지의 UNOCI 고정익 항공기 비행 불가와 더불어 UNOCI 차량과 직원에 대한 공격과 적대적 행위가 증가하자, 애국청년단이 집회를 갖는 동안 유엔 직원들의 안전이 극도로 위태로워졌다. 이러한 연유로 3월 25일, 나는 전략 관리팀과 회의를 갖고 다음과 같은 결론을 내렸다.

○ 아비장을 방문하는 모든 해외 방문객은 아비장 공항을 이용하는 대신 아크라와 부아케 사이에 있는 UNOCI의 토요일 주간 항공로인 아크라 – 부아케 – 아비장 경로를 이용하도록 한다. 이렇게 하면 바그보군이 통제하고 있는 아비장 공항에 내리지 않고 헬기로 UNOCI 본부가 있는 세브로코에 착륙할 수 있다.

○ 안전을 위해 모든 방문객은 아비장보다 부아케 또는 코트디부아르의 남쪽 다른 지역에 머무를 것을 권장한다.

○ 아비장에서 살고 있는 UNOCI와 유엔 관련 기구 직원들은 UNOCI 병영 외부로 나가지 말 것을 권장한다. 병영에 머무를 수 없는 사람들은 부아케나 북쪽 지역의 다른 도시로 이주할 것을 권장한다.

○ UNCT 자원과 자산의 보관 및 보호를 위해 UNOCI 병영으로 이송할 것을 권장한다. 나는 UNCT에 확실하게 UNOCI가 보호를 목적으로 UNCT 사무실에 병영을 세울 수 없음을 전달했다. 따라서 UNCT 자산 보호에 대한 해결책은 UNOCI 병영으로 이송하는 것이다.

이 와중에 세브로코의 식량 상황이 급격하게 악화되고 있었다. 바그보 측 저격수들이 계속해서 UNOCI 본부 입구를 공격했기 때문에 무장 인원만이 세브로코를 떠날 수 있는 날이 계속되었다. 따라서 식량 공급이 불규칙적이 되었다. 우리는 부아케에서 닭고기와 쌀을 실어 오는 헬기에 의존하고 있었다. 상황이 더욱 위태로워지면서 UNOCI는 직원들에게 방탄조끼와 헬멧을 나눠 주기 시작했지만 청소 등을 담당하는 코트디부아르 국적인들, 그리고 세브로코에 머무르는 식당 직원들에게는 지급하지 못했다. 어느 날 저녁, 식당 직원이 이러한 차별을 더 이상 참지 못하고 "방탄조끼 없이는 닭고기도 없다"며 UNOCI 직원들에게 최후통첩을 날렸다. 이때를 기해서 UNOCI 직원들이 비UNOCI 직원들과 방탄조끼를 나눠 갖기 시작했다. 그렇게 함으로써 계속해서 닭고기를 먹을 수 있었다.

서부 접경 지역에 인도적 위기 발생

양 진영 사이의 격심한 전투로 인해 아비장 내의 인도적 상황은 물론이고 서부 지역의 인도적 상황 역시 급격히 나빠지고 있었다. 이 지역은 훨씬 더 큰 규모의 비정규군과 무장 민간단체 사이의 전투로 인해 아비장보다 상황이 나빴다. 라이베리아로 넘어 간 피난민은 2월 말경에 2만 2,000명이었는데, 3월 말경에는 9만 명으로 증가했다. 서부 지역에서 난민의 숫자 또한 빠르게 증가했다.

3월 26일, 나는 군 지휘관인 나쿠데 베레나 장군, 경찰 책임자 장-마리 부리, 대변인이자 공보국장 하마둔 투레, 인권국장 대리인 기욤 응게파, 특별 보좌관 칼라브리니와 함께 IOM(국제이주기구) 대표인 자크 수에르

와 미셸 티아, UNICEF 대표 마크 살바일과 기글로 지역으로 가는 미션을 맡았다.

이 미션의 목표는 먼저 4,000명에 달하는 내전 난민(Internally Displaced Persons, IDP)이 기글로에 있는 것을 확인하는 것이었다. 그리고 이들이 UNOCI의 베냉 중대 인근에 대피하고 있다는 정보도 확인할 필요가 있었다. 또한 지난주에 UNHCR(유엔난민기구)이 약탈당한 데에 따른 문제로 발생한 인도적 기구의 현지 활동 상황을 살펴보는 목적도 있었다. 이것은 UNOCI의 임무 중 하나인 민간인 보호 차원에서 진행되는 것이었다. 기글로의 상황이 매우 위험하고 신변 안전을 보장할 수 없다는 보고를 받았기 때문에 처음에는 전략관리팀과 현장 군부대 모두 나의 방문에 동의하지 않았다. 하지만 나는 민간인 보호에 대해 생각하는 바가 있었기에 이번 방문을 반드시 진행할 것을 주장했고, 결국 동의를 받아냈다.

기글로에서 UNOCI의 구호소와 회의하던 중 군지휘관과 나는 우리 군이 블루헬멧의 원칙을 반드시 따라야 하며 위험에 빠진 민간인 보호를 확실히 해야 한다고 촉구했다. 나는 또한 현 상황과 인도적 기구의 활동에 대해 해당 지역에서 활동하고 있는 대표들과 논의하는 시간을 가졌다. 이들은 지역단체 대표, '정책회의' 부의장, 마을 모임 회장, 청년 단체 대표, 지역 유지들이었다. 나는 그들에게 UNOCI의 임무는 가능한 모든 수단을 동원해 해당 지역의 무장 단체가 끼칠 수 있는 해악으로부터 민간인을 보호하는 것임을 상기시켰다.

그뿐만 아니라 처음에 나를 이곳에 오지 못하도록 막으려 했으며, 이러한 방문은 자신들의 승인 없이 행해져서는 안 된다고 했던 애국청년단

간뇨아와 기글로 지역 시찰 중 아비장 상황을 점검하고 있는 모습

과 지역 비정규군 때문에 기글로 방문이 어려웠다는 사실을 알리고, 유엔과 코트디부아르 정부 사이에 체결된 SOFA 협정으로 모든 유엔 소속 직원들과 장비는 어디든지 이동이 자유로워야 함을 상기키셨다. 이러한 측면에서 UNOCI는 임무를 수행하는 동안 이동을 위한 어떠한 승인도 필요 없다는 사실을 강조했다.

　　인도적 상황에 대해서는 3월 25일을 기해 약 600명에 이르는 난민이 기글로에 있으며 이 숫자는 계속해서 늘어나고 있다고 지역 유지가 알려주었다. 툴레플루에서 블로레퀸까지 이들에 대한 구호물자 보급이 시급하다는 주장이 있었다. 이에 대해서 나는 UNHCR 시설에 대한 약탈 때문에 급박한 상황에 놓인 사람들을 인도적으로 돕는 것이 불가능할 수도 있다고 심각한 우려를 표했다. 지역 유지들은 기글로 청년 단체가 약탈에 관여했다는 사실을 부정하고 오히려 피난민들 쪽으로 비난의 화살을 돌렸다.

　　이를 뒷받침하기 위해 그들은 UNHCR에서 약탈당했던 물자 일부를

UNOCI 헬기에 탑승해 기글로 지역으로 이동하고 있다.
내 앞에 있는 사람은 비서실장, 중간에 있는 두 명은 나의 경호원이다.

이미 회수했으며 나머지도 되찾으려는 노력이 계속되고 있다고 덧붙였다. 마지막에 지역 유지들은 내게 인도적 기구가 기글로에 와준다면 정말 대환영이라는 것을 내게 확인시켜 주었다. 해당 지역이 '정책회의'에 의해 통제되고 있었다는 사실을 감안할 때, 이들이 UNHCR 시설을 약탈했다가 다시 돌려준 사람들과 깊이 연관되어 있는 것은 거의 확실했다. 그래서 해당 지역에 유엔 인도 기구의 접근에 대해 논의할 때 이 점을 상기시키는 것이 매우 중요했다.

기글로에 있는 구호소장은 UNOCI 군지휘관에게 베닝 구호소 시설 앞에 4,000여 명의 난민이 대피하고 있다고 알렸고, 군지휘관은 자신들이 장갑차를 이용해 이들을 보호하고 있다고 보고했다. 이 모든 것이 사실이 아니었다. 거짓 보고가 드러남에 따라 해당 군지휘관에 대해 징계 조치를 취해야 했다.

나의 기글로 방문으로 그곳에 많은 난민이 있다는 것이 사실이 아님이 증명되기는 했지만 인근 지역에 난민이 계속 증가하고 있다는 소식이 이어졌다. 기글로 방문 이후 얼마 지나지 않아 UNOCI는 또 다른 서부 지역 도시 '두에쿠에'에서 인도적 위기 상황이 급격하게 증가하고 있다는 소식을 듣게 되었다. 아비장에서의 급한 일로 두에쿠에로 갈 수 없는 상황이어서 나는 비서실장에게 나 대신 갈 것을 지시했다. 3월 29일 그의 방문으로 3만 명에 가까운 피난민이 있고, 이들 중 많은 사람이 두에쿠에에 있는 가톨릭교회 근처에 모여 있다는 사실을 알게 되었다. 피난민들은 이 지역에서 비교적 자유로이 움직일 수 있었지만 밤에는 친바그보 비정규군과 친와타라 FRCI군 간의 접전 때문에 UNOCI가 보호하는 시설에 머무르는 것을 선호했다. 비서실장은 주요 도로를 따라 많은 사체가 있음을 발견했다. 그래서 나는 즉시 UNOCI의 인권국장 대리인 응게파가 이끄는 인권 전문팀을 구성해서 두에쿠에에 파견했다. 이 팀이 진행한 조사 결과는 후에 UNOCI가 공식적으로 발표했던 보고서에 포함되었다.

두에쿠에의 상황은 좋지 못했고 인권 유린 상황을 타개하기 위해서는 더 많은 조치가 취해져야만 했다. 다행스럽게도 UNOCI가 해당 지역에서 가동하고 있던 구호소가 심한 압박 속에서도 최선을 다했다. 특히 숲속에 숨어 있던 6,000명을 안전하게 구출해 냈던 UNOCI의 작전이 주효했다. 가톨릭교회의 사이프리언 신부와 두에쿠에 시민들은 우리 군 구호소에 감사의 뜻을 표했다.

두에쿠에에서 벌어진 교전 중 300명이 넘는 사람들이 목숨을 잃었다. 이러한 UNOCI의 조사 이후로 우리는 이 희생에 대해 바그보 측과 와타라 대통령 측 모두를 규탄하는 공식 성명을 발표했다. 그러나 와타라 대통령 측은 UNOCI의 비협조적 태도를 비난하면서 강력히 반발했다. 와타라 대통령과 가진 이후의 회의에서 나는 어느 쪽이든 인권과 민주주의 원칙을 존중해야 한다고 강조했다. 이를 어기면 양쪽이 같은 취급을 받게 된다고 경고했다. 다행스럽게도 와타라 대통령은 와타라군에 인권과 민주주의 원칙에 기반해 움직일 것을 요청하는 확실한 공식 성명을 발표했다.

3월 26일을 기해서 FRCI는 동서 양방향에서 빠르게 남쪽으로 진군했다. 서쪽에서는 소로 총리가 이끄는 FRCI군이 두에쿠에, 달로아, 이시아를 점령했고 이를 기점으로 산 페드로와 아비장까지 움직일 수 있는 기반을 마련했다. 동쪽에서는 FRCI가 본두쿠와 아벵구루를 점령하고 야무수크로와 아비장으로 진군할 수 있는 기반인 아죠페로 이동할 준비를 하고 있었다. 아죠페에서 아비장까지는 하루 정도밖에 걸리지 않는 가까운 거리였다.

그 와중에 아비장에서는 통칭 '이베'라고 불리는 이브라힘 쿨리발리가 이끄는 '보이지 않는 부대'가 아보보 지역에서 바그보군이 점령하고 있던 병영 두 군데를 더 확보했다. 하지만 바그보군은 박격포를 포함한 방어 체계를 이용해 북측 지역과 도심 사이에 걸쳐져 있는 전선 부근에서 교착 상태를 유지했다.

바그보 측은 소로가 이끄는 FRCI의 빠른 진군이나 아비장 중심에서 벌어지고 있는 '보이지 않는 부대'의 활동, 그 어느 쪽에도 대응할 만한 전략적 계획이나 전술 계획이 없었다. 대변인인 아후아 돈 멜로를 통해 바그보 측은 코트디부아르에 주재하는 AU 고위 대표단의 중재 아래 즉각적인 휴전 및 협상을 요청했다. 그렇지 않으면 블레 구데를 이용해 애국청년단을 움직이는 것 외에는 방법이 없다고 바그보 측 인사들이 말한 것을 여러 경로를 통해 듣게 되었다.

놀랍게도 돈 멜로 대변인의 말을 빌리자면, 이런 상황 속에서도 바그보 측은 AU의 중재를 통한 권력 공유의 꿈을 포기하지 않은 것 같았다. 이런 상황이 후에 사실로 드러났다. 며칠 뒤 나는 UNOCI 본부에서 제제 대사와 회의를 하려 했지만 제제 대사와 바그보 측이 간절히 매달리고 있는 희망이 코트디부아르 위기를 해결하기 위해 아직 AU 고위 대표단의 개입을 고대하고 이를 기다리는 것이라는 사실을 알게 된 뒤 그를 만날 생각을 버렸다. 되돌아보면 이것이 바로 바그보 측에서 끊임없이 AU 고위 대표단에 자신들과 친근한 인사가 임명되도록 노력했던 이유였을 것이다. 사실, 3월 26일에 친바그보 인사였던 케이프 베르데의 외교부 대사인 호세 브리토가 임명되었지만, 같은 날 신뢰성을 문제 삼은 와타라 대통령 측에 의해 거부되었다. 바그보 측은 이 지위에 친바그보 인사를 임명시키기 위해 격렬히 시도했지만 그들의 운명은 아비장으로 빠르게 진군하는 FRCI에 의해 종지부를 찍기 직전이었다. 이것은 바그보 측이 현실 감각을 잃어버렸다는 또 다른 증거였다.

모든 상황을 고려했을 때, FRCI의 번개 작전과도 같은 남측으로의 진군은 선거 후 위기 상황을 마무리 지을 수 있는 전환점이었다. 본격적인 진군을 감행하겠다고 발표한 지 3일 뒤인 3월 29일에 FRCI는 야무수크로를 포함해 남측 모든 지역의 통제권을 탈환하게 되었다.

이 위태로운 시기에 유엔으로서는 바그보 측의 중화기 사용을 막고 민간인을 보호해야 한다는 막중한 도전을 맞이하게 되었다. 이러한 측면에서 우리는 와타라 대통령과 바그보 양 진영 모두에 연락을 취했다. 와타라 대통령 측에는 민간인을 공격하거나 점령 지역을 약탈하거나, 혹시라도 UNOCI 헬기를 오인해 공격하는 일 등으로 인해 그들의 사기가 꺾이는 일이 생겨서는 안 된다고 강조해서 말했다. 바그보 측에는 수세에 몰려 중화기를 이용하는 것과 같은 인권 유린 범죄를 저지르는 우를 범하지 않도록 강력한 뜻을 전달했다.

친바그보 부대의 골프호텔 포위 철수

FRCI가 아비장으로 빠르게 진군하면서 바그보군은 대열을 이탈하기 시작했다. 3월 30일과 31일 밤에 참모총장인 필리페 망고 장군은 자신의 아내와 다섯 자녀를 데리고 코트디부아르 주재 남아공 대사관에 망명을 신청했다. 3월 30일 밤에 바그보군은 골프호텔에서 철수해, RTI 본부, 병영 두 곳과 코코디 지구에 있는 대통령 사저와 플래투 지역의 대통령궁을 포함한 지역으로 재배치되었다.

바그보군이 철수하면서 골프호텔에 이르는 주요 도로에 있었던 푸토 초소와 마리 테레사 초소는 3월 31일 아침을 기해 비워지기 시작했다. 12월 13일부터 골프호텔을 둘러싸고 있었던 포위망은 총 108일간 지속되었는데, 갑작스럽게 골프호텔을 막는 장애물이 없어져 이상한 기분이 들었다.

친바그보군이 후퇴하면서 플라토 2지구 변병의 북쪽에 위치한 앙그레에서 대중에 의한 광범위한 약탈이 발생했다. 이 때문에 UNOCI는 순찰 지역을 아보보에서 플라토 2지구로 변경했다. 우리는 순찰 지역을 리비에라 북쪽 지역과 코코디 지역으로 확장하여 바그보군이 빠져나감과 동시에 생긴 치안 공백을 메우려고 했다. UNOCI는 또한 펠릭스 우푸에 부아니 공항, RTI 본부, 서아프리카 중앙은행 본부와 대통령궁과 같은 국가 주요 기관 보호 계획도 시작했다. 공항 보안은 아비장 공군 기지에 배치된 UNOCI의 구호소와 함께 와타라 대통령 측 공군 사령관이 결집해 강화에 힘을 실었다.

3월 31일 늦은 오후, FRCI가 아비장에 들어서기 시작했고 밤에는 코코디 지역에서 친바그보군과 심한 교전을 펼쳤다. 같은 날 바그보군은 오후 4시 30분경 UNOCI 본부를 향해 약 3시간가량 총격을 가했고 UNOCI는 이에 대응 사격했다. 와타라 대통령 정부는 밤 9시부터 아침 6시까지 통행 금지령을 시행했다. 이제 상황은 180도로 변해 있었다. 이날부터는 바그보가 아니라 와타라 대통령이 아비장 대부분 지역을 포함해 나라의 전반적인 통제권을 잡게 되면서 통행 금지령을 내린 것이다.

양 진영의 교전은 아비장 남측 지역까지 퍼졌다. 마코리 4지구에 격렬한 접전이 있었는데, 그날 밤 UNOCI 합동 작전센터에서 정보 분석가로 일하던 스웨덴 출신 유엔 자원 봉사자인 자라 아비디가 목숨을 잃었다는 보고를 받았다. 그녀는 마코리 지구에 살고 있었는데 유탄에 맞았다는 것이었다. 향년 34세였다. 이후 접전이 더욱 격해진 4월 4일에는 WHO 직원이었던 코트디부아르인 유무사 쿨리발리도 목숨을 잃었다. 그는 35세였다.

2011년 3월 31일은 내게도 기억에 남는 날이 되었다. 세 가지 큰일이 있었는데, 그중 하나는 나와 나를 지키던 보안 요원들이 목숨을 잃을 뻔한 일이었다.

아침, UNOCI의 안야마 신학생 구출 작전

아침에 UNOCI 인권국장 대리인 기욤 웅게파와 나는 '보이지 않는 부대' 지휘관인 '이베' 이브라힘 쿨리발리 장군을 만났다. 그리고 아보보와 안야마 지역에서의 전투 때문에 고립되어 있는 150여 명의 신학생을 구출하는 작전을 논의하게 되었다. 이베의 협조와 우리의 호송으로 신학생들은 무사히 아비장 플래투 지구에 있는 세인트 폴 성당으로 빠져나왔다. 나는 이베에게 인권 보호와 민간인 보호 원칙을 지키는 것이 얼마나 중요한지에 대해 강조했다. 그는 이에 완전히 동의하면서도 바그보에 대한 자신의 행동을 정당화하고자 했다. 바그보가 자신을 옹호하는 이들을 죽였기 때문에 신의 호의를 잃어서 어려움을 겪게 되었다고 언급했다. 이베와의 만남은 이것이 마지막이었다. 이베는 4월 27일 아보보 지역에서 있었던 '보이지 않는 부대'와 FRCI 간의 접전 중 목숨을 잃었다. 이들은 모두 친와타라 부대였지만 이들 간에는 앞으로 누가 주도권을 잡을 것인지 하는 내부 투쟁이 이미 시작되어 있었다. 그가 죽기 며칠 전, 이베 측에서 자신과 FRCI 지휘관과 함께 UNOCI 본부에서 회의를 할 것에 합의했었지만 이루어지지는 않았다. 그는 나의 입회 아래 FRCI와 회의를 진행하기를 원했다. 그는 내가 뉴욕 유엔 본부에 안보리 보고차 여행 중이라는 소식을 듣고 나타나지 않았다고 한다. 이베는 내가 아비장으로 돌아오기 하루 전에 세상을 떠난 것이다.

오후, 와타라 대통령과의 회의

오후에는 골프호텔에서 와타라 대통령과 회의를 가졌다. 이 회의에서 나는 인권과 민간인 보호의 중요성에 대해 강력하게 언급했다. 와타라 대통령도 이에 동의했다. 그는 골프호텔에서 가진 기자회견에서 이 사실에 대해 강조했다. 우리는 와타라군이 해당 지역의 통제권을 잡는 즉시 UNOCI가 RTI와 서아프리카 중앙은행 본부를 비롯한 다른 시설들을 보호할 것이라고 밝혔다. 와타라 대통령은 바그보군의 급격한 철수로 특히 아비장에 생긴 치안 공백을 다루는 데 UNOCI의 도움이 절실하다고 했으며 이와 더불어 야무수크로에 있는 공항과 산 페드로 항구에 대한 보호도 요청했다. 우리는 주요 시설에 대한 통제권을 와타라군이 잡는 즉시 UNOCI에서 보호할 것에 합의했다.

저녁, RTI에서의 위험 상황

늦은 오후, 우리는 바그보군과 민간인들이 RTI 방송국 본부를 떠났으며 와타라군 통제에 들어오게 되었다는 확인되지 않은 정보를 입수하게 되었다. 이러한 분위기 속에서 오후 4시 30분경, 와타라 대통령은 내게 전화를 걸어 UNOCI에 RTI의 보호를 요청했다. 그는 FRCI의 진군으로 친바그보군이 RTI 본부에서 철수했다고 말했다. UNOCI의 주요 시설 '보호'의 조건이 1~2월 동안 UNOCI와 와타라 대통령 측의 뜨거운 감자였다는 것을 감안할 때, 와타라군이 RTI의 통제권을 잡았다는 것은 드디어 UNOCI가 정부 주요 시설 보호에 있어 코트디부아르 정권을 돕는다는 주어진 임무 권한 내에서 빛을 발하게 된 기회였다. 게다가 RTI는 인신공격으로 UNOCI를 몇 달째 괴롭히고 있었기 때문에 전략관리팀은 즉시 UNOCI군을 RTI로 보내기로 결정했다. UNOCI 군사령관이 급변하는 전투 상황에

UNOCI 군사령관과 함께 이베 장군을 만나고 있는 나.
그의 관할구에서 만나고 있지만, 위험한 지역이어서 경호원들의 충고에 따라 벽을 뒤로 하고 앉아 있다.

대응하느라 정신이 없었고 UNOCI는 이 변화에 적응하기 위한 적절한 조치를 취하고 있었던 데다가 자원자도 없었기에 개인적으로 내가 UNOCI가 이곳을 지키고 있다는 징표로 RTI 정문 양쪽에 배치할 목적의 장갑차 두 대를 이용해 RTI 본부에 가기로 결정했다.

경찰 책임자와 비서실장 및 호송대와 함께 RTI에 도착했을 때는 저녁 7시 30분경이었고 주변은 이미 어두워져 있었다. 우리는 어떠한 움직임도 포착할 수 없을 정도로 완벽한 어둠에 둘러싸여 있는 방송국을 보고 이상한 기분에 휩싸였다. 정찰을 계속하던 도중 우리는 FRCI가 진군한다는 소식에 RTI 직원들이 건물을 포기하고 떠났다는 사실을 알게 되었다. 하지만 FRCI의 모습은 어느 곳에서도 찾을 수 없었고, RTI를 통제하고 있다는 것도 사실이 아니었다. 그래서 나는 골프호텔에 있는 UNOCI 전략지휘관인 니앙 장군에게 전화를 걸어 와타라 대통령 측 군지휘관과 연락을 취할 것을 요청했다. 니앙 장군은 와타라 대통령 측에게 RTI가 여전히 바그보군의 통제권 아래 있다는 소식을 전했고 와타라 대통령은 놀라움을 표시했다. 니앙 장군, 경찰 책임자, 비서실장과 나는 바그보군과 FRCI군 간의 교전에 UNOCI가 피해를 볼 수 있기 때문에 RTI 정문에 장갑차를 배치할 수 없다는 사실에 합의했다.

온 길을 되돌아가려고 하던 차에 우리는 바그보군이 어두운 곳에 숨어서 우리의 행동을 지켜보고 있었다는 사실을 알게 되었다. 우리가 주도로로 이동하려고 RTI 가까이에 있는 다리 밑을 지나갈 때 바그보군이 우리에게 총격을 가하기 시작했다. 순식간에 벌어진 일이었다. 나는 호송대 장갑차의 장갑에 총알이 맞고 튀는 불꽃들을 볼 수 있었다. 다리에 FRCI군이 도착하고 나서야 총격은 멈췄고 FRCI군은 바그보군에 대응 사격했다. FRCI군이 개입하지 않았더라면 다음 타깃은 내 차례였을 테고, 내 차는 바그보군의 고성능 총탄에 쉽게 뚫려 버리고 말았을 것이다. 이 위험한 상황을 벗어난 뒤, 우리는 느린 장갑차를 뒤로하고 세브로코로 급히 달려왔다. 저녁 8시 30분경 사무실에 도착했을 때 와타라 대통령에게 전화를 걸어 무슨 일이 벌어졌는지에 대해 말했다. 그는 내게 감사를 표하고 내 안전요원들에게도 감사를 표했다.

이후 경찰 책임자와 비서실장은 위기 상황 중 이 경험을 가장 잊을 수 없었던 순간으로 기억한다고 말했다. 회상해 보면 누구도 다치거나 죽지 않았다는 것은 큰 행운이었다. 내가 직접 RTI로 가겠노라고 하고 달가워하지 않는 동료들에게 동행을 부탁했기 때문에 우리 중 누군가가 다치거나 목숨을 잃었다면 전적으로 내 책임이었을 것이다. 사무총장 특별대

표로서 엄청난 압박감에도 불구하고 주변의 조언에 반하거나 직원들 대다
수의 의견에 반하는 결정을 한 경우가 여러 번 있었다. RTI 방문을 결정
한 것 외에도 2008년 1월에 모든 선거 과정을 공개적으로 인증해서는 안
된다고 한 결정, 2010년 12월 2일에 UNOCI 본부에서 선거관리위원장 유
서프 바카요코의 선거 발표를 용납하지 않은 것, 12월 13일에 골프호텔에
있는 초소를 정찰한 것, 2011년 1월 11일에 민간 보호 부대와 함께 아보보
를 방문한 것, 2011년 3월 26일에 기글로를 방문한 것, 2011년 4월 2-3일
Mi-24 헬기를 이용한 성급한 공격의 연기 등이 있었다.

  설령 같은 상황이 반복된다 해도 모두 같은 결정을 내릴 생각이지만
단 하나의 예외는 RTI 방문이다. RTI 본부에 가겠다는 결정은 잘못된 판
단이었다. 이날 내가 직접 가는 대신 군 정찰대를 보냈어야 했다. 나는 이
다사다난했던 날을 되돌아보며 다음 날에도 많은 도전이 있을 것이라는
사실을 상기하며 잠자리에 들었다.

아비장 전투의 시작

  3월 31일 늦은 오후, FRCI가 아비장에 들어섰다. 밤에는 바그보군
이 마지막으로 저항하고 있는 세 곳에서 바그보에게 충성하는 특수부대
와 FRCI 사이에 격렬한 총격전이 벌어졌다. 그 세 곳은 플래투 지역의 대
통령궁과 코코디 대통령 사저 그리고 역시 코코디에 위치하며 RTI에 가
까이 있는 마지막 바그보군 병영인 아그반 병영이었다. 이 모든 위기 상황
을 종식할 마지막 전투인 아비장 전투가 이렇게 시작되었다. 아비장 전투
가 시작되며 바그보군은 군인들과 동시에 애국청년단을 이용하기 시작했

으므로 UNOCI는 군인이 아닌 애국청년단을 상대하기 위하여 경찰을 적극 활용하였다.

친바그보군은 대통령궁으로 이어진 도로에 바리케이드를 설치했다. 동시에 간간이 UNOCI 본부로 총격을 가했다. 대구경 총탄이 나의 사무실로 연결되는 곳과 ONUCI-FM 라디오 방송국으로 연결된 곳을 포함해 건물 곳곳에 박혔다. 이 때문에 전략관리팀 멤버들은 방공호에서 잠을 자며 회의를 진행하게 되었다. 총격이 멈춘 것처럼 보일 때면 위층에 있는 사무실로 돌아가 일도 하고 잠도 잤다. 하지만 한밤중에 총격이 벌어지면 경호원들은 나를 깨워 방공호에 있는 침실로 인도해 주었다. 우리는 끊이지 않는 총격 속에서 잠드는 데 익숙해지기 시작했다.

3월 31일, 바그보군이 코코디에서 순찰을 돌던 UNOCI 순찰대에 총격을 가해 이에 대한 대응 사격으로 바그보군 6명 정도가 다치거나 목숨을 잃은 것으로 보고되었다. 이날 가장 격렬한 전투는 RTI 주변에서 벌어졌다. FRCI가 RTI를 공격해, RTI 통제권을 잡았다가 아그반 병영에 기초를 둔 바그보군이 중화기로 무장하고 나타난 그날 늦은 밤, 다시 RTI 통제권을 넘겨주었다.

다음 날 늦은 오전 시간에 니앙 장군이 이끌던 UNOCI 순찰대가 같은 부대에게 공격을 받고 대응 사격했다. 이 사건으로 4명의 블루헬멧이 부상을 당하고 바그보 측에서는 다수의 사상자가 발생했다. 그뿐만 아니라 UNOCI 헬기가 세브로코에 착륙하던 중 공격을 받아 기체 밑 부분에 손상을 입었다. 헬기가 공격을 받은 것은 처음 있는 일이었다. 치안 공백을 이용해 군인들과 무장세력들이 도시 여러 지역의 거주지와 상점들을 비롯

UNOCI 경찰 병력 대표단과의 단체사진

해 공공건물까지 약탈하고 있었다.

아비장 공항을 확보하고 Mi-24 헬기를 무력화하다

3월 31일을 기해서 장갑차로 무장한 UNOCI 대대는 아비장 공항의 공군 기지와 민간 부문에 대한 보호를 강화했다. 코트디부아르 군대의 도움에 힘입어 Mi-24 헬기 무력화에도 성공했다. 이 작전을 위해 4월 1일 아침 나는 비서실장을 세브로코에서 아비장 공군 기지로 직접 헬기에 태워 보냈다. 8명의 블루헬멧과 함께 출동한 그들은 공항에 도착하여 Mi-24 헬기 무력화에 성공했다. 헬기 내부 전선들을 끊어 버리는 것으로 임무를 완수한 것이다. UNOCI에서는 오랫동안 바그보군이 Mi-24 헬기를 이용할 수도 있다는 것 때문에 신경을 쓰고 있었다. 공항은 이미 바그보군이 포기한 상태여서 UNOCI가 이를 보호하기 시작하였고, 리코른느도 뒤따라 공항 보호 강화를 위해 협조했다.

이때 우연히 와타라 대통령은 공항 폐쇄를 발표했는데, 나는 와타라 대통령에게 전화를 걸어 이를 취소시켰다. 공항이 이미 UNOCI와 리코른느의 보호 아래 있었기 때문에 당장 일을 시작할 준비가 되어 있는 공항 직원들을 고려해 공항 재개를 발표하는 것이 좋겠다고 권고했다. 그는 내 제안에 동의하고 공항의 재개를 발표했다. 이 덕분에 아비장에 발이 묶여 있었던 UNOCI의 프로펠러 항공기 두 대도 날 수 있게 되었다.

공항뿐만 아니라 와타라 대통령과의 논의 끝에 UNOCI는 최대한 빠른 시일 내에 아비장 항구, 서아프리카 중앙은행 본부, 대통령궁, 총리 관저를 포함한 국가 주요 시설에 와타라군을 돕은 보호 지원을 할 수 있도록 했다.

바그보 측 Mi-24 헬기의 과거 움직임

공항에 있는 바그보의 Mi-24를 무력화한 것은 바그보군의 공습 가능성에 대한 끊임없는 논쟁을 잠재우게 되었다. UNOCI으로서도 무거운 짐을 덜게 되었다. 그동안 바그보 측이 Mi-24를 사용할 것이라는 소문이 끊이지 않았다. 3월 16일, UNOCI는 공항에 있는 바그보 측의 Mi-24 연료 탱크를 고치려고 두 명의 백인 기술자가 접근했다는 소식을 접했다. 바그보 측이 금지 조치를 위반하고 헬기를 사용하려는 의도가 분명했다.

며칠 뒤, 아비장 공항에 있는 UNOCI 대대 지휘관이 Mi-24가 있는 아비장 공항에 다섯 명의 백인이 들어가는 것을 보았다고 보고했다. 이것으로 바그보 측이 Mi-24를 사용하려는 의도가 분명해 보였다. 이 헬기가 제한된 시험 비행을 했던 마지막 날짜는 2010년 9월이었다. UNOCI는 헬기 수리 과정을 계속해서 근접 감시하면서 공격 목적으로 사용될 경우를 상정해 첫 공격이 감행되면 안보리에서 부여한 임무와 방침에 의거해 이를 무력화할 준비를 했다.

Mi-24에 대한 정보에 더해 3월 16일, 제제 대사와 Mi-24 문제를 해결할 수 있는 조용한 방법을 전화로 논의하게 되었다. 나는 그에게 바그보 측이 스스로 지키겠다고 한 유엔 금지 조치를 위반하고 있는 지역이 어디인지, 왜 UNOCI가 이러한 위반 행위를 용인하지 않을 것인지, 또 안보리에서 UNOCI에 Mi-24 문제를 해결하기 위해 부여한 임무가 무엇인지에 대해 자세히 설명했다.

나는 제제 대사에게 다음 날까지 Mi-24에 대한 어떠한 수리 조치도, 실제적인 비행도 없을 것임을 약속해 달라고 요청했다. 그렇지 않으면 3월 18일 금요일, UNOCI는 Mi-24와 관련해 바그보 측을 규탄하는 공식 성명을 발표할 예정이었다. 이렇게 될 경우 금요일 이후의 상황은 되돌릴 수 없을 것이라고 경고했다. 바그보 측이 공개적으로 망신을 당하든가, Mi-24가 파괴되는 상황을 목도하게 되든가 둘 중 하나를 맞이하게 될 것이라고 강조했다.

제제 대사는 헬기를 사용할 수 있을 것이라고 생각한 적이 없으며 필리페 망고 장군을 포함해 이에 관련된 사람들에게 자문을 구하겠다고 했다. 이에 더해 UNOCI 부대표인 아부 무사는 헬기 문제를 계속 논의하기 위해 제제 대사와 일대일 회의를 요청했다. 이러는 동안 우리 군대는 리코른느와 합동으로 아비장 공항에 UNOCI의 Mi-24 정찰대를 보내 필요한 경우 적절한 행동을 취하겠다는 굳은 결의를 보여 주고자 했다. 이 모든 걱정은 4월 1일 바그보 측의 Mi-24를 무력화하면서 모두 사라졌다.

바그보의 특수부대가 UNOCI에 대한 공격을 강화하다

2011년 3월 31일 이후, 바그보군은 세브로코에 있는 UNOCI 본부에 대한 직접적인 공격을 감행하기 시작했다. 4월 1일에 우리 건물은 직접적인 총격을 받았다. 다음 날도 하루 종일 공격이 계속되었다. 오전 시간에는 공격이 간헐적으로 이루어졌지만 오후가 되자 2시 30분부터 5시 40분까지 3시간이 넘도록 중화기 공격을 받게 되었고 어떤 총탄들은 건물 벽을 뚫고 들어와 모든 사람들이 방탄조끼와 헬멧을 착용해야만 했다. UNOCI 군은 기관총과 박격포로 대응 사격했고 4명의 블루헬멧이 부상을 입었다. 국방부 병영 기지가 UNOCI 본부를 내려다보는 언덕에 있었기 때문에 UNOCI 본부는 바그보 특수부대가 노리기 쉬운 먹잇감이었던 것이다.

UNOCI에 대한 격렬한 공격의 원인은 플래투에 있는 대통령궁과 코코디 대통령 사저에 대한 친와타라군의 공격 때문이었다. 이 공격에 대해 바그보 측은 친와타라군이 UNOCI와 공모하여 대통령궁과 사저를 점령했다는 사실 무근의 허위 정보를 퍼뜨리고 다녔다. 그래서 바그보군은 양 진영 사이의 사정거리에 있는 모든 UNOCI 시설과 친와타라군을 동시에 공격했다. 또 다른 UNOCI 헬기가 공격을 받아 하루 동안 우리는 부아케에서 오는 항공편을 제외하고 세브로코에서 사용할 수 있는 헬기가 없었다.

이 와중에 UNOCI 병원에는 많은 민간인 부상자가 계속해서 실려 왔다. 4월 1-2일, 우리는 58명의 부상자를 받았는데 이 중 10명은 병원에서 사망했다. 다행스럽게도 친와타라군이 친바그보군에 대한 공격을 멈췄을 때 격렬한 공방도 같이 멈췄다.

와타라 대통령이 4월 2일 12시를 기해 통행 금지령을 발표하고, 이어서 바그보군이 세브로코에 대한 직접적인 공격을 강화하면서 UNOCI의 구내식당이 문을 닫게 되었다. 4월 1일 밤부터 우리는 식량 부족에 맞닥뜨리게 되었고 직원들이 비스킷으로 끼니를 때우는 날이 많아졌다. 4월 2일에는 상황이 더 악화되었다. 우리는 비상식량 말고는 먹을 수 있는 것이 아무것도 남지 않게 되었다. 아비장 도심에 사는 사람들은 하루 종일 총성을 들으면서 집 밖으로 나올 수 없었다. 4월 1–2일 동안 도심에서 정찰 임무를 수행하던 중 7명의 블루헬멧이 부상을 입었다.

8장

무장 헬기 투입과 위기의 종말
2011년 4월

UNOCI의 Mi-24 세 대는 아주 귀중한 자산인 것으로 드러났다. 이 헬기들은 3월 초에 라이베리아 평화유지임무단(United Nations Mission in Liberia, UNMIL)에서 UNOCI으로 재배치된 것이었다. UNOCI는 군인과 민간인 수송용 헬기를 가지고 있었지만 공격용으로 사용할 수 있는 무장 헬기는 가지고 있지 않았다. 결국은 UNOCI가 이 무장 헬기를 활용하여 바그보군의 중화기를 제거할 수 있었다. 평화유지임무단 60여 년 역사상 무장 헬기를 작전에 사용한 것은 UNOCI가 처음이었다.

무장 헬기 투입을 결정한 UNOCI

UNOCI 전략관리팀은 최근 민간인에 대한 바그보 측의 지속적인 중화기 사용을 막기 위해 Mi-24를 사용할 것인지에 대해 고심하고 있었다. 우리의 논의는 2011년 3월 31일 안보리가 결의안 1975를 채택함에 따라 중요한 계기를 맞게 되었다. 이 결의안은 UNOCI가 보유하고 있는 모든 능력을 사용하여 중화기 사용을 방지할 수 있도록 허용한 것이었다. 우리의 주된 사안은 민간인과 골프호텔, 세브로코에 대한 바그보 측의 중화기를 사용한 공격을 어떻게 제거하는가 하는 데 있었다. 4월 초, 전략관리팀은 무장 헬기를 이용한 바그보 측 중화기에 대한 공습이 불가피하며 정당하다고 결론 내렸다. 코트디부아르 국민들이 기관총과 박격포를 포함한 바그보군의 중화기에 희생당하고 있었다. 바그보군은 4월 초를 기해 UNOCI에 직접적인 공격도 서슴지 않고 있었다.

바그보군이 이러한 아비장 내 인권 유린을 계속했기 때문에 3월 셋째 주에 무장 헬기 세 대로 정찰 임무를 수행하기 시작했다. 이들은 아비장 공항 위를 맴돌면서 바그보 측의 Mi-24가 보관되어 있는 격납고를 감시했다. 또한 최근 바그보군이 주변 시장에 있는 민간인에게 박격포를 발사했던 아그반 병영과 평화 시위를 하던 여성들을 기관총으로 대량 학살한 아보보 지역도 순찰하기 시작했다. 아그반과 아쿠에도 병영의 바그보 측 중화기에 대해서도 문제가 제기되었다. 그래서 이 병영 기지들뿐 아니라 세브로코를 직접적으로 공격한 대통령궁 위로도 Mi-24 무장 헬기로 순찰을 돌기 시작했다. 아비장 공항에 있는 UNOCI의 공군 기지가 바그보군의 적대적 태도로 사용이 불가능했기 때문에 우리는 헬기 정차를 위해 리코른느 공군 기지에 협력을 요청했다.

4월 2일 유엔 본부에 세 대의 무장 헬기 사용을 허가해 달라는 요청을 보내기 전, 나는 12년 전 유엔 본부에서 보스니아-헤르체고비나 전쟁 중 르완다와 스레브레니차의 상황을 검토하던 때를 떠올렸다. 당시에 평화유지임무단 부서 내에서 사전 논의를 진행하던 중 나는 동료들에게 다음과 같은 질문을 던졌다. "만일 르완다와 스레브레니차에서의 비극을 막기 위해 국제사회에서 단호히 나섰더라면 안보리나 국제사회가 과연 이에 성원했을까요? 증명할 수는 없지만 80만 명의 투시족이 대량학살 당할 가능성 때문에 유엔 평화유지군이 수천 명의 후투족을 죽였다면 어떻게 되었을까요?" 후투족을 죽이는 것은 UNAMIR(유엔르완다지원단)의 임무에는 전혀 포함되어 있지 않았다. 스레브레니차의 경우도 마찬가지였다. "유엔 사무총장이 공습을 허가했다면, 8,000명의 이슬람 남성들과 소년들이 무참하게 학살당하는 것을 막을 수 있었을까요? 이것 역시 알 수 없습니다만, 이렇게 했다면 세르비아 사람들이 유엔 평화유지군에 대한 보복으로 들고 일어나 수백 명의 블루헬멧 사상자를 내지 않았을까요? 안보리나 국제사회가 유엔 사무총장의 이러한 행동을 용인하는 것이 맞습니까?"

그렇기 때문에 코트디부아르에서 공습을 진행한다면 이러한 딜레마와 맞닥뜨리는 것을 피해야 하는 것이 나의 임무였다. 어떻게 해야 민간인을 지킨다는 목적을 수행할 때 군사 작전을 펼치면서 대량의 민간 희생자나 유엔 측 희생자가 나오지 않을 수 있을까?

효과를 극대화하기 위해서 우리는 첫 번째 공습에서 바그보 측의 중화기를 최대한 많이 파괴하기로 했다. 당시에는 BM-21 발사기가 어디에 있는지에 대한 정보가 불완전했다. 하지만 바그보의 장갑차와 여타 무장 차량들은 RTI 방송국 근처에 있는 아그반 헌병 대대에 있다는 사실을 알아냈다. 이들은 특수부대의 명령으로 민간인에게 사용되었을 뿐만 아니라 4월 1일, 순찰 중이던 UNOCI의 블루헬멧 4명을 다치게 하는 데에도 사용되었다. 우리는 또한 최소한 한 대의 BM-21을 포함한 여러 중화기가 아쿠에도 병영에 있다는 것을 알게 되었다.

바그보군이 어떻게 반응할지 몰랐기 때문에 공습 결정은 어려운 일이었다. 특히 바그보군의 BM-21 사용 여부를 가늠하기가 힘들었다. 이 발사기는 정확도는 낮지만 넓은 지역에 큰 피해를 입힌다고 알려져 있었다. 만일 바그보군이 우리의 공습에 대한 반격으로 BM-21을 사용한다면 골프호텔과 UNOCI 본부에 무수한 피해를 끼치게 될 것이었다. 하지만 아비장에서 BM-21을 사용한다는 것은 자살 행위에 가까웠다. 엄청난 파괴력을 가지고 있는 BM-21은 아비장에서 벌어지고 있는 것과 같은 도시 게릴라전에서 사용될 성격의 무기가 아니었다.

나는 이런 여러 상황을 고려한 뒤 바그보 측이 실제로 BM-21을 사용할 가능성이 매우 낮다는 결론을 내리고, 이에 추가하여 다음 두 가지 이유로 위험 부담을 줄일 수 있다고 결론 내렸다. 먼저 BM-21의 낮은 정확도를 고려했을 때 세브로코나 골프호텔을 목표로 BM-21을 사용한다면 세브로코 근처에 있는 바그보의 대통령궁과 골프호텔 근처에 있는 바그보의 자택을 파괴할 가능성도 높았기 때문에 그들은 이에 대한 대비가 되어 있어야 했다. 두 번째로, 특수부대를 포함한 바그보군은 그다지 노련하지 않은 것으로 알려져 있었다. 과연 그들이 BM-21을 사용하도록 훈련을 받았을지가 의문이었다.

그래서 4월 2일에 나는 바그보군의 중화기를 제거하기 위한 헬기 사용 허가에 대한 전문을 유엔 본부에 발송했다. 이 요청에 앞서 나는 와타라 대통령에게 전화를 걸어 상황에 대해 설명하고 이 작전을 진행하는 데 그의 동의가 필요한 이유를 설명했다. 그런 다음 와타라 대통령, 니앙 장군과 함께 회의를 갖고 혹시라도 있을 바그보군의 반격에 대비하기로 했다. 와타라 대통령은 UNOCI의 공습에 동의했고, 유엔 본부의 허가도 신속하게 떨어졌다.

공습 연기

와타라 대통령의 동의를 받고 유엔 본부의 허가를 구하면서 공습을 준비함과 동시에 UNOCI는 순찰 임무를 수행하면서 중요한 추가 정보를 입수했다. 바그보군이 탱크와 장갑차를 아그반 헌병대 기지 및 아쿠에도 병영에서 대통령궁, 대통령 자택 및 RTI 시설로 옮겼다는 사실이었다.

UNOCI는 리코른느와 함께 공동 작전을 펴는 것을 선호했지만 이것이 불가능할 경우, 자체적인 공습에 들어가기로 결정했다. 그래서 UNOCI 사령관인 베레나 장군은 리코른느에 연락을 취해 양동 작전을 펼쳐 아그반과 아쿠에도 두 병영에 있는 중화기를 동시에 무력화하기로 했다. 리코른느가 공동 작전에 동의하지 않으면 UNOCI는 자체적으로 두 병영 기지에 대한 작전을 수행하기로 했었다.

하지만 바그보의 중화기가 배치된 곳이 두 군데가 아닌 다섯 군데로 늘어나는 새로운 국면을 맞이하게 되었다. 우리의 Mi-24 무장 헬기를 사용하려던 작전 계획에 직접 영향을 미치게 되었다. 그에 따라 이 모든 목표를 동시에 공격하기 위해서는 UNOCI-리코른느 양동 작전이 필요했다. 나는 UNOCI의 작전 계획을 변경하고 프랑스 당국에 UNOCI-리코른느 공동 작전에 동의를 구하는 연락을 시급히 취해 줄 것을 유엔 본부에 요청했다.

또한 목표물이 늘어났다는 것은 바그보군이 골프호텔, 리코른느, 세브로코에 대해 반격을 가할 가능성이 늘어났다는 것을 의미했다. UNOCI 본부는 세브로코를 내려다보고 있는 갈리에니 병영에서의 공격에 특히 취약했다. 그래서 당시 세브로코에 있던 UNOCI 민간 직원들을 아비장 외부의 안전한 지역으로 재배치하는 작업이 필요했다. 전략관리팀은 이후 36시간 동안 비코트디부아르 직원을 포함한 사실상 거의 대부분의 직원을 부아케로 대피시키기로 결정했다.

아비장 내 외교 미션에 대한 UNOCI의 조력

UNOCI가 Mi-24를 이용한 공습 준비와 안전한 장소로 직원들의 임시 재배치를 준비하는 동안 대통령 자택에서 멀지 않은 코코디 지구에 대부분 위치하던 대사관들은 증가하는 바그보군의 공격과 악의적 행동에 고통받기 시작했다. UNOCI는 아비장에 있는 여러 외교관들에게서 자국민과 직원들을 안전 지역으로 이동시켜 달라고 도움을 요청하는 전화를 쉴 새 없이 받았다. 이러한 요청에 4월 2일, UNOCI는 20여 명의 인도인을 아비장 남쪽 지역으로 이동시키고 2명의 러시아 외교관을 헬기를 이용해 UNOCI 본부와 골프호텔로 이동시켰다. 이뿐만 아니라 12명의 나이지리아와 코트디부아르 직원들을 나이지리아 대사관에서 UNOCI 본부로 옮겼으며 연이어 헬기로 나이지리아인들을 아크라로 이송했다.

도심부에서 격렬한 전투가 계속됨에 따라 UNOCI 병원에는 계속해서 부상자가 실려 왔고 환자를 돌볼 손길과 침구가 포화 상태에 이르게 되었다. 나는 유엔 본부에 다른 평화유지임무단에서 UNOCI에 의사를 추가로 보내 달라고 긴급히 요청했고, **빠른 시일 내에 수급되었다.**

제1차 UNOCI 무장 헬기 작전

4월 3일 아침, 세브로코는 갈리에니 병영의 저격수들이 쏘는 총탄 세례를 받고 있었으며 이 때문에 UNOCI 직원들이 장갑차를 타지 않고 는 외부로 나갈 수 없게 되었다. 바그보군과 UNOCI군 간에 간헐적인 총격전이 지속되었고 오후 5시에는 바그보군이 탱크로 우리를 직접 겨냥하는 형국이 되었다.

나는 즉시 제제 대사에게 전화를 걸어 탱크로 우리를 겨냥하는 것은 전쟁 발발의 원인이 되며 UNOCI는 임무를 수행하기 위해 필요한 수단과 조치를 취하는 데 주저하지 않을 것이라고 확실하게 말했다. 제제 대사는 나의 의사를 군사령부에 전달하겠노라고 했다. 전화 통화를 하는 동안 나는 그에게 바그보 측의 의도를 물었고, 이제는 불명예스럽게 물러나는 것 외에는 방법이 없어 보인다고 말했다. 제제 대사는 와타라 대통령이 코트디부아르 양대 세력 간의 교섭에서 몇 가지 선택 사항을 제시했다고 말했다. 이에 나는 그에게 바그보 측에 권력 공유라는 계획에 일말의 변화라도 있는지를 물었지만 그렇지 않다고 답했다.

그러는 와중에 뉴욕에서는 반기문 사무총장과 총장보 알랭 리 로이가 프랑스와 연락을 취해 UNOCI-리코른느 공동 작전에 대해 논의하게 되었다. 반기문 사무총장은 니콜라스 사르코지 프랑스 대통령에게 안보리의 1975 결의안(2011)에 따라 유엔이 부여한 임무로 민간인 및 유엔 직원들에 대한 바그보의 중화기 사용을 무력화하려는 UNOCI 군사 작전에 프

영화 〈A-특공대(L'Agence Tous Risques)〉를 패러디한 포스터.
미국의 오바마 대통령과 프랑스의 사르코지 대통령의 지지를 받는 와타라 대통령 옆에 있는 UNOCI 단장인 내가
무장 헬기를 사용하여 작전을 수행하려 한다는 것을 표현한 것이다.

랑스 군대가 지원해 줄 것을 요청하는 서한을 보냈다.

4월 4일, 저격수를 포함한 바그보군은 하루 종일 간헐적으로 세브로코에 총격을 가했고, UNOCI 민간 직원들과 현지 직원들은 방공호로 대피했다. 이날을 기해서 UNOCI 시설 내에 있는 텐트에 기거하던 많은 블루헬멧들도 총격이 과격해지면서 지하 방공호로 대피했다.

사르코지 대통령이 요청에 합의함에 따라 4월 4일 반기문 사무총장은 UNOCI에 프랑스 군대의 지원과 함께 민간인에 대한 중화기 사용을 방지하기 위해 조치를 취하도록 지시했다. UNOCI와 리코른느의 군사령관인 베레나 장군과 장 피에르 팔라세 장군은 즉시 작전 계획을 세우기 시작했다. 계획은 다음과 같았다. 이날 오후 5시에 UNOCI Mi-24 헬기가 아쿠

에도와 아그반 기지에 있는 바그보군의 중화기를 공격할 것이다. UNOCI의 공격 30분 후 리코른느가 대통령궁, 대통령 자택과 RTI 시설의 중화기에 대한 공격을 감행할 것이다. 공동 작전은 또한 친바그보군이 배열을 가다듬고 반격할 수 있는 틈을 주지 않는다는 목표도 갖고 있었다.

전략관리팀은 이번 공습을 '민간인 보호 작전'으로 명명했다. 계획한 대로 UNOCI의 헬기 두 대가 오후 5시에 아쿠에도를 공격했다. 그 뒤에 비가 와서 아그반 기지는 공격하지 못했다. 작전 즉시 BM-21과 탄약고를 파괴했으며 6대의 장갑차와 대량의 화약고를 무력화했다는 보고가 들어왔다. 세브로코는 아쿠에도 기지에서 조금 떨어져 있었지만 화약고를 파괴하면서 하늘을 뒤덮은 연기와 유황 냄새를 확연히 느낄 수 있었으며 꽤 오랜 시간 지속되었다. 이것은 UNOCI 공습에 상당히 극적 효과를 나타내게 되었다.

약 30분 뒤 리코른느 헬기가 연이어 공습을 시작했고 세브로코를 직접 겨냥하고 있었던 대통령궁과 RTI 시설에 있었던 최소한 두 대의 중화기를 파괴했다. 리코른느 헬기는 야간 작전도 가능했기에 밤까지 작전은 계속되었다. 일몰 후에도 바그보군의 중화기가 파괴되는 소리를 들을 수 있었다. 그리고 밤 8시경에 폭우가 쏟아져 더 이상의 작전 진행은 불가능하게 되었다.

오후 5시에 우리가 작전을 시작한 순간부터 리코른느가 대통령궁에 있는 중화기를 성공적으로 무력화한 덕택에 한 번도 총격을 받지 않았다. 돌이켜 보면 프랑스 리코른느군은 여러 위기 상황에서 세브로코를 중요한 시기마다 보호한 것을 포함해 UNOCI에 대단히 많은 도움을 주었다. 4월

프랑스 리코른느 군사령관과 협의 중인 모습

초 우리가 포위되어 있을 때 열흘 동안 물 공급이 끊겼을 때도 수도 공급이 복귀되도록 도와준 것도 리코른느였다.

　이날 UNOCI가 수행한 군사 작전은 유엔 평화유지임무단 역사상 처음 있는 일이었다. 1993년 UNOSOM(유엔소말리아활동)이 많은 군사 작전을 펼쳤지만 UNOSOM은 평화강제임무단이지 평화유지임무단은 아니었다. 유엔 평화유지임무단이 공격적인 군사 작전을 펼친 것은 유례가 없었다. 1995년 UNPROFOR(구유고슬라비아유엔보호군)이 아무런 손도 쓰지 못한 채 스레브레니차에서 수천 명의 이슬람인들이 학살당한 비극을 기억하고 있다. 당시에 진행된 사후 조사를 통해 보스니아 세르비아 군대에 공습을 강행했더라면 스레브레니차 비극을 예방할 수 있었다는 가능성이 암시되었다.

아비장에서 UNOCI의 공습 이후, 소수는 UNOCI가 임무의 선을 넘었다는 의견을 내비쳤다. 하지만 대다수는 UNOCI의 행동을 칭찬했는데 이는 유엔이 민간인 보호에 있어 확연하고도 결단성 있게 공격적인 군사 작전을 펼친 희귀한 사례였기 때문이다. 대체적으로 UNOCI와 리코른느의 '민간인 보호 작전'은 코트디부아르 사태와 UNOCI 역사에 있어 전환점이라고 할 수 있었다. 우리의 공습 이후 항복을 뜻하는 바그보군의 즉각적인 반응이 있었다. 하루 만에 바그보군에 대해 적극적이지 못하다거나 강력하게 대응하지 않고 있다는 UNOCI를 둘러싼 비난과 오해들이 사라지고, 반대로 UNOCI가 선을 넘은 것은 아니냐는 비난의 목소리가 높아지기 시작했다. 이러한 논란은 어떻게 보면 UNOCI가 "민간인에 대한 중화기 사용을 방지하는 것을 포함해 가능한 한 해당 지역에서 모든 방법을 동원해 위험에 처한 민간인을 보호한다"라는 안보리 1974 결의안에 기초해 임무를 수행했다는 것을 의미했다.

지리멸렬하는 바그보 진영

UNOCI 공습의 효과는 즉각적으로 나타났다. RTI는 이동식 스튜디오에서 며칠 간 제한된 방식으로 방송을 내보내고 있었는데, 공습 당일 저녁부터 방송이 나오지 않았다.

4월 5일 아침, UNOCI는 바그보 측 인사로부터 공습을 멈춰 줄 것과 항복 의사가 있음을 알리는 긴급 전화를 받았다. 공화국 수비대를 포함한

FDS는 전투를 멈추고 UNOCI에 무기를 넘겨주도록 지시를 받았으며 이들은 UNOCI의 보호를 요청했다.

이를 기해 바그보 측 인사 4명이 프랑스 대사관에 망명을 신청했다. 외교부 장관 제제, FDS 참모총장 필리페 망고 장군, 헌병대 대장 티아페 카사라테 에두아르도 장군, 공화국 수비대 대장 브루노 도그보 블레 장군이었다. 제제 대사는 UNOCI에 대통령 사저에 있는 바그보의 보호를 요청했고, 망고 참모총장과 카사라테, 도그보 블레 장군은 UNOCI에 각 군대의 항복 절차를 논의하고자 했다. 이러한 내용은 4월 4일 밤, 제제 대사가 프랑스 대사인 장-마르크 시몬의 자택에 찾아가서 전화로 내게 전화로 알려 주었다.

그렇게 해서 간헐적 총격을 제외하고는 전쟁은 사실상 멈춘 것이나 다름없었다. 몇 주 만에 처음으로 UNOCI 순찰대는 총격에 대한 걱정 없이 순찰을 나갈 수 있었고 어떤 위험과도 마주치지 않았다. 예외가 있다면 아비장 코코디 지구와 남부 일부 지역이었다. 코코디 지역은 대통령궁이 있는 곳이어서 친바그보군에게 이따금 총격을 받고는 했다. UNOCI군은 아비장 중심과 남부를 연결하는 펠릭스 우푸에 부아니와 샤를 드골 다리를 확보했다. 이 다리를 확보하기 위해 이동했던 UNOCI군은 바그보군에게 집중 공격을 받을 때 응대 사격을 해야만 했다. UNOCI군은 폭우 속에서도 애국청년단의 공격 가능성 때문에 자리를 지켜야 했다.

UNOCI 참모총장, 경찰 책임자와 기동대 지휘관은 다음 날 UNOCI에 항복 조항을 논의하기로 합의한 도그보 블레 장군과 연락을 취했다. 헌병대 대장 카사라테가 자리를 잡고 있던 아그반 기지에서는 UNOCI에 모든 무기를 반납하고 UNOCI의 보호를 받는 조건을 제시했다. 날이 저물 무렵까지도 UNOCI는 여전히 카사라테 장군의 대답을 기다리고 있었다. 카사라테 대장이 친와타라군과 동시에 협상을 진행 중이라는 것은 이미 알려진 사실이었다.

제제 대사는 UNOCI에 바그보와 그의 가족을 보호해 달라고 했는데, 이에 따라 나는 니앙 장군에게 4월 5일 아침에 도그보 블레 장군과 만나서 관련 사항을 협의하도록 했다. 도그보 블레 장군은 무고한 시민과 군대의 희생을 멈춰야 할 때라면서 전쟁을 끝내고자 하는 결의를 보여 주었다. 그는 UNOCI에 대통령 사저에 있는 바그보와 그의 가족에 대한 안전을 보장해 주기를 요청했다. 그에 따라 니앙 장군이 오후 1시경 호송대를 이끌고 대통령 사저로 향했다. 이들은 대통령 사저 주변의 코코디 지구에서 비정규군과 용병들을 만났다. 이들은 300명가량을 족히 넘는 숫자였고 무장하고 있었다. 비정규군과 용병들은 니앙 장군이 도그보 블레 장군의 요청에 따라 바그보를 보호하기 위해 온 것이라는 설명을 전혀 듣지 않았다. 따라서 바그보를 보호하는 임무를 수행하지 못하고 돌아올 수밖에 없었다. 니앙 장군이 그를 둘러싼 무질서한 비정규군과 용병들 때문에 위험한 순간을 거치기는 했어도 무사히 UNOCI 본부로 복귀할 수 있었다.

나는 즉시 와타라 대통령에게 연락을 취했는데 그는 바그보 측 장군들이 행동을 미루는 것을 용납하지 않겠다는 입장을 밝혔다. 그는 '중립부대'의 바그보 중화기에 대한 추가적인 공습을 찬성한다며 즉시 바그보의 잔여 세력에 대한 공격을 감행할 것을 요청했다. 바그보와의 협상에 대해 와타라 대통령은 바그보가 UNOCI의 보호 아래 아비장에 남아 있는 것은 극도로 꺼려 한다고 되풀이해서 이야기했다. 그는 바그보가 UNOCI의 보호 아래 아비장에 무한정 머무는 것을 끔찍하게 싫어했다. 나는 그에게 코트디부아르 국토에서 바그보를 보호하는 것은 코트디부아르의 권한이며 UNOCI는 이에 힘을 보태는 것에 최선을 다할 것이라는 점을 강조했다. 제제 대사를 통해 바그보는 와타라 대통령 측과 퇴진 조건에 대한 협상에 들어갔다. 이 조건의 핵심은 바그보가 대통령 사저를 떠난 후 어디로 갈 것인가 하는 것이었다.

4월 6일 아침 대통령궁 근처에 있는 바그보군이 UNOCI 정찰대에 총격을 가했다. 이들은 이어 UNOCI 본부에도 총격을 가했다. 이것은 전날 바그보 측 인사들이 우리에게 알려 왔던 것과 일치하지 않는 행동이었다. 전략관리팀과 회의를 열고 이러한 불일치성에 대해 논의했다. 4월 5일의 항복이 바그보 측이 입지를 강화하기 위해 벌인 책략에 불과했는지, 아니면 UNOCI-리코른느 공습이 있은 뒤 충격에 빠져 항복 제의를 받은 바그보 측의 내부 분열인지 알 수 없었다. 진실이 어떻게 되었든 UNOCI는 세브로코를 내려다보는 두 개의 망루에서 오는 직접적인 새로운 공격에 즉각적으로 대비해야만 했다.

망루에 대한 공습 취소

4월 6일 아침, UNOCI 본부로 돌아오는 길에서 UNOCI 순찰대가 공격을 받았다. 공격은 UNOCI 본부를 바라보고 있는 갈리에니 기지 망루에서 발사된 로켓에 의한 공격이었다. 전략관리팀은 UNOCI가 저격수들도 활용하고 있는 2개의 갈리에니 기지의 3층짜리 망루를 파괴해야 한다

UNOCI 본부에서 보이는 바그보군 망루.
UNOCI 본부를 직접 내려다보고 있기에 커다란 위협이었다.

고 결정했다. 지침에 따라 오후 4시경 Mi-24 두 대가 망루 근처에서 열 바퀴 이상 배회하면서 가장 확실한 공략 지점이 어디인지 살펴보기 시작했다. 모든 전략관리팀 멤버들은 베란다에 나와서 작전의 추이를 관찰하고 있었다. 하지만 Mi-24 조종사들이 판단하기에 주변 민간인에 대한 부차적 피해가 불가피하다고 보고해 옴에 따라 UNOCI의 사령관인 베레나 장군과의 논의 끝에 작전을 취소하기로 결정했다. "남을 다치게 하기보다는 스스로 다치는 것이 낫다"는 유엔 평화유지군의 원칙이 다시 한번 적용된 것이다.

바그보의 중화기에 대한 2차 공습 기도

바그보군이 주둔하는 아그반 기지 근처에서 바그보 군대가 UNOCI의 순찰대를 공격하는 일이 있었다. 바그보군에게 불시의 맹공격을 받고 네 명의 블루헬멧이 부상을 입게 되었다. 이에 따라 전략관리팀은 작전 준비의 일환으로 헬기 정찰대를 아그반 기지로 보내기로 결정했다. 정찰대가 장갑차가 아그반 기지에 있다는 것을 확인하면서 전략관리팀은 이를 무력화하기로 했다. 4월 6일 오후 4시경, 프랑스 대사인 장-마르크 시몬과 나는 리코른느군과 UNOCI 사이의 일을 분담하기로 합의했다. 리코른느가 코코디 대통령 사저 지구에 있는 중화기를 무력화하고, UNOCI는 아그반 기지에 있는 중화기를 무력화하기로 한 것이다. 그때, UNOCI 경찰 책임자인 장-마리 부리가 카사라테 장군과 음비아 브레두 장군으로부터 완전히 항복하겠다는 의사가 담긴 서한을 받게 되었다. 나는 시몬 대사에게 전화를 걸어 작전을 연기하도록 했다.

UNOCI의 대사관과 유엔 인원 구조 작전

이러는 와중 대통령 사저와 많은 대사관이 있는 코코디 지구는 비정규군과 용병으로 구성된 친바그보군이 온통 휘젓고 다니게 되었다. 일본 대사관이 첫 희생양이었다. 이곳은 대사관 지붕 위에 자리를 잡은 친바그보 특공대들에 의해 점령당했다. 요시후미 오카무라 일본 대사가 제제 대사에게 침략에 대해 항의하자 제제 대사는 일본 대사를 특공대 우두머리에게 연결시켜 주었다. 특공대원들은 대사관을 약탈하고 몇 명의 특공대원들을 남겨 둔 채 떠났다. 우리는 이들이 대사관 밖에서 보초를 서고 있던 네 명의 보안 요원을 죽였을 것이라는 정보를 입수했다. 하지만 떠났던 특공대원들은 얼마 지나지 않아 다시 대사관으로 돌아왔다.

일본 대사의 요청에 따라 리코른느는 일몰 후 야간 구출 작전을 수행하는 데 동의했다. 나는 일본 대사에게 UNOCI가 직접 구출 작전을 수행하는 것이 프랑스가 구출 작전을 수행하는 것보다 좋은지 물어보았다. 나는 그에게 장갑차를 가지고 오후 5시쯤 도착할 수 있다고 이야기했다. 대사는 리코른느군이 야간 작전 경험이 많이 있으니 그 편이 자신과 자신을 구하러 오는 사람들 모두가 안전할 것 같아 리코른느가 하는 것이 낫겠다고 말했다.

오후에 프랑스 대사관에서 UNOCI에 연락을 취해 왔다. UNOCI가 리코른느에 일본 대사 구출 작전을 요청하는 서한을 보내거나 공식 성명을 발표해 달라는 것이었다. 급박하고 시급한 사안이었기 때문에 UNOCI는 이 요구에 응하지 못했다. 몇 시간 후 구출 작전이 성공적으로 시행된 뒤, 프랑스 대사가 이른 저녁 시간에 전화를 걸어 일본 대사 구출 작전을 수행한 프랑스군에 대한 공식적인 감사 인사를 표해 주었으면 한다고 요청했다. 나는 그에게 소중한 친구인 일본 대사를 구출해 준 프랑스에 개인적으로 수천 번이라도 감사 인사를 전하겠지만 나에게는 '공식적' 감사에 대한 아무런 권한이 없기 때문에 무슨 도움이 될지는 잘 모르겠다고 대답했다. 우리는 같이 웃었다. 프랑스 대사는 나의 개인적인 수천 번의 감사 인사로 프랑스에 대한 감사 표현이 충분히 되었다고 말했다. 나는 그 해석에 어떤 문제도 없어 보인다고 했다. 시몬 대사는 위기 상황에서 특별한 침착성과 생각의 명료성을 갖고 있었는데, UNOCI가 정말 감사히 여기고

존경했던 면이기도 하다.

이러는 동안 4월 5일부터 바그보는 와타라 대통령 측과 협상에 들어갔으며 대통령 사저에서 나와 골프호텔에서 멀지 않은 리비에라에 있는 자신의 사택으로 옮길 채비를 마쳤다고 알려졌다. 하지만 바그보는 자신이 선거에서 패배했음을 인정하는 서면에 서명하는 것을 거부했다. 와타라 대통령 측은 바그보의 퇴진 전제 조건으로 와타라가 대통령 선거에서 승리했음을 인정하는 서명을 해야 함을 내걸었는데 이를 거부한 것이다. 바그보는 이를 받아들일 준비가 되어 있었지만 아내인 시몬느 바그보가 하지 못하도록 막고 있다는 추측이 강해졌다.

최후이자 결정적인 아비장 전투가 격렬하게 진행되고 있었다. 그에 따라 아비장에서 생활하는 시민들의 고통과 위험도 같이 증가했다. 도심과 아비장 남부 지역에서는 모든 상점이 문을 닫거나 약탈을 당해 식량을 구할 수 없었다. 어떤 지역에서는 수도 공급이 끊겼다. 코코디 지구 대통령 사저 부근에 위치한 많은 대사관들은 친바그보 비정규군과 용병들의 협박 및 공격에 시달려 UNOCI와 리코른느, 미국 대사관 등에 보호를 요청했다. 많은 유엔 직원들이 아비장 도심과 남부 주거 지역에 고립되어 있었으며 어떤 이들은 식량 부족에 시달려서 구조 요청을 하기도 했다.

위험에 처한 대사관들이 당시 UNOCI가 맞이한 급박한 문제였다. UNOCI와 나는 대사관 관련자들을 구출하는 데 공식적인 책임이 있다는 요구 등 거의 모든 분야에서 커다란 압박을 받고 있었다. 전략관리팀 회의에서 다음과 같은 결론에 도달했다. UNOCI가 위험에 처한 대사들을 돕는 데 가능한 모든 것을 동원해야 하는 것은 지당한 사실이다. 하지만 외교 인사들의 구출에 대한 공식 책임을 지는 것은 전혀 다른 문제였다. UNOCI의 최우선 임무는 안보리 결의안에 기초해 민간 보호를 제공하는 것으로 "코트디부아르 권력의 1차 책임에 대한 편견 없이 위험에 처한 민간인을 해당 지역의 가능한 모든 수단과 방법을 동원하여 보호한다"는 것이다. 이런 점에서 미루어 볼 때 UNOCI는 외교 인사들을 구출하는 데 있어 공식적인 책임을 질 수 없었다. 이렇게 될 경우 스스로 달성이 불가능한 미션을 떠맡고 자체적으로 임무를 변경하는 위험스러운 경로를 밟게 되는 양상이 될 것이었기 때문이다.

그래서 종국에는 UNOCI의 능력에 달려 있는 문제라고 결론 내렸다. 많은 이들이 당시 수일, 길게는 수 주 동안 위험한 상황에 노출되어 있었기 때문에 그들이 총체적인 UNOCI의 능력과 곤경을 이해할 수 없다는 사실은 충분히 이해할 수 있었다. 인내심이 없는 이들은 자신들이 처한 곤경이 세상에서 가장 중요한 것이었다. 그들에게 UNOCI는 이런 긴급 사안을 처리할 능력을 갖추지 못한 것으로 비춰졌을 것이다. 우리는 외교단, 유엔 직원, 코트디부아르 시민들에게서 구조 요청을 많이 받았다. 이 기간 동안 UNOCI도 포위된 상황이었으며 바그보군으로부터 직접적인 공격을 자주 받고 있었다. 우리는 장갑차나 무장 차량에 탑승하고 나서야 세브로코 밖으로 나갈 수 있었다. 하지만 대부분의 사람들은 우리의 상황을 이해하고 우리의 노력에 감사를 표했다. 소수의 사람들만이 UNOCI 구조대가 신속하게 구출해 주지 않는다고 불만을 토로하고 때로 무례하게 대했다. 이때 UNOCI는 바그보군이 장악한 지역으로 스스로의 위험을 무릅쓰고 작전을 하러 갈 수밖에 없었다. 이러한 상황을 이해한 사람들은 가장 외교적인 표현으로 구조 요청을 하곤 했다. "UNOCI가 위험에 빠져 있는 것을 잘 알고 있습니다. 그러나 우리를 구하러 와준다면 정말로 감사하겠습니다." 전략관리팀은 어려운 상황에 처한 이들이 보인 침착함과 차분한 태도에 감탄했다.

4월 6일부터 9일 사이, UNOCI의 자원은 구출 작전에 총동원되었다. UNOCI 부대표인 아부 무사는 UNOCI의 군사 조직과 함께 외교단으로부터의 연락을 받는 것과 더불어 구출 작전 편성 책임을 맡고 있었다. 사무총장 특별 부대표인 은도람 응고크웨이는 UNOCI 경찰 조직과 함께 유엔 직원과 민간인에 관련된 업무를 도맡았다.

UNOCI는 장갑차와 중무기가 장착된 무장 차량을 동원했다. 우리의 구출 작전은 매우 느리고 매우 위험했다. 이 작전이 느릴 수밖에 없었던 것은 대사들의 구출에 장갑차를 사용해야만 했는데 이 장갑차의 인원 수용력이 그리 높지 않았기 때문이다. 각 대사관에서 사람들을 구출해 내기 위해서는 세 대의 장갑차가 필요했다. 대사와 직원들은 공항, 리코르느 기지, UNOCI 기지 또는 여러 호텔로 이송된 후에야 다음 대사관으로 구출팀이 이동할 수 있었다. 위험했던 이유는 코코디 지구가 바그보의 용병과 특공대원들로 가득 차 있었기 때문이었는데 이들은 훈련을 받지 않았고 규율이 없었기 때문에 산발적으로 총격을 해댔다. 몇몇 대사관 차량들이 총격을 받았으며 UNOCI 호송 차량도 공항에서 귀환하는 길에 도시 남부와 도심을 이어 주는 두 개 다리 중 한 곳에서 친바그보군이 발사한 유탄발사 수류탄으로 공격을 받았다. 이 수류탄은 장갑차 한 대를 뚫고 들어가 세 명의 블루헬멧에게 큰 부상을 입혔다.

흥미롭게도 UNOCI의 구출 작전은 공화국 수비대 대장 도그보 블레의 보안 요원들의 동의와 입회하에 진행되었다. 작전이 진행되는 동안, 니앙 장군은 코코디에서 도그보 블레 장군과 UNOCI의 작전에 자신의 병사들을 동행시키기로 합의한 바그보의 작전 지휘관인 보니파세 코난을 직접 만났다. 코코디 지역에는 친바그보 비정규군과 용병대가 밀집되어 있었기 때문에 이들의 협력이 절실히 필요했다. 친바그보군은 자신들의 호위를 받는 차량이 아니면 유엔 차량을 공격할 만반의 태세를 갖추고 있었다. 도그보 블레 장군이 어째서 UNOCI의 구출 작전을 돕기로 합의했을까? 인도주의적 입장에서 그랬을 수도 있고, 코코디 지역에서 바그보 측의 보안을 강화하기 위해 모든 대사들을 떠나게 해서 지역 통제권을 잡으려 한 것일 수도 있으며, 4월 5일 그가 직접 항복을 전하는 전화를 걸어 왔듯이 바그보 측의 패배가 여실했기 때문이었을 수도 있었다.

니앙 장군과 쿠시 장군이 UNOCI 장갑차를 이용해 대사들을 구출하느라 바쁘던 와중, UNOCI 사령관인 이노센트 가브리엘 다사누와 무장 차량을 동원한 UNOCI 경찰은 유엔 직원들을 구출하는 데 여념이 없었다. 어떤 직원들은 자택이 더 안전하다고 느껴 그곳에 머물렀기 때문에 긴급히 필요한 식량과 처방약을 그쪽으로 가져가기도 했다. 한번은 "방금 전 마지막 약을 다 소진했다"며 긴급한 상태를 알려왔던 UNOCI 현지 직원의 배우자에게 당뇨병 약을 전달하는 데 성공한 적도 있었다. 대사관들의 연락망이었던 아부는 분명 수백 통이 넘는 긴급 전화를 받았을 것이고 이 전화 중에 무시할 만한 것은 한 통도 없었을 것이다. 사실 이 전화는 뉴욕에 있는 유엔 회원국들이 코트디부아르에 있는 자국 대사관들의 안위를 심각하게 걱정하고 있음을 의미했다. 우리는 구출 작전을 진행하는 동안 무척 지쳤지만 우리의 행동으로 인해 즉각적으로 명확하고도 구체적인 결과를 얻을 수 있었기에 사기는 높았다.

제2차 UNOCI 무장 헬기 작전

바그보의 군대가 프랑스 대사관저 바로 옆에 있는 대통령 사저와 세브로코 가까이에 있는 대통령궁에 집결해 있었기 때문에 이 두 지역은 골프호텔과는 다르게 바그보군으로부터 엄청난 위협을 받고 있었다. 한편, 골프호텔과 가까이에 있었던 미국 대사관은 비교적 이동이 용이했다. 예를 들자면 4월 7일 와타라 대통령이 미국 대사, 프랑스 대사와 함께 나를 골프호텔로 초대해서 회의를 가졌는데 이때 우리는 모두 각기 다른 방법으로 모였다. 미국 대사는 차량을 이용해 육로로 왔고, 프랑스 대사는 리코른느의 쾌속정을 타고 해로를 이용했으며 나는 헬기를 타고 갔던 것이다.

이 회의에서 와타라 대통령은 처음으로 코트디부아르에 다음과 같은 조건으로 법과 질서를 회복시킬 것이라는 계획을 밝혔다. 그는 우리에게 법과 질서를 회복하는 것이 와타라 정부의 최우선 과제이며 카사라테 장군과 음비아 브레두 장군을 복직시키도록 노력하고 대부분의 헌병대와 경찰 인원을 유지할 생각이라고 했다. 나와 모두는 와타라 대통령의 현명하고 현실적인 접근에 찬사를 보냈다. 우리는 또한 국민을 안심시킨다는 측면에서 와타라 대통령의 법 체제와 '중립 부대'의 공동 순찰을 구성하는 것에 대해서도 논의했다.

3일 만에 20개가 넘는 대사관 직원을 성공적으로 구출할 수 있었던

UNOCI의 '대사관 구출 작전'이 거의 끝나갈 무렵에 세브로코에 대한 플래투 지역의 총격이 점차 희박해졌다. 한편, 4월 9일에 바그보군은 다양한 구경의 박격포를 포함한 중화기를 사용해 골프호텔에 대한 총력전을 펼치기 시작했다. 다행스럽게도 오후 4시 30분부터 6시까지 지속된 공격은 심각한 피해를 입히지는 못했고 한 명의 블루헬멧이 부상을 입은 것으로 끝났다. 와타라 대통령 측의 피해는 없었다. 공격은 네 방향에 걸쳐 들어왔다. 대통령궁 지역, 골프호텔에서 작은 저수지 하나 건너편의 쿠마시 지역, 그리고 마리 테레사와 푸토 초소가 세워졌던 지역에서였다. 골프호텔에 있었던 UNOCI군은 쿠마시 박격포 기지를 향해 탱크로 대응 사격을 하면서 방어했다. 리코른느 헬기와 UNOCI Mi-24 헬기가 상공을 맴돌았다.

앞서 4월 8일 금요일 아쟈메 민간인에 대한 바그보군의 중화기 공격과 더불어 골프호텔과 블루헬멧에 대한 이번 공격은 우리가 행동에 나설 수밖에 없게 했다.

와타라 대통령은 4월 8일과 9일, 내게 전화를 걸어 대통령궁과 RTI 지역에 보다 확실한 보호, 즉 탱크와 장갑차 등으로 무장한 UNOCI 군을 보내서, UNOCI-FRCI 공동 군사 작전을 펼쳐 달라고 요청했다. 나는 UNOCI의 근본 원칙 중 하나인 군사적 중립성에 대해 다시 한번 강조하고 양측 사이에 어떠한 군사적 충돌에도 UNOCI가 끼어드는 일은 없을 것이라고 말했다. 바그보의 중화기를 무력화한 것은 민간인 보호와 자체 방어라는 UNOCI 임무의 일환이었다. 나는 여기에 덧붙여서 아무리 어렵고 힘들더라도 코트디부아르 자체적으로 코트디부아르의 일을 처리하는 것이 낫다고 말했다. 국제적 군사 개입으로 위기를 극복하는 것보다 이 원칙을 지키는 것이 코트디부아르로 하여금 위기가 지난 뒤 앞으로 자신들의 운명을 보다 더 품격 있게 개척할 수 있도록 해줄 것이었다. 덧붙여 바그보의 중화기에 대한 UNOCI-리코른느 공습이 재개될 것임을 알렸다.

4월 10일 오후, UNOCI는 바그보가 자신의 거주지를 보호하기 위해 주로 라이베리아에서 용병을 추가로 모집했다는 증거를 수집했다. 우리의 구출팀 중 하나가 코코디 대사관 지역에서 FDS 제복을 입은 청년 단체와 마주쳤는데, 그들이 사용하는 언어에서 유추하건데 라이베리아인이었다. 그런데 그들이 순찰 대장인 쿠시 장군을 자신들을 도우러 온 앙골라군으로 착각한 것이다. 이 사건으로 인해 바그보 측이 대통령 사저를 지키고 있는 마지막 무장 군인들의 사기를 높이기 위한 목적으로 앙골라군이 곧 도우러 올 것이라는 소식을 퍼뜨렸음을 짐작할 수 있었다. 이로 인해 친바그보 비정규군과 용병들에 의해 사용될 소지가 높은 바그보 측의 중화기에 대한 우리의 2차 공습 결의가 굳어졌다.

공습 작전은 UNOCI와 리코른느의 분업을 바탕으로 짜여졌다. UNOCI는 거의 매일같이 우리를 향해 공격하고 있는 RTI와 대통령궁 지역의 중화기를 무력화하기로 했고 리코른느는 대통령 사저와 아그반 병영에 있는 중화기를 담당하기로 했다. 리코른느는 아주 정확한 기술과 야간 작전 능력이 있었기에 이 모든 것이 가능했다. 분업도 이런 요인을 기반으로 했다. UNOCI-리코른느군은 바그보군의 민간인, 골프호텔, 프랑스 대사관저와 세브로코를 포함한 여러 대사관에 대한 공격을 고려했을 때 4월 10일 오후 공습을 시작해서 작전이 끝날 때까지 멈추지 않을 것에 대해 합의했다.

이러는 동안 UNOCI 군지휘관인 베레나 장군은 리코른느 군지휘관인 팔라세 장군과 공습 작전을 마무리했다. 이에 따라 작전대로 4월 10일 오후 4시 45분, UNOCI의 Mi-24가 대통령궁에 있는 중화기 3대를 무력화하는 데 성공했다. 연이어 리코른느 헬기가 대통령궁 및 여타 지역에 있는 중화기를 무력화했다. 비록 헬기 공습이 들어가기 몇 시간 전, 바그보군이 UNOCI 본부가 있는 아테쿠베 주거 지역에 폭탄을 떨어뜨리기는 했어도 플래투에서는 바그보군의 UNOCI 본부에 대한 맞대응은 없었다.

나는 이른 저녁 시간인 7시경에 제제 대사와 통화를 할 수 있었으며 바그보가 평화롭게 물러날 수 있도록 도와주겠다고 제안했다. 제제 대사는 4월 4일에 제안했던 중재안과 그 이후의 행동이 모두 진심이었지만 유감스럽게도 강경한 입장을 고수하는 데지레 타그로 장관이 우위를 점하고 있어서 자신의 입장이 매우 불리하다고 했다. 그러나 대통령궁과 대통령 사저 내 바그보의 방어선이 대부분 무너진 지금, 타그로가 제제 대사에게 전화를 걸어 와타라 대통령과 UNOCI의 협상에 응할 용의가 있음을 나타냈다고 말했다. 어떤 면에서 타그로가 제제 대사의 세를 약화시켰기 때문에 제제 대사는 타그로에게 협상의 조건을 정확히 제시해 달라고 했다. 그는 내게 타그로에게 협상 조건을 받는 즉시 연락하겠다고 말했다. 이때 제제 대사는 이미 프랑스 대사관저를 떠난 상태였고 대통령 사저 가까이에 있는 빌라에서 머무르고 있었다. 많은 이들이 그가 강경파에게 쫓겨나 바그보와 함께 대통령 사저의 방공호 안에 자리 잡고 있을 것이라 추측했다.

대통령 관저에서 벌어진 최후의 전투와 바그보의 항복

앞에서도 언급했듯이, 4월 10일 공습은 목적을 달성할 때까지 멈추지 않을 것이라는 UNOCI와 리코른느 양군 지휘관의 합의하에 결정되었다. 그래서 플래투 대통령궁에 있는 중화기를 무력화하기 위한 UNOCI의 작전과 코코디 지구에 있는 대통령 사저 및 여타 지역에 있는 중화기를 무력화하기 위한 리코른느의 작전은 몇 시간 동안 지속되었다. 리코른느의 작전은 늦은 밤까지 계속되었고, UNOCI는 추가적인 중화기 무력화를 위해 다음 날 대통령궁에 대한 작전을 재개할 예정이었다.

리코른느의 지속적이고 끈질긴 공습을 무기 삼아 와타라군은 4월 10-11일 밤 사이에 대통령 사저에 또 다른 공격을 할 계획을 세웠다. 4월 11일 오전 0시 30분쯤, 바그보를 항복시키기 위한 UNOCI-FRCI 공동 작전을 펼치자고 와타라 대통령이 내게 전화를 걸었다. 나는 UNOCI의 원칙은 군사적 중립성임을 다시 한번 강조하고 그렇기 때문에 와타라 대통령의 군사 작전에 참여할 수는 없겠지만, 전투가 끝난 뒤 바그보에게 안전을 제공하는 데는 무엇보다 앞장서겠노라고 밝혔다.

밤새도록 코코디 대통령 사저 지역 부근에서는 격렬한 폭발음과 함께 전투가 벌어졌다. UNOCI 본부에서도 격렬한 총성을 들을 수 있었고 폭발에 연이은 밝은 화염을 볼 수 있었다.

4월 11일 오전 7시경, 전화 통화를 하던 중 제제 대사는 내게 밤새 바그보 측과 통화를 하려고 했으나 성공하지 못했으며 아마도 대통령 사저 깊은 곳에 있는 방공호에 대피한 것 같다고 말했다. 제제 대사는 해당 지역에서 잠시 휴전을 하면 타그로 장관을 방공호에서 나오게 해서 연락을 취하겠다고 했다. 나는 지난밤의 노력에도 불구하고 FRCI가 대통령 사저를 함락시키지 못했다고 했던 와타라 대통령의 비서실장인 아마두 곤 쿨리발리에게 전화를 걸었다. 제제 대사의 제안에 대해 곤 쿨리발리는 와타라 대통령 측과 이야기를 나누어 보겠다고 말했다.

공습 다음 날 공중 정찰 중 우리는 대통령궁 근처에서 아직도 연기가 나고 있으며 대통령 사저 근처에서 여전히 전투가 벌어지고 있다는 정보를 입수했다. 비록 대통령 사저에서 비정규군과 용병들이 여전히 저항하고 있기는 했지만 아마도 엄청나게 지친 상태였을 것이며 밤새도록 계속된 공습에 불안에 빠져 있었을 것이다. 4월 11일 아침의 몇 시간이 치명적일 수 있었다. 반란의 대단원이 빠르게 막을 내리고 있었다.

이 모든 긴장감은 갑작스럽게 끝이 났다. 같은 날 오전 11시경, 니앙 장군이 골프호텔에서 내게 전화를 걸어 FRCI가 대통령 사저에서 바그보와 그 일당을 체포해 오는 바람에 호텔에서 대소동이 있었다고 알려 주었다. 그와 통화가 끝나자마자 와타라 대통령이 내게 전화를 걸어 UNOCI에게 바그보가 골프호텔에 도착한 후에 호텔을 최대 경계 태세로 강화해 달라고 요청했다. 동시에 세계 여러 뉴스 방송에서 바그보가 FRCI에 항복하는 장면을 보도하기 시작했다. 사람들은 FRCI가 어떻게 대통령 사저에 있었던 바그보의 최후 방어선을 뚫고 들어갈 수 있었는지 궁금해했다. 추측하는 바로는 이제는 주로 비정규군과 용병, 그리고 얼마 남지 않은 공화국 수비대로 구성된 친바그보군이 대통령 사저 주변에서 자포자기성 저항을 계속하면서 프랑스 대사관저의 안전을 위협하고 있었기 때문에 리코른느가 육군을 동원해 4월 11일 아침에 FRCI를 도왔다는 것이었다. 사실, 프랑스 대사관저는 대통령 사저와 벽을 나란히 하고 있었기에 대사관저의 안전은 리코르느와 프랑스의 주된 관심사였다. UNOCI와 나는 드디어 위기 상황이 끝났다는 사실에 그저 감사하고 깊이 안도했다.

바그보가 체포된 후 코트디부아르에 법과 질서가 빠르게 회복될 것이라는 희망적인 징후들이 보였다. 바그보는 국민들에게 무기를 내려놓고 위기를 종식시킬 것을 호소하는 성명을 발표했다. 카사라테 장군은 모든 헌병대원들에게 새로운 정부를 인정하고 즉시 제 위치로 돌아갈 것을 강력히 명령했다. 그리고 음비아 브레두 장군은 와타라 대통령 측에 합류해 모든 경찰관들에게 다음 날부터 즉시 제자리로 돌아갈 것을 권고했다. 같은 날, 제제 대사는 플래투 제2지구에 있는 자택으로 돌아가기 위해 UNOCI의 보호를 요청했다. 그는 우리가 제안한 골프호텔이나 세브로코보다는 자택으로 가고자 했다(이틀 뒤, 위험을 느낀 그는 UNOCI에 연락을 취해 세브로코로 거취를 옮겼다. 여기에서 제제 대사는 친바그보 인사들이 머무르도록 와타라 정부가 제공한 페르골라호텔로 합류하기 전까지 일주일을 지냈다).

날이 저물 무렵, 코트디부아르 선거 후 위기에 대한 마지막 전략관리팀 회의에서 다음과 같은 결론을 내리게 되었다.

○ 2010년 11월 28일 코트디부아르에서 진행된 가장 자유롭고 공정한 선거가 바그보의 욕심 때문에 하마터면 그 권위를 상실할 뻔했다. 그래서 전혀 필요 없는 선거 후 위기가 발생했으며 4개월 이상 진행되었다. 4월 11일부로 친와타라군이 바그보를 체포함으로써 코트디부아르 역사의 한 장이 마무리되는 것을 확실히 보게 되었다.

○ 대량 군사 개입이 필요한 다른 위기 상황과는 다르게 코트디부아르 위기는 코트디부아르 자체적으로 해결했다. ECOWAS, AU, 유엔은 코트디부아르가 자신들의 운명을 개척하는 데 필요한 지원을 제공했을 뿐이다. 이 시점에서 볼 때 코트디부아르는 국제적 지원을 받아 자체적으로 국사를 해결하는 데 성공한 대표적인 사례다. 어쨌든 선거 후 위기를 마무리 짓는 데 가장 큰 역할을 한 것은 코트디부아르 국민 자신들이다. 이들은 자체적으로 대통령 선거에서 표현된 국민의 의사가 승리하도록 하는 데 성공했다.

○ 그래서 2011년 4월 11일은 코트디부아르에 심각한 고통과 피해를 입히고, 군사력을 바탕으로 권력을 유지하려던 정권에 의한 선동적이고 전체주의적인 왜곡의 종말로 기억되어야 할 것이다.

○ 코트디부아르에서의 우리의 미션에 대한 온갖 악조건에도 불구하고 실패하지 않았다는 사실이 무척 다행이다. 우리는 극적인 파괴를 피할 수 있었다. 공항과 항구, 교각, 전기, 수도 공급 시스템을 비롯한 주요 기반 시설들이 그대로 남아 있다. 또한 바그보가 이렇게 중요한 시기에 죽지 않았다는 사실 역시 다행스러운 일이었다.

그런 뒤, 전략관리팀 멤버들은 유엔 평화유지임무단 사상 처음으로 UNOCI가 민간인의 보호를 위해 무장 헬기를 동원했던 성공적인 군사 작전으로 기억되기를 바라면서 코트디부아르 선거 후 위기에 대한 마지막 회의를 마쳤다.

나가며

터널의 끝:
시가행진과 관저로의 귀환

2011년 4월 11일 바그보의 추락은 많은 변화를 가져왔다. 모든 전투가 즉시 멈췄다. 지난 몇 주 동안 잠자리에 들 때까지도 끊임없는 총성에 익숙해져 있던 내 귀는 이상할 정도로 조용한 상황에 한동안 익숙지 않아 애를 먹었다. 플래투 대통령궁과 코코디 지구 대통령 사저에 있는 바그보의 특수부대는 UNOCI에 항복했다. UNOCI는 이들의 무장을 해제시키고 각자의 고향이나 원래 있던 자리로 돌려보냈다. 대부분이 공화국 수비대원들이었다. 이들은 UNOCI에 어떠한 적대감도 보이지 않았다. 한편, 수백 명의 용병들은 코트디부아르 주민 속으로 녹아들었다. 많은 이들이 라이베리아로 후퇴하기 시작했고 남부 사산드라와 같은 도시는 약탈의 대상이 되었다.

다행스럽게도 대통령궁은 심각하게 피해를 입지 않았다. 이곳의 공화국 수비대가 항복한 뒤 UNOCI의 경찰 국장인 장-마리 부리는 대통령궁 조사를 실시했다. 이들은 BM-21에 사용할 수 있는 530기의 로켓을 포함해 상당한 양의 탄약과 무기가 대통령궁 지하에 보관되어 있었음을 발견했다.

아쿠에도 병영 기지에서는 바레나 장군의 병사들이 완벽히 장전된 BM-21 두 대가 숨겨져 있는 것을 발견했다. 이 무기들이 2011년 4월 11일 UNOCI의 공습 이후에도 여전히 사용 가능했는지 혹은 이 무기를 사용할 수 있는 전문가들이 있었는지 여부는 확인되지 않았다.

4월 12일에 나는 2010년 12월 13일 바그보 측이 두 개의 초소를 세워 호텔을 포위한 이후 처음으로 육로를 통해 골프호텔로 갔다. 아비장의 상황은 초현실적이었다. 거리에는 차량도 거의 없었다. 골프호텔로 가는 동안 도심을 지나는 딱 두 대의 차량만 보았을 뿐이었다. 거리는 완전히 비어 있었고 코코디 지구에는 FRCI 군인들 외에는 아무도 없었다. 나는 여러 주택에서의 전투와 파괴의 흔적과 함께 여러 사체들과 그 배경이 되었던 건물들을 한눈에 볼 수 있었다.

골프호텔에 도착해서 나는 스위트룸에 있는 바그보를 방문했다. 그 방에는 바그보와 함께 체포되어 온 사람들로 가득했다. 우리는 대기실로 자리를 옮겼다. 그는 간신히 내게 웃어 보였다. 나는 그에게 두 가지 메시지를 전달했다. UNOCI는 그가 코트디부아르 어디에 있든지 보호해 줄 것이며 그의 명예를 존중할 수 있는 모든 방법을 동원할 것이라고 말이다. 그는 감사를 표했다.

2011년 4월 13일 아침, 나는 골프호텔에서 와타라 대통령을 만났다. 그는 나와 마찬가지로 지친 기색이 역력했지만 동시에 확실히 승리했다

텅빈 아비장 도로. 차량이 없는 도로에서 바리케이드만 불타고 있다.

는 것을 알고 있다는 데에서 뿜어져 나오는 차분한 자신감을 내비치고 있었다. 나는 그에게 최소한의 정치적 부담으로 새로운 시대를 열게 된 것에 대해 축하의 말을 전했다. 만일 바그보가 수치스러운 마지막을 선택하는 대신 와타라 대통령이 제안한 사면을 받아들였더라면 바그보의 정치적 영향력은 여전히 강력했을 것이고 그가 정세를 다스리는 데 상당한 부담이 되었을 것이다.

비록 와타라 대통령이 4개월 10일 동안 고통스러운 일을 경험하고 인내해야 하기는 했지만 이 모든 것이 이러한 시점에서 바라본다면 가치 있는 일이었다. 와타라 대통령의 인내, 용기, 그리고 비전은 시간이 지날수록 더욱 기억될 것이라고 말했다. 와타라 대통령은 위험했던 순간에 유엔과 반기문 사무총장의 변함없는 지지에 감사한다면서 골프호텔을 보호한 UNOCI와 명확하고 원칙에 의거한 나의 선거 인증 작업에도 감사를 표했다.

그런 뒤 우리는 아비장 내 주요 시설과 바그보의 보호에 대해 논의했다. 그는 바그보에 대한 품격 있는 보호는 코트디부아르의 수장으로서 코트디부아르 국민을 지켜야 하는 자신의 단독 책임이라고 말했다. 그는 계속해서 법에 따라 제공받을 수 있는 모든 보호를 받을 수 있도록 할 것이며 특히 그의 명예를 지켜 줄 것이라고 했다. UNOCI에게는 바그보의 이동과 보호에만 도움을 달라고 요청했다. 나는 코트디부아르 국민의 보호라는 일차적인 책임을 둘러싸고 많은 모호성이 있었기 때문에 즉각 이에 동의했다.

이에 근거해서 우리는 정부 보안처에서 제공할 바그보의 코로고 거처 내부 보호는 그들에게 맡기고 외부는 UNOCI군에서 보호하기로 했다.

4월 13일 이른 오후, UNOCI 헬기에 바그보와 그의 주치의, 4명의 정부 보안군과 10명의 UNOCI 보안부처 요원이 타고 코로고로 이동했다. 총 이동 작전은 나의 지시에 따라 UNOCI 부사령관인 벤자민 쿠시 장군이 맡았다.

와타라 대통령과의 회의 후 골프호텔에 남아 있었던 나는 헬기 착륙장으로 가서 헬기가 이륙하는 것을 바라보았다. 바그보가 탄 헬기가 하늘의 작은 점이 될 때 나는 그가 아직 대통령이던 시절 마지막으로 가졌던 회의에서 그에게 던졌던 질문을 회상했다. 선거의 결과를 거부할 것이라는 그의 대답에 나는 이렇게 질문했었다. "대통령님, 역사에서 당신을 어떻게 기억할 것 같습니까?"

유령 도시와도 같은 길을 지나 세브로코로 돌아오는 길에 나는 다음 날 아비장에서 '평화 퍼레이드'를 개최하기로 결정했다. UNOCI의 모든 사용 가능한 차량을 동원해 퍼레이드를 함으로써 아비장에 활기를 불어넣고 사람들로 하여금 새로운 시대가 열렸음을 깨닫는 데 도움을 주도록 할 생각이었다. 코트디부아르는 이제 2010년 11월 28일 그들의 손으로 뽑은 대통령과 함께 새로운 시대를 열어 갈 차례였다.

나도 마침내 4개월 만에 관저로 귀환하여 제대로 된 침대에서 발을 뻗을 수 있었다. 모든 임무가 끝나고 나는 코트디부아르를 떠나기로 마음먹었다. 새로운 재건 활동은 경제 재건에 재능 있는 사람이 UNOCI 단장으로 와서 새롭게 시작하는 것이 좋겠다는 생각이었다.

내가 거의 4년의 임무를 다하고 떠나기 전 코트디부아르 사람들은 유엔과 UNOCI의 역할에 감사하는 민중대회를 아비장에서 개최하였다. UNOCI가 없었으면 코트디부아르의 대통령 선거를 지키지 못하였을 것이며, 남북통일도 이루지 못하였을 것이라는 감사의 표시였다. 연설을 요청받은 나는 "오늘날 코트디부아르가 누리는 평화와 미래에 대한 기대는 우리가 아니라 바로 당신들, 코트디부아르인들이 만든" 것이라고 강조했다. 지난 4개월의 위험한 순간을 지내면서, 나는 유엔이나 외부의 협조를 받아 어려운 상황을 이겨 냈지만 결국은 코트디부아르 사람들이 스스로 평화를 만들어야 유엔이 떠나도 평화가 유지될 수 있다는 신념을 전달할 수 있었다.

평화 퍼레이드 이후 길거리로 나온 시민들

UNOCI의 기여를 기념하기 위하여 아비장에서 열린 민중대회

UNOCI 대표로서 코트디부아르인들에게 마지막 인사를 하고 있다.

코트디부아르를 떠나기 전 나에 대한 훈장 수여식을 거행하는 와타라 대통령

부록

본문 약자 설명

APC(Armoured Personnel Carrier): 개인수송장갑차량. 코트디부아르에서 1만 명에 이르는 평화유지군이 무장 차량을 타고 순찰 또는 구조 활동을 펼치게 됨. 평화유지군은 바그보 친위부대 및 바그보 지지 애국청년단(Young Patriot)의 무장 또는 비무장 방해 활동에 직면하게 됨.

AU(African Union): 아프리카연맹. 아프리카 국가 전체를 대표하는 기구로서 코트디부아르 선거 결과에 대한 정치적 판단에 중요한 역할을 함.

BNI(Ivorian National Bank, Banque Nationale Ivorienne): 아이보리 국립은행

ECOMOG(Economic Community of West African States Cease-fire Monitoring Group): 서아프리카 경제연맹 정전 감시 그룹

ECOWAS(Economic Community of West African States): 서아프리카 경제협력체

FAFN(Armed Forces of the New Forces, Forces Armees des Forces Nouvelles): 야당 와타라 소속 '새협력' 군대

FANCI(National Armed Forces of Cote d'Ivoire, Forces Armees Nationales de Cote d'Ivoire): 여당 바그보 소속 코트디부아르국가군대

FDS(Forces de Defense et Securite de Cote d'Ivoire): 코트디부아르 방어안전군, 여당 바그보

소속 특수부대

FPI(Ivorian Popular Front, Front Populaire Ivoirien): 코트디부아르 대중연맹. 바그보 소속 여당

HRE(High Representative for Elections): 선거 고위 대표, 유엔에서 코트디부아르 선거를 관리
하기 위해 만든 직위

IDP(Internally Displaced Person): 국내 강제 이동 인구(내전 난민), 전쟁 중 외국으로 피난 간 인
원이 아닌 전투 지역을 피해서 국내 다른 지역으로 이동한 인구

Licorne: 외뿔소, 일각수 또는 대포 이름. 코트디부아르에 있는 프랑스 군대의 명칭

NATO(North Atlantic Treaty Organization): 북대서양연맹

OPA(Ouagadougou Political Agreement): 와가두구정치협약. 코트디부아르 정부, 반군대표와 부
르키나파소(Bourkina Faso, 코트디부아르 이웃 국가) 3자 대표가 서명한 정치협정. 이로써
코트디부아르의 정치 문제는 이 협정 내에서 다루어지게 된다. 선거 일정 관련, 유엔은
제1선에서 정치 문제를 다루다가 와가두구정치협약에 제1선의 역할을 맡기고 제2선에
서 도움을 주는 선으로 역할을 바꾸게 됨.

PBF(Peace Building Fund): 유엔 평화 구축 기금

PDCI(Parti Democratique de la Cote d'Ivoire): 코트디부아르 민주연맹, 야당 소속

PKO(Peace Keeping Operation): 유엔 평화유지활동

QUIP(Quick Impact Project): 신속 실현 프로젝트. 유엔 평화유지활동에서 대민 사업을 실시
하기 위하여 만든 제도

RDR(Rassemblement des Republicaines): 코트디부아르 공화연맹. 야당 명칭

RTI(Ivorian Radio Television, Radio Television Ivoirienne): 코트디부아르 라디오 방송국

SADC(Southern African Development Community): 남아프리카개발연맹

SMG(Strategic Management Group): 유엔 주 코트디부아르 임무단 전략관리팀

SMT(Security Management Team): 유엔 주 코트디부아르 임무단 안전관리팀

SOFA(Status of Forces Agreement): 주둔군 협정. 유엔 평화유지군과 주둔국가 사이에 맺어지
는 제도로서 유엔 평화유지군의 역할, 임무, 권한을 규정함.

SRSG(Special Representative of the Secretary-General): 유엔 사무총장 특별대표. 유엔 평화
유지단에는 임무단장으로 대표가 파견되는데, 대표는 임무단장의 타이틀과 함께 유엔
사무총장의 특별대표라는 타이틀도 가짐.

TCI(Television de Cote d'Ivoire): 코트디부아르 국립 텔레비전 방송국

UNAMIR(United Nations Assistance Mission to Rwanda): 유엔 르완다지원단

UNDP(United Nations Development Programme) 유엔개발계획

UNHCR(United Nations High Commissioner for Refugees): 유엔난민기구

UNICEF(United Nations Children's Fund): 유엔아동기금

UNMIL(United Nations Mission in Liberia): 유엔 라이베리아 평화유지임무단 또는 유엔 라이
베리아 평화유지미션

UNOCI(United Nations Operation in Cote d'Ivoire) : 유엔 주 코트디부아르 평화유지임무단 또
는 유엔 주 코트디부아르 평화유지미션

UNCT(United Nations Country Team): 유엔 파견국가 소속팀. 유엔 평화유지군이 있는 나라
에 파견된 유엔 관련 기구들이 모여서 상호 협력을 일원화하기 위하여 만들어진 팀.

WAEMU(West African Economic and Monitory Union): 서아프리카 경제통화연맹

유엔 PKO, 아프리카의 평화를 이룩하다
UN PKO, Peace Achieved in Africa

지은이 최영진
펴낸곳 주식회사 홍성사
펴낸이 정애주
국효숙 김기민 김서현 김의연 김준표 김진원 송승호 오민택 오형탁
윤진숙 임승철 임진아 임영주 정성혜 차길환 최선경 허은

2018. 12. 4 초판 1쇄 인쇄   2018. 12. 7. 초판 1쇄 발행

등록번호 제1-499호 1977. 8. 1
주소 (04084) 서울시 마포구 양화진4길 3   전화 02) 333-5161   팩스 02) 333-5165
홈페이지 hongsungsa.com   이메일 hsbooks@hsbooks.com   페이스북 facebook.com/hongsungsa
양화진책방 02) 333-5161

ISBN 978-89-365-1324-5 (03930)